Dr. med. Tatjana Reichhart
Claudia Pusch

SELBSTBESTIMMT

Dr. med. Tatjana Reichhart
Claudia Pusch

SELBST BESTIMMT

Wie wir mit Erwartungen umgehen und ein authentisches Leben führen

Kösel

Penguin Random House Verlagsgruppe FSC® N001967

Umschlaggestaltung: Weiss Werkstatt München
Umschlagmotiv: Weiss Werkstatt München unter Verwendung eines Motivs © kitchen2soul.com, Anja Herwig
Illustration S. 93: Stefan Dangl, München
Redaktion: Ralf Lay
Satz: Satzwerk Huber, Germering
Druck und Bindung: GGP Media GmbH, Pößneck
Printed in Germany
ISBN 978-3-466-34788-9
www.koesel.de

Inhalt

Vorwort Tatjana

Es ist ein Sonntagmorgen im Januar. Draußen scheint die Sonne, ich sitze am Küchentisch und schreibe an diesem Buch. Lieber, als allein am Laptop zu sitzen, wäre ich jetzt gerade mit meinem Mann bei einem leckeren Picknick im Park, vielleicht sogar beim Joggen oder einfach noch eine Stunde länger im Bett. Wieso sitze ich dann aber hier und schreibe? Immerhin bin ich gerade in Portugal, neudeutsch also in »Workation«. So komme ich meinem hohen Bedürfnis nach Autonomie wenigstens ein bisschen näher.

Schon als kleines Mädchen wollte ich nie an der Hand gehen, fühlte mich ständig von den »Erwachsenen« eingeschränkt. Deshalb war ich dann auch mit fünfzehn bereits ein Jahr allein in den USA (und damals gab es noch keine Smartphones und dauerhaftes Internet) und machte mich mit 36 Jahren unter anderem mit dem Kitchen2Soul, dem ersten deutschen Coaching- und Seminarcafé, beruflich selbstständig (nicht allein übrigens!).

Obwohl ich also Freiheit und Autonomie als sehr wichtige Werte für mich erachte und sie – so glaube ich zumindest – auch lebe, stelle ich mir immer wieder die Frage, ob ich vielleicht doch fremdbestimmter bin als angenommen. Denn wieso sitze ich an zwei Buchprojekten gleichzeitig, und wieso ist meine Visions-Collage vom letzten Jahr mit dem Motto »Mehr Liebe, weniger Arbeit« immer noch nicht in Erfüllung gegangen? Entspreche ich vielleicht doch stärker den Erwartungen von außen oder überhöhten inneren Ansprüchen, statt »mein« Leben zu leben? Wann bin ich denn authentisch und wahrhaftig, und woher kommen diese ambivalenten Gefühle und Gedanken, dieses »Eigentlich …«?

Es hat mich niemand gezwungen, ich bin nicht in Ketten gelegt, ich lebe in einem freien Land, habe finanzielle Sicherheit, und weder mein Überleben noch mein Glück hängen davon ab, ob ich dieses Buch generell oder spezifisch heute Morgen weiterschreibe – oder doch? Denke ich nicht bei jeder Seite, die ich verfasse, schon daran, wie sie von Ihnen als Leserin und Leser rezipiert wird? Also belüge ich mich wohl selbst, wenn ich glaube, von der Bewertung der anderen, in dem Fall von Ihnen (und ich kenne Sie noch nicht mal persönlich), unabhängig zu sein. Und ist das schlimm beziehungsweise sofort fremdbestimmt? Will ich ein bestimmtes Bild abgeben? (Natürlich, das will jeder. So viel weiß ich auch schon im Vorwort.) Und was wäre, wenn ich vor allem das täte, worauf ich wahrhaftig Lust hätte? Werde ich dann nicht irgendwann zu einer egoistischen Einzelgängerin oder gar zu einem »Faulpelz«, der nichts mehr zum gesellschaftlichen Wachstum beizutragen hat und lieber mit dem »Genussbus« durch die Lande zieht? Wo verläuft also der Grat, oder wo ist das Maß?

So viele Fragen, mit denen ich mich bereits in meinen Rollen als Therapeutin, Ärztin, Coach und Trainerin auseinandergesetzt habe. Und auch mit mir selbst in unzähligen Stunden Selbsterfahrung. Ich würde sagen, dieses Thema hier gehört neben der Selbstfürsorge (übrigens der Titel meines ersten Buches) zu meinen Leidenschaftsthemen. Daher freue ich mich sehr darauf, trotz des schönen Wetters und der Verlockungen, die da draußen auf mich warten, weitere Antworten zu finden. Vor allem für Sie, aber auch ein wenig für mich.

Gleichzeitig bin ich sehr gespannt, wie das alles meine Freundin und Co-Autorin Claudia Pusch sieht. Uns verbinden nämlich die Werte Selbstbestimmung und Zugehörigkeit (und noch viel mehr darüber hinaus). Also, liebe Claudia, wie gelingt es dir, ein authentisches Leben zu führen, und was ist dein Geheimrezept?

Vorwort Claudia

Liebe Tatjana, ich liebe deine überraschenden Fragen an mich. Ich will sie gleich authentisch beantworten: Das Geheimrezept sollte jeder für sich selbst finden. Aber vielleicht kann ich erzählen, warum das Thema »Selbstbestimmt sein« für mich wichtig ist und warum ich dankbar bin, mit dir dieses Buch schreiben zu dürfen.

Im Jahr 2018 hatte ich es endlich gewagt, meine Teilzeitanstellung in einer Gründungsberatung für Frauen aufzugeben, um mich voll und ganz auf meine Selbstständigkeit als Coach und Trainerin zu konzentrieren. Ich fragte mich in der Zeit, was den Kern meiner Arbeit bilden soll: Was ist das, was mir am allerwichtigsten ist und woran ich andere teilhaben lassen, worin ich sie bestärken möchte? Nach vielen Spaziergängen mit meinem Hund (so viel übrigens zum Thema »Selbst gewählte Fremdbestimmung«) setzten sich drei Begriffe in meinem Kopf und in meinem Herzen fest: »selbstbestimmt«, »erfüllt« und »verbunden«. Das sind für mich die wesentlichen Eckpfeiler, in deren Verbindung es möglich ist, ein glückliches und ausgefülltes Leben zu führen.

Ich war wohl bereits sehr früh eine »Selbstbestimmerin«. Berichten meiner Mutter zufolge bestand ich schon mit vier Jahren darauf, allein in den Kindergarten zu gehen. Auch später erweckte ich wahrscheinlich nicht den Eindruck, dass ich Unterstützung oder Hilfe benötigen würde, weil ich viele Entscheidungen selbst traf. Ich fühlte mich in vielen Dingen frei und autonom. Wie sehr ich mich unbewusst dennoch an die gefühlten Erwartungen meiner Eltern und der Gesellschaft angepasst hatte, wurde mir erst viel später bewusst. Es war mein Körper, der sagte: »Jetzt ist Schluss, hier läuft etwas schief! Du bist auf den falschen Pfad abgebogen!« –

und der mich, damit ich es auch ernst genug nähme, mit ein paar lang anhaltenden Symptomen beschäftigte.

Damals war ich noch in der Gruppenleitung der Flugdisposition eines Reiseveranstalters. Trotz vieler Überlegungen, meiner kreativen Veranlagung mehr Raum zu geben, hatte ich mich bis dahin »vernünftig« verhalten, das gemacht, was sich anbot und nicht zu sehr aus der Norm fiel. Nach einem sehr aufwühlenden Krisenjahr fasste ich den Mut, mein Leben noch einmal auf den Kopf zu stellen und mit einem zweiten Studium der Pädagogik ganz woandershin abzubiegen.

Was sich hier in der Kürze leicht anhört, war erst mal ein unüberwindbares Hindernis, das vor allem daraus bestand, es mir selbst zu erlauben. Dabei musste ich lernen, meinen Wünschen zu vertrauen und sie nicht schon im Keim durch Gedanken wie »Das kannst du doch nicht tun!« oder »Und wenn es nicht funktioniert?« zunichtezumachen. Ich spürte eine große Verantwortung, die wohl immer mit wichtigen Lebensentscheidungen einhergeht (das ist bei mir jedenfalls so geblieben). Ich wollte niemanden enttäuschen, nicht meine Eltern, nicht meine Vorgesetzten. Ich dachte, einem gefühlten Leitbild entsprechen zu müssen, um akzeptabel zu sein.

Es gab tatsächlich viele Menschen, bei denen meine Ideen auf Unverständnis stießen und die den Kopf schüttelten. Aber es gab auch viele wunderbare Überraschungen, wie zum Beispiel meine Eltern, die zwar geschluckt, aber meine Entscheidung mitgetragen haben; oder den Berater von der Arbeitsagentur, der mich darauf aufmerksam machte, dass ich beim Abschluss des Studiums immer noch genug Berufsjahre vor mir hätte. (Das war tatsächlich eine bahnbrechende Erkenntnis, und die sogar amtlich abgesegnet!)

In dieser Zeit, mit Ende zwanzig, wurde ich erst so richtig erwachsen. Ich hatte etwas ganz grundsätzlich verstanden: Ich darf das machen, was für mich wichtig ist und was sich für mich stimmig anfühlt (das musste ich allerdings erst herausfinden). Ja, dass es – um nicht unglücklich und krank zu werden – sogar notwendig ist, die zu sein, die ich bin und sein möchte, statt mich anzupassen oder zu verstellen. Und mich dabei auch nicht mit anderen zu vergleichen und mich an ihnen zu messen.

Das alles ist bis heute nicht selbstverständlich, es ist kein Selbstläufer. Tatjana hat ja schon wunderbar beschrieben, wie viele Gedanken einem dabei durch den Kopf gehen können und wie schwer es ist, sich allein über seine eigenen Bedürfnisse, Erwartungen und Ansprüche im Klaren zu sein und sie dann auch noch mit anderen abzustimmen. Es bleibt eine Lebensaufgabe, der ich mich im Kleinen wie im Großen immer wieder neu stelle.

Das, was von außen als selbstbestimmt und authentisch an mir wahrgenommen wird, ist im Inneren von vielen Zweifeln und Ambivalenzen begleitet. Ich weiß aus Erfahrung, wie schwer es ist, mutig zu sein und sich in Ungewissheiten zu stürzen. Aber ich weiß auch, dass es genau das braucht, um weiterhin lebendig und vor allem auch gesund zu bleiben. Ich werde oft gefragt, wie ich das alles schaffe. Die Antwort ist ganz einfach: weil ich es mir selbst so ausgesucht habe und weil ich das mache, was mir Kraft gibt. Und weil ich mich immer wieder frage, was ich dazu brauche, wer mich unterstützen kann, was mir guttut und was ich an mir weiterentwickeln kann (zum Beispiel Durchhaltevermögen, um Bücher zu schreiben). Wenn der Wille, die Überzeugung und die Motivation da sind, ist es nicht mehr die Frage nach dem »Ob«, sondern nach dem »Wie«. Und dafür gibt es mindestens tausend unterschiedliche Möglichkeiten, die zu einem passen.

Wir freuen uns, wenn Sie Ihre Möglichkeiten mit diesem Buch ausweiten können und Vertrauen in Ihre Wünsche und Vorhaben gewinnen!

Für wen dieses Buch geschrieben ist und was es bietet

»Ich bin nämlich eigentlich ganz anders, aber ich komme nur so selten dazu«, schreibt der Schriftsteller Ödön von Horváth.[1] An diesem scheinbar paradoxen Ausspruch ist viel Wahres. Wir haben große Freiheiten und viele Wahlmöglichkeiten, und trotzdem fühlen wir uns oft fremdbestimmt und getrieben von äußeren und inneren Erwartungen, die uns im Wege stehen können, wenn wir unser authentisches Leben führen wollen.

Oft stellen wir uns die Frage: »Warum mache ich eigentlich nicht das, was ich will?« Diese Frage lässt sich leider nicht direkt beantworten und zieht unweigerlich weitere Fragen nach sich. Warum tun Sie nicht das, was Sie wollen? Vielleicht, weil Sie schlichtweg nicht konkret wissen, was Sie und wer Sie sein wollen? Oder weil Sie denken, in einer bestimmten Art und Weise handeln zu müssen, weil das so von Ihnen verlangt wird, weil andere es so wollen oder Sie es ihnen gleichtun möchten?

Vermeiden Sie lieber unangenehme Gefühle wie »schlechtes Gewissen«, Scham- und Schuldgefühle oder Ängste, statt beispielsweise Konflikte einzugehen? Oder tun Sie nicht, was Sie eigentlich wollen, weil Sie durch (vermeintliche) Hindernisse (Zeit, Geld, Kritiker, Verantwortungen) abgehalten werden? Und schließlich womöglich, weil Sie vielleicht (noch) nicht bereit sind, die Anstrengungen auf sich zu nehmen, weil Sie noch unschlüssig sind, ob es wirklich so eine gute Idee ist, oder weil Ihnen einfach noch ein motivierendes Ziel fehlt? All diese Fragen des selbstbestimmten Lebens werden wir im Verlauf des Buches aufgreifen und Ihnen praktische Unterstützung bieten, diese für sich selbst zu beantworten.

Wie wir sehen, ist es also nicht unbedingt selbstverständlich, ein selbstbestimmtes Leben zu führen. Wie Ihnen geht es sehr vielen anderen Menschen auch. In unserer therapeutischen Arbeit mit Patienten und Klienten sowie im Coaching und in Workshops werden immer wieder ähnliche Fragen gestellt beziehungsweise Situationen beschrieben wie »Was will ich eigentlich mit meinem Leben anfangen?«, »Mein Leben langweilt mich!«, »Ich lebe nicht ›mein‹ Leben; ich fühle mich fremdbestimmt«, »Ich bin nicht (mehr) erfüllt«, »Ich bin erschöpft«, »Was ist mir denn wirklich wichtig im Leben?«, »Soll es das gewesen sein? Gibt es da noch mehr?«, »Was soll ich tun, wenn die Kinder ausgezogen sind oder wenn ich in Rente gehe?«, »Ich werde den Ansprüchen nicht gerecht und habe ein schlechtes Gewissen!«, »Ich weiß gar nicht, was ich will und wie ich mich entscheiden soll!«, »Alle zerren an mir, und von mir bleibt gar nichts mehr übrig« … Kennen Sie ein paar dieser oder ähnlicher Gedanken? Es sei Ihnen versichert: Sie sind nicht allein.

Jede Lebensphase und gerade Umbrüche zwischen den Lebensphasen können Fragen zur Selbstbestimmung aufwerfen, zum Beispiel nach der Schule, der Ausbildung und dem Studium: »Wie will ich mein Leben gestalten?« Oder nach dem Berufseinstieg: »Habe ich wirklich den richtigen Beruf gewählt? Und wann ist der richtige Zeitpunkt, um Kinder zu bekommen? Will ich überhaupt welche?« Später im Leben wird dann vielleicht erste Bilanz gezogen, oft auch im Vergleich mit anderen. Die berufliche Karriere wird auf den Prüfstand gestellt, und bestehende Beziehungen werden hinterfragt. Vielleicht kennen Sie dazu den umgangssprachlichen Begriff der »Midlife-Crisis«, von der man spricht, wenn die Antwort auf die folgende Frage »Nein« lautet: »Habe ich mein Leben so gestaltet, wie ich es wollte, passt mein aktuelles Leben zu mir?«

Weitere und im Lebensverlauf meist spätere Phasen können sich dann durch den Auszug der Kinder, Arbeitslosigkeit, Trennungen, die Wechseljahre, durch den Eintritt in die Rente, durch eventuelle Erkrankungen und Todesfälle, die sich mit dem Älterwerden im Umfeld unweigerlich häufen, ergeben. Diese Herausforderungen, Veränderungen oder Umbrüche gehören zu jedem Leben dazu, sie sind meist bewältigbar und bedeuten nicht automatisch Katastrophen. Wir fühlen uns gestresst, leer oder irritiert, weil das, was wir vorher über die Welt geglaubt haben, sich als Illusionen darstellt und wir uns und unsere Lebensgestaltung stark hinterfragen müssen.

Unser Buch soll Ihnen dabei helfen, diese oder ähnliche »Sinnfragen« für sich selbst zu beantworten und so ein selbstbestimmteres Leben zu führen. Gleichzeitig liegen Sie mit dem Buch auch richtig, wenn Sie proaktiv vorbereitet sein wollen. Denn wenn Sie in »guten« Zeiten prophylaktisch bereits herausfinden, wer Sie sein wollen, haben Sie sich ein Fundament aufgebaut, auf dem Sie, ohne viel darüber nachdenken zu müssen, unbeschwert gehen, bauen und gestalten können.[2]

Um dieses Ziel zu erreichen, werden wir Ihnen zahlreiche praktische Anleitungen und Übungen an die Hand geben, um in Selbstreflexion zu treten. So werden Sie Ihre individuellen Lösungen finden, die Ihnen bei der Erlangung von mehr Selbstbestimmung helfen. Allerdings braucht es für Selbstreflexion, Kreativität und neue Ideen Zeit, Raum und ein wenig Muße. Keine Sorge, dafür müssen Sie nicht gleich ausgedehnte Meditationen absolvieren, um zur Erleuchtung zu finden. Aber eine halbe Stunde Spazierengehen ohne Ablenkung oder fünfzehn Minuten auf einem Sessel sitzen und den eigenen Gedanken nachhängen sollte schon drin sein. Ohne Selbstreflexion keine Selbsterkenntnis. Und ohne

Selbsterkenntnis keine Selbstbestimmung. Denn Sie werden sich erst durch Selbstreflexion Ihrer selbst und Ihres Selbstwerts bewusst. So können Sie sich auch mit Ihren »Schwächen« annehmen und authentisch leben.

Dieses Buch richtet sich sowohl an Frauen als auch an Männer sowie an alle, die sich nicht in diesen beiden Kategorien wiederfinden. Es richtet sich an Menschen mit jeglicher sexuellen Orientierung und jeder Form der Lebens- und Beziehungsgestaltung. Denn genau darum geht es uns: Jeder Lebensentwurf ist erlaubt und berechtigt, alle sollen und dürfen ihr Leben so gestalten, wie sie das wirklich möchten. Das ist uns ein großes Anliegen, und dazu wollen wir Sie ermuntern. Gleichzeitig möchten wir dafür plädieren, dass wir auch über die Lebensentwürfe anderer Menschen nicht urteilen und unser Maß nicht als allgemeingültig auf andere anwenden.

Aufgrund der Lesbar- und Verstehbarkeit wenden wir dennoch das generische Maskulinum an.

Unsere Fallbeispiele, die Sie im Buch begleiten werden, beziehen sich hauptsächlich auf zwei fiktive Coaching-Klienten, **Lisa** und **Toni.** In allen unseren Beispielen versuchen wir, ein Abbild unserer (Arbeits)realität wiederzugeben, das sich für uns authentisch anfühlt.

Der Aufbau des Buches

Wir möchten unser Wissen, das wir erlernt, erforscht, selbst erfahren und in vielen Stunden mit Patienten, Klienten und Coaches sowie in unseren Workshops in Unternehmen und durch die Teilnehmenden unserer Ausbildung zum Resilienz-Coach erworben haben, kondensiert und pragmatisch an Sie weitergeben. Suchen Sie sich das heraus, was für Sie relevant ist, bleiben Sie dabei gern kritisch, und ergänzen Sie es. Wir erheben keinen Anspruch auf Vollständigkeit und wissen, dass wir fehlbar sind. Unser aller Lebenswelt ist einfach zu komplex, zu individuell, als dass man sie als allgemeingültige Handlungsanweisung für alle zusammenfassen könnte. Es gibt nicht »das eine« richtige Leben.

Für diejenigen unter Ihnen, die tiefer in die Begrifflichkeiten und Konzepte des »Selbst« und der »Selbstbestimmtheit« eintauchen wollen, bieten wir im ersten Teil des Buches Hintergrundwissen, aber auch schon Anregung zur Reflexion. Der zweite Teil des Buches orientiert sich dann an einem Coachingprozess, dessen Ziel es ist, Sie Schritt für Schritt dabei zu begleiten, das für Sie individuell stimmige und tatsächlich umsetzbare Leben zu finden – trotz und mit all den Herausforderungen und Einschränkungen, die der Alltag mit sich bringt. Dabei ist die Devise, sich kleine, erreichbare Teilziele zu setzen; denn nichts ist frustrierender als eine zu hoch gesteckte Messlatte, die Sie reißen müssen. So können Sie Schritt für Schritt im Alltag Ihre Potenziale im Spannungsfeld zwischen äußeren Umständen und Erwartungen sowie inneren Bedürfnissen und Werten ausschöpfen, um Ihr Leben schließlich selbstbestimmt zu gestalten (Teil III).

Wir gehen also mit Ihnen gemeinsam auf Reise und unterstützen Sie dabei, Ihren eigenen Selbstbestimmungsprojektplan zu erstellen. Eine Vorlage dazu finden Sie am Ende des Buches. Zur Verankerung Ihrer Ergebnisse können Sie ihn parallel zu den Kapiteln und den dort verorteten Selbstreflexionsfragen und Übungen ausfüllen. Wie ein individueller Reiseführer kann Sie Ihr Projektplan auch in der Zeit nach der Lektüre des Buches begleiten.

Wir wissen aus eigener Erfahrung, dass es nicht immer einfach ist, sich mit der eigenen Person auseinanderzusetzen und seinen authentischen Weg zu verfolgen. Gleichzeitig können wir Ihnen versichern, auch dies aus eigener Erfahrung, dass es sich unglaublich lohnt!

Dabei kann dieses Buch keine Psychotherapie ersetzen. Falls Sie bemerken sollten, dass Sie in der Bewältigung des Alltags eingeschränkt sind, dass Sie unsere Anregungen nicht aus eigenem Antrieb umzusetzen vermögen, weil Sie die Energie nicht aufbringen können, oder falls Ihre Stimmung niedergeschlagen ist, Sie Ängste haben, die Sie nicht regulieren können, suchen Sie bitte ärztliche oder psychotherapeutische Unterstützung. Die ersten Ansprechpartner können der Hausarzt oder eine kostenfreie, anonyme psychosoziale Beratungsstelle sein, beispielsweise sozialpsychiatrische Dienste.

Wichtig ist es uns zu betonen, dass wir nicht davon ausgehen, jeder Mensch müsse sich in gleichem Maße verändern, entwickeln oder gar optimieren können oder wollen. Das bleibt eine individuelle Angelegenheit. Für andere brauchen Sie sich erst recht nicht zu optimieren oder zu verbiegen. Der Selbstbestimmung ist ja immanent, dass Sie für sich selbst entscheiden, ob und was Sie aus welchen Gründen ändern möchten.

Teil I

Was es bedeutet, selbstbestimmt zu sein

Was assoziieren Sie mit dem Begriff »Selbstbestimmung« beziehungsweise damit, selbstbestimmt zu sein? Vielleicht (innere) Freiheit, Verantwortung, Entwicklung, Mut, Selbstständigkeit, Architekt seines Lebens und Umfeld zu sein, Entscheidungsfreiheit, Gestaltungs- und Handlungsspielraum, mit sich im Reinen zu sein, zu sich zu stehen, innere Stärke, zufrieden und glücklich zu sein, Unabhängigkeit, Begeisterung, ganz bei sich selbst zu sein, Lebensgestaltung, Freiheit von Zwang, Selbstbewusstsein, aber auch das Spannungsfeld zwischen mir und anderen, Ängste und Befürchtungen, innere Konflikte, Fragezeichen, ob man diese Verantwortung tragen kann … Diese Begriffe und Bilder sind unseren Teilnehmern eines Workshops zum Thema eingefallen.

Nähern wir uns dem Konzept doch an, indem wir einen Blick auf die Philosophie und Psychologie beziehungsweise Neurobiologie werfen.

Die Annahme der Selbstbestimmung geht mit der Prämisse einher, dass der Mensch vernunftbegabt, frei und mit jedem anderen gleich ist.[3] Wir sind weder vom Schicksal noch von Gott, unseren Genen oder unseren Prägungen ausschließlich determiniert und damit in unseren Lebenszielen oder Verhaltensweisen festgelegt.

Wir haben Spielraum, uns zu entwickeln, zu entscheiden und zu gestalten. Der verwandte und oft synonym verwendete Begriff der »Autonomie« verweist noch klarer darauf, dass sich der Mensch die Ziele seines Handelns selbst steckt und aus eigenem Antrieb im Alltag umsetzt, wer und wie er ist. So ist Selbstbestimmung kein theoretisches Konstrukt, sondern immer an tatsächliches Handeln geknüpft.

Das Recht des Menschen auf Selbstbestimmung ist im Grundgesetz geschützt.[4] Jedem Menschen wird darin das Recht auf die »freie Entfaltung seiner Persönlichkeit« garantiert, »soweit er nicht die Rechte anderer verletzt und nicht gegen die verfassungsmäßige Ordnung oder das Sittengesetz verstößt«. Mit der Selbstbestimmung geht gleichzeitig die Verantwortungsübernahme für unser Handeln einher. So machen wir uns etwa schuldig für unterbliebenes Handeln (zum Beispiel unterlassene Hilfeleistung bei einem Notfall) oder »falsches« Handeln (zum Beispiel Fahrerflucht, Mord und so weiter).

Der Verantwortung für unser Handeln entbunden werden wir nur, wenn wir nicht mehr vernünftig denken können, wenn wir die Tragweite unserer Handlungen aufgrund von Erkrankungen (zum Beispiel bestimmte Demenzen, Psychosen, Schlaganfälle, Hirnschädigungen, Koma) beziehungsweise unter Einfluss von Drogen nicht mehr abschätzen können.

Voraussetzung sind also die Vernunft, aber auch das Selbstbewusstsein – sich über sich selbst, seine Handlungen, Gedanken, Motive bewusst zu sein und die Konsequenzen für sich selbst und sein Umfeld einzubeziehen. Dies gelingt uns, indem wir reflektieren und abwägen und daraufhin bewusste Entscheidungen treffen, für die wir in letzter Konsequenz immer auch die Verantwortung tragen müssen.

Doch machen Sie sich keine Illusion, aus der Nummer mit der Verantwortung kommen wir als mündige Bürger sowieso nicht raus. Wir müssen unsere Einwilligung bei einer ärztlichen Untersuchung geben oder zu Datenschutzrichtlinien, wir müssen Verträge unterzeichnen, also zum Beispiel zu einem Kauf oder zur Ehe einwilligen, sowie unsere Zustimmung zu sexuellen Handlungen geben. Alles, um einer Fremdbestimmung entgegenzuwirken. Diese Zustimmungen oder Ablehnungen sind nicht auf andere übertragbar, da nur das Individuum seinen eigenen Willen ausdrücken kann.

Um nicht ohnmächtig zu sein, müssen wir uns also unweigerlich auf unsere Selbstbestimmung berufen.[5] Nehmen wir diese Aufforderung an, müssen wir nicht nur gegen praktische Beschneidungen unserer Freiheit, sondern auch gegen für uns unstimmige Erwartungen und Ansprüche von anderen aufbegehren.[6] Außerdem bezieht sich unsere Freiheit auch auf das »Innere«, also auf unsere Psyche. Denn wie bereits in der antiken Philosophie bekannt war und heute durch die Neuropsychologie empirisch belegt ist, entstehen viele Ängste und Sorgen in uns, in unseren Gedanken; wir machen aus der Mücke den Elefanten. Und wir bauen uns unser Gefängnis oft selbst. Wir sind vor allem dann frei, wenn wir uns selbst aushalten können,[7] wenn wir einen günstigen Umgang mit unangenehmen Gefühlen kennen und uns nicht durch irreale Ängste oder Schuldgefühle in eine Verhaltensweise drängen lassen, die uns im Kern widerspricht. Auch müssen wir uns nicht ständig ablenken und beschäftigen, um unserer inneren Unruhe oder Leere, unseren Gedanken und Gefühlen zu entfliehen. Das kennen Sie bestimmt auch, dass Sie hibbelig werden, wenn Sie in einer Warteschlange stehen oder wenn es in einem Meeting mal für fünf Sekunden Leerlauf gibt. Dann »müssen«

Sie irgendwas tun, nehmen zum Beispiel das Handy in die Hand, bloß um nicht die Langeweile, die innere Unruhe oder die aufkommenden Gedanken aushalten zu müssen. »Müssen« ist immer mit Zwang assoziiert, also das Gegenteil von Selbstbestimmung, egal, ob von außen oder von Ihrem Inneren kommend.

Wir sind also dann innerlich frei, wenn wir uns reflektieren und unsere Gedanken sowie Gefühle regulieren können. Außerdem haben wir die Wahl, wie wir mit Situationen, Reizen oder »Triggern« umgehen. Wir müssen nicht automatisch sofort ausflippen, wenn uns jemand blöd kommt oder sich nicht so verhält, wie wir das gern hätten. Wir sind nicht vorherbestimmt, die unaufgeräumte Küche oder den stehengelassenen Müll als Anlass für den nächsten Streit mit unserem Partner zu nehmen. Darin liegt wohl auch unser freier Wille: Zwischen Reiz (zum Beispiel rumliegende Socken) und Reaktion (zum Beispiel sauer werden und streiten) gibt es einen Raum, in dem sich unsere Macht befindet, unsere Reaktion zu wählen (zum Beispiel durchatmen und erst mal rausgehen). In dieser liegen unsere Freiheit und unser Wachstum.[8]

Klingt verheißungsvoll? Ist es auch, vor allem, weil Sie das mit ein wenige Übung und Verständnis darüber, wie wir als Menschen »funktionieren«, recht einfach für sich erlernen können. Es gibt noch eine innere Freiheit, die wir immer haben, solange wir bei Bewusstsein und Verstand sind, selbst wenn wir tatsächlich hinter Gittern säßen oder gelähmt wären: Wir können unsere innere Einstellung, unsere Erwartungen und unsere Sicht auf die Dinge frei wählen. »Sehen Sie das Glas halb voll oder halb leer?« ist ein recht plattes, aber zutreffendes Beispiel dafür. Der zentrale Aspekt der Selbstbestimmung ist also: Egal, ob wir eine Situation verändern, akzeptieren oder verlassen wollen, es muss in Übereinstimmung mit unserem Willen sein. Und das entscheidet jeder für sich. Echt fremdbestimmt sind wir dann, wenn wir dem Willen (und der Gewalt) eines anderen unterliegen, und dafür braucht es keine Gitterstäbe. Die innere Autonomie zu fördern, die eigenen Einschränkungen zu erkennen und mit ihnen so umzugehen, dass wir zu innerer Freiheit gelangen, ist daher ein wichtiger Gegenstand dieses Buches.

Grenzen der Selbstbestimmung

Selbstbestimmung und Solidarität oder Verbundenheit schließen sich dabei nicht aus. Vor allem nicht, wenn wir davon ausgehen, dass jeder aus freiem Willen handelt. Dabei ergeben sich automatisch, wie im Gesetz verankert, die Grenzen der Selbstbestimmung in der Unversehrtheit der anderen. Meine eigene Selbstbestimmung darf nicht zulasten der Selbstbestimmung anderer gehen.

Dass dies aber oft missverständlich aufgefasst wird, kennen wir alle. »Mir geht es so schlecht, wenn du mir den Wunsch nicht erfüllst!«, »Wegen deines Liebesentzugs muss ich jetzt so leiden« oder »Du schränkst mich ein, weil du nicht mit mir in den Urlaub fliegen willst« sind zum Beispiel Vorwürfe, fast schon Erpressungen, jedenfalls »Schlechtes-Gewissen-Macher«, aber noch keine echten Einschränkungen der Autonomie. Solange der Freund nicht gewaltsam davon abgehalten wird, dennoch in den Urlaub zu fliegen, besteht keine Einschränkung der Selbstbestimmung. Er hat einen freien Willen, aufgrund dessen er wählen kann, wie er auf die Absage zum gemeinsamen Urlaub reagieren möchte. Dennoch wird durch solche Aussagen psychischer Druck auf uns ausgeübt, dem wir zustimmen oder besser ablehnend gegenübertreten dürfen. Mit Gefühlen umzugehen, auch unangenehmen, ist durchaus möglich und zumutbar.

Die Grenzen der Selbstbestimmung finden sich damit zunächst in der Berücksichtigung der Selbstbestimmung anderer. Viel mehr aber sind wir jedoch durchaus von unseren Genen und Umwelteinflüssen geprägt und damit nicht völlig frei. Obwohl wir aus der Forschung wissen, dass der Mensch (und das Selbst, wie Sie gleich noch lesen werden) sich zeitlebens verändern kann und unser Gehirn »plastisch« ist, unterliegen wir Naturgesetzen, der Biologie, hormonellen Schwankungen, Krankheiten, die unsere Sinne trüben, und bestimmten Gegebenheiten wie Umweltkatastrophen, Kriegen und dergleichen, in deren Kontext wir unsere Selbstbestimmung einbetten müssen.

Auch unterliegen wir unterbewussten Prozessen in unserem Gehirn, die uns nicht immer (sofort) zugänglich sind. Mit »unterbewusst« sind Prozesse gemeint, die sich vor allem in den evolutionsbiologisch »alten« Teilen des Gehirns abspielen (zum Beispiel dem sogenannten »Reptilienhirn« oder im limbischen System). Dort werden vor allem unsere Triebe, Impulse und Grundbedürfnisse gebildet. Dort entstehen unsere Gefühle. Hier liegt unser Angst-und-Stress-Zentrum, Erinnerungen sowie Erfahrungen werden dort abgespeichert.

Unser Bewusstsein, also unser Verstand oder unsere Ratio, wird hingegen im evolutionsbiologischen Sinne »neuen« Großhirn (vor allem im Frontalhirn) verortet. Dort regulieren wir unser Verhalten, können Impulse steuern (Verhaltenskontrollzentrum), integrieren die unterschiedlichen Informationen aus anderen Hirnarealen und können die Perspektive wechseln, uns in andere hineinversetzen, zu uns selbst Distanz aufbauen, aber auch Konsequenzen für unser Verhalten abschätzen. Aus biologisch-medizinischer Sicht könnte man sagen, dass hier unser freier Wille sitzt. Medizinisch kann dies auch insofern belegt werden, als dass Menschen, die Schädigungen im Stirnhirn haben, etwa durch einen Unfall oder frontotemporale Demenz, Impulse nicht mehr kontrollieren, die Tragweite ihres Verhaltens nicht mehr abschätzen können und sich auch massiv in ihrer Persönlichkeit verändern. Insofern sieht man auch den Sitz der gelebten, ausgedrückten Persönlichkeit im Großhirn.[9]

Wir haben einen Einfluss auf unsere Triebe, Leidenschaften, Bedürfnisse, Einstellungen und Überzeugungen. Allerdings spielt bei all unseren Entscheidungen das Unterbewusste eine größere Rolle, als wir gemeinhin denken. Die Nervenbahnen von »unten« nach »oben«, also vom alten, unterbewussten Anteil zum neuen, bewussten Teil des Gehirns, feuern viel stärker als andersherum. Unser Verhalten beziehungsweise unsere Entscheidungsfindung unterliegen also stark unterbewussten Motiven.[10] Später im Buch werden wir auch noch darüber schreiben, wie stark der Einfluss anderer und deren Überzeugungen auf uns sein kann.

Zusammenfassend lässt sich also sagen, dass der freie Wille und unsere Selbstbestimmung bereits aufgrund unserer Biologie begrenzt sind. Außerdem müssen wir unsere persönlichen Limitierungen der Belastbarkeit sowie unserer Fähigkeiten berücksichtigen und dass wir uns in unserer persönlichen Wahrnehmung täuschen können (Selbst- versus Fremdwahrnehmung). Diese Überlegungen und Fakten stellen indes keinen Widerspruch zur Selbstbestimmung dar, sondern zeigen nur deren Grenzen auf, in denen wir uns jedoch selbstverantwortlich und selbstbestimmt verhalten sollten. Es geht, wie immer und seit Aristoteles bekannt, um das Maß, auch im Ausleben der Selbstbestimmung oder synonym Autonomie beziehungsweise Freiheit des Einzelnen.

Wieso wir handeln, wie wir handeln

Was sagt nun die Psychologie zur Selbstbestimmung und darüber, wieso wir handeln, wie wir handeln? Haben Sie Kinder in Ihrem Umfeld, oder erinnern Sie sich selbst gut an Ihre Kindheit? Dann wissen Sie, dass wir als Kinder einen natürlichen Drang zur Freiheit und Autonomie haben. Wir wollen auf eigenen Beinen stehen, selbstständig die Welt erkunden und uns erfahren. Dieses Bedürfnis nach Autonomie und Selbstverwirklichung gehört zu unseren Grundbedürfnissen.[11] Selbstverwirklichung ist demnach die Motivation, das eigene Potenzial beziehungsweise den eigenen Wert, den man sich beimisst, zu verwirklichen.[12] Dies impliziert, dass das Individuum dann auch selbst bestimmt, wie es handelt, um seine Fähigkeiten und Stärken zu leben.

Menschen, die ihren Talenten und Stärken folgen, zeigen wiederum höhere Grade von psychischem und körperlichem Wohlbefinden, Sinnhaftigkeit und »guten« Gefühlen. Sie blühen förmlich auf.[13] Auch dem Mediziner Remo Largo zufolge, der sich hauptsächlich damit beschäftigte, wie sich Kinder am besten entwickeln und ein für sich passendes Leben finden, strebt jeder Mensch danach, mit seinen individuellen Bedürfnissen und Begabungen in Übereinstimmung mit der Umwelt zu leben.[14]

Die sogenannte »Selbstbestimmungstheorie« nach den Psychologen Richard Ryan und Edward Deci besagt ebenso, dass der Mensch das psychologische Grundbedürfnis nach Autonomie beziehungsweise Selbstbestimmung hat, neben dem nach Kompetenz und nach sozialer Eingebundenheit.[15] Kompetenz bedeutet dabei, durch Rückgriff auf eigene Fähigkeiten effektiv und selbstwirksam mit Situationen beziehungsweise Herausforderungen umzugehen und entsprechend gewünschte Ergebnisse zu erzielen. Kompetenz ist nötig, um sich selbstbestimmt im Leben zurechtzufinden.

Das Bedürfnis nach Autonomie, das sich vor allem auf Freiwilligkeit bezieht, ist in vielen Studien immer wieder belegt worden. Eine große Metaanalyse zeigte entgegen der Vermutung vieler, dass es keinen signifikanten Unterschied zwischen ostasiatischen Ländern und den USA hinsichtlich des positiven Zusammenhangs von Autonomie und Wohlbefinden gibt. Das Bedürfnis danach, selbst bestimmen zu können, scheint also genauso auch in weniger individualisierten Gesellschaften ein grundlegendes zu sein.[16] Dennoch ist das Bedürfnis nach Autonomie zwischen den Menschen unterschiedlich stark ausgeprägt und unter anderem genetisch und durch Umweltfaktoren beeinflusst.

So viel können wir an dieser Stelle also festhalten: Wir alle wollen selbstbestimmt und autonom sein. Das ist im Menschsein angelegt. Wie können wir nun verstehen, dass wir manchmal mehr und manchmal weniger selbstbestimmt handeln? Unser Handeln lässt sich mit unserer Motivation erklären: Wieso tun wir etwas und weshalb auch nicht, was sind unsere Motive, die uns in Bewegung bringen? Das lateinische Verb *movere*, von dem sich »Motivation« ableitet, bedeutet »sich bewegen, antreiben«. Im vorherigen Absatz haben wir bereits festgestellt, dass viele unserer Motive für unser Verhalten im Unterbewussten liegen, die allerdings mehr oder weniger bewusst gemacht und reguliert werden können. Im Kontext der Selbstbestimmung sollten wir uns also fragen: Tun wir etwas, weil wir es selbst wollen?

Es gibt – auch durch Studien belegt – zwei große Typen der Motivation: die kontrollierte, fremdbestimmte (extrinsische) sowie die selbstbestimmte, autonome (intrinsische) Motivation. Zu Ersterer zählen Verführung (zum Beispiel durch Geld oder Aufstieg oder Versprechen von Glück) und Zwang beziehungsweise Druck (durch Belohnung und Strafe sowie Angst). Die selbstbestimmte beziehungsweise autonome Motivation für unser Verhalten ist hingegen gekennzeichnet von unserem Wollen, unserer Wahl und unserer Bereitschaft, etwas zu tun, aus uns heraus, weil es sich für uns stimmig anfühlt. Dabei handeln wir dann autonom, wenn uns etwas interessiert und erfreut oder weil es stark mit unseren Werten und Überzeugungen übereinstimmt, mit dem, was uns wichtig ist. In vielen Studien wurde empirisch belegt, dass die selbstbestimmte Motivation einhergeht mit einem höheren Maß an Kreativität, besserer Leistung, angenehmeren Gefühlen, der Fähigkeit, besser mit Problemen umzugehen und sie zu lösen, sowie ganz allgemein mit besserem körperlichem und seelischem Wohlbefinden.[17]

Zwischen der extrinsischen und der intrinsischen Motivation gibt es allerdings Graubereiche, denn wir können »fremde« Motive mehr oder weniger verinnerlichen und zu unseren eigenen machen. Wenn wir uns mit den Zielen – oder auf Neudeutsch: Visionen – von anderen identifizieren, machen wir uns diese zu eigen. Das ist nicht negativ und hat immer noch große Aspekte der Autonomie. Wir müssen dafür nämlich erst mal das »Warum« verstehen, weshalb wir zum Beispiel eine bestimmte Aufgabe im Job übernehmen sollen. Begreifen wir den Sinn und die Notwendigkeit, können wir freiwillig entscheiden, ob wir diese »fremden« und auferlegten Ziele oder Gründe übernehmen wollen.

Wir haben dies beim ersten Lockdown während der Corona-Pandemie erlebt. Weil sie die Maßnahmen verstanden, sie nachvollziehen konnten und als sinnvoll erachteten, haben sich die meisten daran gehalten. Sie haben selbstbestimmt den Maßnahmen zugestimmt und sich den Zwängen freiwillig unterworfen.

Neben der Identifikation mit fremden Zielen, die im Graubereich zwischen Autonomie und Fremdbestimmung immer noch ziemlich weit bei der Autonomie liegt, gibt es Situationen, in denen wir fremde Ziele gar nicht mehr als fremd durchschauen – dann, wenn wir unbemerkt fremde Vorhaben und Anschauungen übernehmen (zum Beispiel von unseren Eltern, Lehrern, dem Zeitgeist oder der Politik). Wir tun dies meist unbewusst, um beispielsweise Schuldgefühle oder Ängste zu vermeiden beziehungsweise dazuzugehören – oder weil wir unser Ego aufpolieren möchten, indem wir anderen entsprechen und dafür Lob erhalten.[18]

In der Forschung zeigt sich eindeutig, dass selbstbestimmte Motivation dazu führt, (Lebens)ziele leichter und nachhaltiger zu erreichen.[19] Motivation ist natürlich noch viel komplexer und hängt von einigen weiteren Faktoren ab. Wichtig für Sie ist an dieser Stelle, dass es unterschiedliche innere und äußere Gründe für unser Handeln gibt, die darüber mitentscheiden, wie selbst- oder fremdbestimmt wir sind, und dass selbstbestimmte, autonome Motivation »besser« funktioniert.

Vielleicht ist Ihnen aber nun schon in den Sinn gekommen, dass man sein Handeln nicht immer nur an sich selbst ausrichten könne, dass man zum Beispiel in einer Partnerschaft zum Wohle der guten Beziehung auf Autonomieansprüche verzichten müsse. Dem ist nicht so. Die Forschung zeigt eindeutig, dass stabilere Beziehungen mit größerer Zufriedenheit und höherem Wohlbefinden beider Partner davon abhängen, dass sich beide in der Beziehung autonom fühlen.[20]

Autonomie ist ein Grundbedürfnis! Es geht dabei vor allem um die Freiwilligkeit. In einer gelingenden Beziehung geben beide aus freien Stücken, sie kennen ihre Bedürfnisse und Grenzen, kommunizieren diese klar und transparent, sind aber auch bereit, zu verhandeln und faire Kompromisse zu finden. Die Voraussetzung dazu ist wiederum die Bereitschaft beider (oder aller) Beteiligten, mit gutem Willen in die Verhandlung zu treten und sicher auch sich selbst einigermaßen gut zu kennen. So unterscheidet sich Selbstbestimmung auch im nahen Miteinander vom Egoismus.

Im Übrigen ergibt sich Autonomie erst aus einer sicheren Bindung: Kinder, die eine gute Bindung zu ihren nächsten Bezugspersonen aufbauen konnten, entwickeln sich zu Menschen, die selbstbestimmt Entscheidungen zur Gestaltung und Planung ihres Lebens treffen können.[21]

Wie steht es nun mit Ihrer Selbstbestimmung? Wir möchten Sie im Folgenden mit der ersten Reflexion dazu einladen, eine Inventur zu machen. Wo sind Sie bereits selbstbestimmt, und wo würden Sie gern selbstbestimmter sein?

Was sind Ihre Gedanken zum Thema, wenn Sie über Ihr eigenes Leben nachdenken? Nehmen Sie sich einen Zettel, und machen Sie ein Brainstorming zu folgenden Fragen:

1. *Wo fühlen Sie sich frei und selbstbestimmt im beruflichen und privaten Alltag? Wo leben Sie das Bedürfnis nach Autonomie aus? Wenn Sie Ihre Notizen betrachten, was davon freut Sie besonders, wofür spüren Sie Dankbarkeit?*
2. *Wann fühlen Sie sich fremdbestimmt, unter Druck und sogar unter Zwang? Sammeln Sie auch hier konkrete Beispiele. Was davon stößt Ihnen am stärksten auf, wo werden Sie sogar traurig oder wütend?*

Bedenken Sie dabei auch vermeintliche Kleinigkeiten. So können Sie beispielsweise selbst bestimmen, welches Essen Sie auf der Speisekarte wählen, welchen Weg zur Arbeit Sie nehmen, wie oft Sie Ihr Handy checken, welche Meinungen Sie zu den Dingen haben oder wann Sie am Abend ins Bett gehen. Andererseits können Sie sich je nach Autonomiebedürfnis auch im Kleinen fremdbestimmt fühlen. Vielleicht widerstrebt es Ihnen, wenn Sie jemand nicht ausreden lässt oder wenn bestimmte Erwartungen an Sie gestellt werden? Eventuell fühlen Sie sich eingeschränkt, wenn der Wecker in der Früh klingelt oder der Supermarkt »bereits« um 20.00 Uhr schließt?

Gerade wenn Sie unzufrieden mit Ihrer Selbstbestimmung sind, ist es zunächst hilfreich und auch bestärkend, sich darüber bewusst zu sein, wo Sie bereits selbstbestimmt sind, was Sie frei wählen und entscheiden können und worauf Sie jetzt schon einen Einfluss haben. So begeben Sie sich nicht mit einem absoluten »Defizit-Denken« auf die Suche.

Wie selbstbestimmt sind Sie?

Mit dem folgenden Selbsttest können Sie weiter einkreisen, welche Aspekte Ihrer persönlichen Selbstbestimmung jetzt schon gegeben sind und welche Sie erweitern wollen. Antworten Sie möglichst spontan!

		Eher ja	Eher nein	Weiß nicht
1.	Fühlen Sie sich als Gestalter Ihres Lebens?			
2.	Wissen Sie häufig, auch im Stress, was Sie brauchen?			
3.	Muten Sie sich anderen mit Ihren Wünschen und Bedürfnissen zu?			
4.	Kennen Sie Ihre Grenzen (auch Belastbarkeit, Schwächen und Verletzlichkeiten) gut?			
5.	Können Sie zu Ihren Fehlern und Schwächen stehen?			
6.	Wissen Sie, was Ihnen wirklich wichtig ist?			
7.	Leben Sie nach Ihren Werten, sind sich also auch in Ihrem Handeln treu?			
8.	Trauen Sie sich, Ihr »Ding« zu machen, auch entgegen den Erwartungen anderer?			
9.	Wissen Sie, was Sie richtig gut können und gern machen?			
10.	Können Sie auch mit unangenehmen Gefühlen umgehen?			
11.	Spüren Sie eine Bedeutsamkeit/Sinnhaftigkeit in Ihrem Leben?			
12.	Haben Sie das Gefühl, »Ihr« Leben zu leben?			
13.	Lassen Sie andere so sein, wie sie sind, ohne an ihnen herumzumäkeln?			
14.	Können Sie Konflikte eingehen und Ihren Standpunkt vertreten?			

		Eher ja	Eher nein	Weiß nicht
15.	Kennen Sie Ihre Glaubenssätze beziehungsweis inneren Antreiber und wann diese Sie zu sehr beeinflussen?			
16.	Machen Sie konkrete Pläne für die Zukunft, und setzen Sie diese eigenverantwortlich um?			
17.	Holen Sie sich Hilfe und Zuspruch, wenn Sie allein nicht weiterkommen?			
18.	Wenn Sie an sich und an Ihre (Persönlichkeits)eigenschaften denken, meinen Sie, dass Sie sich wandeln, an Situationen anpassen und sich verändern können?			

Die Auswertung ist recht einfach: Je mehr Sie mit »Eher ja« geantwortet haben, desto selbstbestimmter sind Sie bereits. Die Kreuze bei »Weiß nicht« oder »Eher nicht« geben Ihnen einen Hinweis darauf, wo Ihr Entwicklungspotenzial zu mehr Selbstbestimmung liegt.

Zählen Sie alle Kreuze, die Sie bei »Eher ja« gesetzt haben, zusammen. Unter sechs Punkten bedeutet, dass Sie eher weniger selbstbestimmt, ab zwölf Punkten, dass Sie schon in vielen Bereichen Ihres Lebens selbstbestimmt leben; und je näher Sie zur Achtzehn kommen, desto mehr »Profi« sind Sie schon.[22] Dann können Sie das Buch zur Unterstützung, Verstärkung und für das Kennenlernen ein paar neuer Aspekte nutzen.

Wir werden im weiteren Verlauf auf die genannten Punkte eingehen. Sie können den Selbsttest hinterher noch mal machen und evaluieren, inwieweit sich Ihre Antworten verändert haben. So gewinnen Sie für sich eine individuelle Vorher-nachher-Einschätzung.

Der Preis der Selbstbestimmung

Wahrscheinlich vermuten Sie es bereits und kennen es aus eigener Erfahrung, dass das selbstbestimmte Leben nicht immer unbedingt das einfachste ist. Woran liegt das?

DIE QUAL DER WAHL

Vielen Generationen, die vor uns lebten, stellte sich die Frage nach der Selbstbestimmung wohl nicht in der Art, wie wir sie heute verstehen. Das Leben war vorherbestimmt. Wir alle kennen das Klischee: Der Sohn des Bauern übernahm den Hof, die Tochter heiratete in einen anderen Hof ein und bekam Kinder, die Rollen von Männern und Frauen waren klar vorgegeben, und für alle Fragen dazwischen hatte die Kirche passende Antworten parat – man oder frau hatte schon aus existenziellen Gründen kaum eine Wahl.

Obwohl wir in den letzten Jahrzehnten immer mehr in den Genuss von Freiheit und Wohlstand gekommen sind, die uns breit gefächerte Möglichkeiten zur Selbstbestimmung bieten, sind wir deshalb als Gesellschaft insgesamt nicht zufriedener. Ganz im Gegenteil. Die Zufriedenheit der Deutschen sinkt stetig und hat 2021 einen Tiefpunkt erreicht.[23] Das mag einerseits an der Corona-Pandemie liegen. Andererseits, und da ist sich die

Wissenschaft einig, macht sich hierin die Kehrseite von Selbstbestimmung und Freiheit bemerkbar. Je mehr Alternativen wir nämlich haben, desto schlechter können wir uns entscheiden und desto gelähmter und unzufriedener sind wir. Als »Paradoxon der Wahlmöglichkeiten« wird diese Erkenntnis betitelt.[24] Die fast unerschöpflichen Wahlmöglichkeiten kosten uns Zeit und Energie. Wer saß nicht schon gefühlt stundenlang vor dem endlosen Streaming-Angebot, um am Ende genervt und unzufrieden bei einer alten DVD zu landen oder einfach frustriert in den Schlaf zu fallen. Da waren die drei öffentlich-rechtlichen Programme früherer Zeiten fast eine Erlösung.

Wahlmöglichkeiten bringen uns zusätzlich immer wieder in Zweifel, ob wir wohl die richtige Entscheidung getroffen haben. Jede Entscheidung für etwas bedeutet den Verzicht auf etwas anderes. Das rechte Maß wäre hier die Antwort. Habe ich sechs Marmeladensorten zur Auswahl, verpasse ich beim Kauf von einer nur fünf. Stehen aber dreißig im Regal, verpasse ich 29 andere Geschmacksrichtungen. Menschen greifen daher lieber zu, wenn sie eine kleinere Auswahl haben, und sind danach mit ihrer Entscheidung zufriedener, wie das Experiment mit den Marmeladengläsern in der Forschungsarbeit von zwei Psychologen tatsächlich zeigen konnte.[25]

Lassen Sie uns die Marmeladengläser aus dem Experiment durch Autos, Urlaube, Jobangebote, Wohnorte oder gar potenzielle Partner ersetzen: Die Qual der Wahl fordert uns heraus. Und so kann die Entscheidungsfindung, die uns durch die Selbstbestimmung und Freiheit auferlegt wird, auch einhergehen mit der Angst, am Leben zu scheitern, und uns lähmen. Gerade junge Menschen in ihren Zwanzigern fühlen sich unzufrieden und blockiert.

Daher bleiben viele lieber Zuschauer aus Angst vor Zurückweisung, vor unangenehmen Gefühlen, davor, falsche Entscheidungen zu treffen oder den eigenen Ansprüchen und denen der anderen nicht gerecht zu werden.[26] Durch das »Zuschauen« aus vermeintlich sicherem Abstand werden wir aber nie wirklich berührt oder in Beziehung treten, wir werden kaum intensive, wahrhaftige Erfahrungen machen und uns lebendig fühlen, da wir außen vor bleiben und wie durch ein Schaufenster anderen beim tollen Leben zuschauen. Dann leben wir nicht, sondern werden gelebt. Dass dies zu Unzufriedenheit und Krisen führt, ist nicht verwunderlich.

SELBSTVERANTWORTUNG UND SCHULD

Und da sind wir bei der Selbstverantwortung. Auch ein Preis, den wir für die Selbstbestimmung zahlen müssen. Wir tragen für das, was wir tun, aber auch für das, was wir nicht tun, die Verantwortung. Und weil wir sehr viel Handlungsspielraum haben, der nicht klar in Verboten und Geboten reguliert ist, werden wir ständig selbst aufgefordert, uns auf etwas zu beziehen. Es gibt kein äußeres, moralisches Gerüst. Wir dürfen selbst abwägen und die Konsequenzen für uns wie für andere im Blick behalten.

Und jetzt fängt das Dilemma erst richtig an: Wenn ich alles machen kann, was ich möchte, wonach soll ich mich dann richten? Woher weiß ich, dass die Entscheidungen, die ich treffe, die richtigen sind? Wie lebe ich mit den Konsequenzen meines Handelns oder auch Unterlassens? Muss ich »alles Mögliche« tun, damit ich am Ende nichts bereue? Was ist in einem Leben überhaupt möglich zu vollbringen, und was ist sinnvoll?

So werden wir auf uns selbst zurückgeworfen. Denn die Richtschnur, an der wir uns orientieren, entsteht in uns und ist damit individuell sehr unterschiedlich. Daran, was mir wichtig ist, was mir Bedeutung verleiht, wofür ich mich interessiere, was ich brauche, was ich kann, was aber auch meine Grenzen sind, und daran, was nicht getan zu haben ich als Individuum höchst persönlich bereuen würde, kann ich mich orientieren. Und das ist eine große Aufgabe, die viel Selbstreflexion erfordert und die gelernt werden will.

Hier erleben wir ein weiteres Paradoxon. Denn trotz unserer Freiheiten wird uns sehr viel Verantwortung abgenommen. Wir sind abhängig von staatlichen und wirtschaftlichen Strukturen und in Schul-, Ausbildungs-, Arbeits-, Gesundheits- und Rentensysteme eingebettet, um nur einige zu nennen. Wer kann sich noch mit Lebensmitteln selbst versorgen, wer ist unabhängig vom Strom? Oder nehmen wir an, das Internet gäbe es auf einmal nicht mehr. Kaum auszuhalten. Die sogenannten »Helikopter-Eltern« versuchen, ihren Kindern alle Probleme vom Hals zu halten, entbinden sie aber gleichzeitig von der Eigenverantwortung, Konflikte oder Herausforderungen selbst zu bewältigen. Am Arbeitsplatz wird unsere Selbstverantwortung auch nicht immer gefördert. Wo lernen wir also, wie das mit der Verantwortungsübernahme geht, und wofür soll ich mich auch verantwortlich fühlen, wenn alles hübsch geregelt ist?

Gleichzeitig obliegt meine Lebensgestaltung hauptsächlich mir. Bin ich dann nicht auch »schuld«, wenn ich eine »falsche« Abzweigung im Leben nehme? Dabei wird die Verantwortung und damit die Schuld von den Umständen und der Gesellschaft allein auf das Individuum übertragen. Und das kann viel Druck von außen, also wiederum Fremdbestimmung bedeuten. Es wird suggeriert, dass wir, wenn wir nicht das Beste aus unserem Leben gemacht haben, unter unseren Möglichkeiten bleiben, selbst schuld sind. Wenn ich mich beispielsweise nicht für Karriere und Kinder gleichzeitig entschieden habe, wenn ich nicht all meine anderweitigen Talente voll verwirkliche, wenn ich nicht das Haus mit Partner, Garten und Hund habe, wenn ich nicht Sport treibe und eine fantastische Figur habe, wenn ich nicht ständig glücklich bin, dann bin ich selbst schuld und an den Möglichkeiten des Lebens gescheitert?

Entsprechend stehen wir immer vor der Aufgabe, uns von den Erwartungen der Gesellschaft an ein vermeintlich »richtiges« Leben abzugrenzen und das Risiko des Scheiterns oder Versagens in den Augen der anderen auszuhalten, also die »Schuld« zu tragen.

Das Individuum lebt und entwickelt sich im Spannungsfeld der Gesellschaft, die sicherlich, und darauf werden wir noch näher eingehen, einen großen Einfluss nimmt. Allerdings wollen wir sehr bewusst den Menschen gerade nicht als ein determiniertes, ausschließlich von den äußeren Umständen abhängiges, hilfloses Wesen in der Opferrolle betrachten, weil er es auch nicht ist. Die »Schuld« für sein Verhalten oder ein »Versagen« ist ein Zusammenspiel von äußeren Umständen, gewissen Dispositionen, wie Genetik, und dem Individuum selbst.

Abgesehen davon wollen wir den Begriff der Schuld ab jetzt auch gar nicht mehr verwenden. Denn es geht vielmehr um geteilte Verantwortung. Hier wollen wir uns bewusst darauf konzentrieren, was das Individuum dazu beitragen kann, selbstbestimmt zu leben. Dabei geht es eben nicht um Selbstoptimierung nach den Maßstäben von außen, also beispielsweise durch das kapitalistische System. Es geht nicht darum, das eigene Selbst als endlos plastisch und anpassbar anzusehen und sich ausbeuterischen Bedingungen zu unterwerfen.[27] Uns geht es darum, Sie dabei zu unterstützen, dass Sie Ihren Weg finden. Gleichzeitig werden Sie dann eher ebenso einen Beitrag für andere leisten können. Denn es gibt auch in unserem Land viele Menschen, die in prekären Verhältnissen aufwachsen und leben, die kaum Optionen zur freien Lebensgestaltung haben. Umso mehr sollten diejenigen von uns, deren Umstände es erlauben, den Mut aufbringen, als Vorbilder voranzugehen und – indem sie ihr Leben bewusst gestalten – zu »glücklicheren« und zufriedeneren, energievolleren Menschen werden. Aus diesem Wohlbefinden heraus können Sie mit Mitgefühl und Herzenswärme, mit ausreichend Energiereserven für andere, weniger privilegierte Menschen sorgen und die Stimme zur Freiheit erheben![28]

Dies wird auch im direkten Kontakt mit anderen von Vorteil sein. Denn wenn wir das Leben führen, das wir leben möchten, können wir anderen Menschen dasselbe auf deren Art und Weise viel leichter gönnen. Wir werden alternative Lebensentwürfe eher billigen, ja sogar wertschätzend gelten lassen. Wie viele Konflikte weniger gäbe es wohl, wenn wir andere so sein lassen könnten, wie sie sein wollen, und wir sie sogar in ihren Vorhaben unterstützten?

EINSAMKEIT

Spätestens an dieser Stelle mögen Sie auch die Frage stellen, ob es nicht einsam machen könnte, Ihren eigenen Weg zu gehen. Auch da kommt es wieder auf das Maß an. Es gibt Menschen, die so sehr ihrem Weg folgen und so wenig Kompromisse eingehen, dass sie mehr oder weniger allein durchs Leben laufen. Entscheidend ist, ob dies gewünscht ist, und das kann durchaus vorkommen. Es gibt Einsiedler, die ein so hohes Bedürfnis nach Autonomie beziehungsweise einen so hohen »Freiheitswert« haben, dass sie lieber allein sind als sich anzupassen. »Allein« bedeutet dabei aber nicht automatisch »einsam«. Einsam fühle ich mich beispielsweise dann, wenn ich eigentlich lieber mehr Kontakte mit anderen Menschen hätte oder wenn ich keine Möglichkeiten sehe, um mit anderen in Kontakt zu kommen, zum Beispiel aufgrund von Alter, Wohnort oder Krankheit – wenn das Alleinsein also nicht gewünscht und unfreiwillig ist. Wer sich ausführlicher mit »Alleinsein« versus »Einsamkeit« beschäftigen möchte, dem empfehlen wir das Buch *Allein* von Daniel Schreiber.[29]

Für ein authentisches Leben ist es förderlich, sich bewusst mit den Menschen zu umgeben, die uns so leben und sein lassen, wie wir sind oder sein wollen, die uns in dem erkennen, was uns ausmacht, die nicht ständig an uns feilen oder uns verbiegen und uns für sich selbst passend machen wollen. Dagegen aufzubegehren und sich selbst treu zu bleiben ist mit sehr viel mehr Kraft- und Willensaufwand verbunden, als sich ein Umfeld zu suchen, in dem Sie sich frei, weil »richtig« fühlen können. Da dürfen Sie so sein, wie Sie sind, und werden genau dafür geliebt oder wertgeschätzt. Gleichzeitig suchen wir uns oft auch Menschen, die ganz anders sind als wir. Dann versprechen wir uns von der Unterschiedlichkeit vielleicht auch Inspiration und Spannung, um uns weiterzuentwickeln. Es mag also durchaus sein, dass sich Ihr soziales Umfeld ändert oder gar ändern muss, damit Sie sich selbst treu bleiben und in Ihrem Sinne weiterentwickeln können. Sie werden aber tiefere, authentischere und wahrhaftigere Begegnungen gewinnen und sich lebendiger fühlen.

»NABELSCHAU« IST ANSTRENGEND

Die Voraussetzung für Selbstbestimmung und Verantwortungsübernahme ist die Selbstreflexion. Muss diese nun zwangsläufig immer eine Nabelschau bedeuten, die anstrengend ist? Bei der Selbsterkenntnis geht es um das Wissen der eigenen Stärken und Schwächen, der eigenen Muster und »Trigger« und darum, was uns persönlich ausmacht und uns im Inneren leitet. Es geht nicht um eine überzogene, selbstverliebte Beschäftigung mit der eigenen Person, bei der man ständig nur um sich kreist. Das wäre eine Nabelschau, die anstrengend werden und einen auch davon abhalten könnte, entscheidende Dinge zu ändern. Denn wenn man nur noch um sich selbst kreist, ist es unmöglich vorwärtszukommen.

Es geht um ein ehrliches Hinschauen, ohne sich allzu sehr darin zu verlieren. Und das kann mitunter auch unangenehm werden: »Was passiert, wenn ich die Büchse der Pandora erst mal geöffnet habe? Wie gehe ich damit um?« Es kann also unbequem und anstrengend sein, über sich, die eigenen Wünsche und Grenzen nachzudenken. Als Gewohnheitstiere lieben wir unsere automatisierten Routinen und das Bekannte, weil es einfach eine Menge Energie spart. Wir sind damit in einem sehr effizienten Sparbetrieb, um unsere Ressourcen zu schonen. Eigentlich ja ganz schlau eingerichtet von der Natur, um gut zu überleben.

Eine ähnliche Strategie wenden wir an, wenn wir unsere Bedürfnisse an andere zu delegieren versuchen. Die sollen es dann möglichst für uns richten, und später beschweren wir uns, warum es nicht genau so ist, wie wir es gern hätten. So kann man sich ganz geschmeidig aus der Verantwortung ziehen. Das ist nachvollziehbar und menschlich. Die eigene Selbstbestimmung zu leben ist anstrengend, weil sie nicht an andere abgegeben werden kann und es dazu nötig ist, hinzuschauen und Veränderungen zuzulassen. Das erfordert – ganz klar – Mut. Das wahrhaftige und schöne Leben verspricht allerdings nicht, automatisch ein leichtes zu sein.

WIESO ES SICH LOHNT, SELBSTBESTIMMT ZU LEBEN

»Bei so viel Kosten, wo ist dann der Nutzen der Selbstbestimmung?«, mögen Sie sich jetzt vielleicht fragen. Wir legen gern noch mal nach. Was wäre denn die Alternative? Fremdbestimmung und Zwang, Verbote, starre Regularien und Kontrolle. Haben wir als Gesellschaft nicht genau dagegen erfolgreich gekämpft? Dass Zwang und Fremdbestimmung gesundheitsschädlich sind, liegt auf der Hand und zeigt sich auch in Studien zur Arbeitsplatzgestaltung, aus denen ganz klar hervorgeht, dass Mitarbeitende, die zu wenig Handlungsspielraum und Kontrolle über ihre Tätigkeiten haben, höheren Stress und damit höhere Raten an psychischen Erkrankungen aufweisen.[30] Selbstbestimmung und Authentizität hingegen tragen zu Wohlbefinden und psychischer sowie körperlicher Gesundheit bei, wie eine große Anzahl an Forschungsarbeiten belegt.[31] Leben wir inkongruent zu unseren Bedürfnissen und Werten, spürt dies unser Körper und entwickelt in diesem Stresszustand Beschwerden. Leben wir mit uns im »Reinen«, fühlen wir uns entspannt.

Sich dessen bewusst zu sein, dass wir die Architekten und Baumeister unseres Lebens sind, und dafür die Verantwortung zu übernehmen und es zu gestalten bringt uns aus einer Opferrolle in die Selbstwirksamkeit. Wir bewirken mit unserem Handeln etwas. Nicht immer gelingt alles, und nicht alles ist veränderbar, aber wir können auf mehr, als wir manchmal denken, Einfluss nehmen.

Diese Selbstwirksamkeitserwartung ist ein zentraler Faktor unserer seelischen Widerstandsfähigkeit: Resiliente Menschen sind davon überzeugt, Einfluss auf ihr Leben zu haben. Zwar prallt nicht alles an ihnen ab (lat. *resilire* = zurückspringen, abprallen), aber sie nehmen Herausforderungen an und versuchen, Lösungen und Unterstützung zu finden. Sie fühlen sich seltener ausgeliefert. Die Resilienzforschung zeigt außerdem, dass wir besser mit Herausforderungen und Krisen umgehen, wenn wir Probleme aktiv, zukunfts- und lösungsorientiert angehen. Außerdem gibt uns die Orientierung auf unsere Werte als weitere zentrale Resilienzfaktoren Bedeutsamkeit und Sinnhaftigkeit im Leben. Insgesamt ließe sich also Resilienz nicht ohne Autonomie denken.

Selbstbestimmt und selbstverantwortlich zu handeln ist essenziell, wenn es um den günstigen Umgang mit Herausforderungen bis hin zu Krisen geht.[32] Die Basis dazu wiederum ist die Selbstfürsorge. Nur wenn wir auf uns und unsere Energiereserven achten, haben wir Kraft für die Bewältigung des Alltags mit all seinen kleinen und großen Herausforderungen. Auch die Selbstfürsorge bedeutet, Verantwortung für sich zu übernehmen und selbstbestimmt zu handeln. An dieser Stelle wollen wir auf das erste Buch von Tatjana Reichhart verweisen: *Das Prinzip Selbstfürsorge.*[33]

Jetzt haben wir den Begriff »selbst« so häufig verwendet, dass wir ihn uns endlich ein wenig näher anschauen müssen: Wer sind wir? Was sind wir? Was macht uns aus, und haben wir ein wahres Ich, das es nur zu finden gilt?

Welches Selbst bestimmt?

Wenn wir es sind, die über uns bestimmen können – wer ist dann dieses »Selbst« in uns? Woran denken Sie, wenn Sie von »Ich« sprechen – Ihre innere Mitte, Ihre Intuition, Ihre Seele oder Ihr »wahres« Selbst? Unser Bewusstsein über uns basteln wir als Selbstkonzept aus ganz unterschiedlichen Komponenten zusammen. Es besteht aus Erinnerungen, aus Persönlichkeitsmerkmalen und Fähigkeiten, die wir uns zusprechen, aus unseren Werten und Motiven, die uns leiten, aus dem Feedback unseres Umfelds, genauso wie aus unseren eigenen Bewertungen unserer selbst (Selbstwert).

In unser Selbstkonzept fließt auch mit ein, wie wir gern sein würden (»Ideal-Ich«) oder wer wir mehr sein wollen (»mögliches Selbst«).[34] Darüber hinaus werden wir uns unserer selbst bewusst, weil wir in einem Körper leben, der uns zusammenhält, uns in Bewegung und in den Kontakt mit der Außenwelt bringt – der uns die Welt und uns selbst spüren lässt. Damit entwickeln wir gleichzeitig ein Bewusstsein über unsere Verbundenheit mit unserer Umwelt. Wir sind nicht isoliert, sondern eingebunden in soziale Netzwerke, in denen wir unterschiedliche Rollen einnehmen. Mit unserem »spirituellen« Ich verfügen wir darüber hinaus über ein Selbst, das uns beobachtet – das unsere Gedanken hören und unsere Gefühle fühlen kann.[35] Inwiefern dieses reflektorische Selbst tatsächlich spirituell ist, werden wir im Kapitel »Innere Anteile: Wer Sie alles sind« noch einmal kurz aufgreifen.

Aus diesen Definitionen wird deutlich, dass unser Selbst aus einer Vielfalt an unterschiedlichen Aspekten besteht, die wir in unterschiedlichen Bezügen, zu verschiedenen Zeitpunkten und mit einer Vielzahl an Objekten und Menschen haben. Alles zusammen also macht aus, wer wir sind, worüber wir uns erfahren und was unsere Identität bildet. Die Frage ist jetzt: Wenn unser Selbst unsere Identität ist, gibt es dann etwas in uns, was alle diese Komponenten als Kern-Selbst oder Essenz vereint und steuert?

GIBT ES EIN KERN-SELBST?

In der Vorstellung des Zen-Buddhismus besteht das menschliche Wesen aus fünf Elementen, »Skandhas« genannt. Nach dem Mönch Thich Nhat Hanh[36] sind es fünf Ströme, die in uns fließen: unser Körper, unsere Empfindungen, unsere Wahrnehmung, unsere geistigen Kräfte und unser Bewusstsein. Diese lassen uns unserer selbst gewahr werden, ohne dass es dafür ein »eigenständiges, unabhängiges Selbst« braucht; denn die wechselseitige Vereinigung dieser einzelnen Ströme ist bereits der Fluss.

Damit kommen wir zu einem wesentlichen, vielleicht auch neuartigen und verwirrenden Aspekt. Die buddhistische Lehre ist anschlussfähig an westliche wissenschaftliche Ansätze, die die Existenz eines substanziellen, dinglichen Selbst negiert. Denn das, was wir als unser Selbst wahrnehmen, ist vielmehr zusammengesetzt aus verschiedenen Selbstanteilen, die in unserem Gehirn als Netzwerkverbindungen bestehen. Diese haben sich durch Wiederholung als feste Wahrnehmungsmuster etabliert, die bei spezifischen inneren und äußeren Reizkonstellationen aktiviert werden. Als Reaktion denke, fühle und verhalte ich mich passend auf die Situation mit einem erlernten Muster. Das Selbst wird nicht mehr als fest beschreibbare und überdauernde Struktur eines Menschen aufgefasst, die durch klar definierte Persönlichkeitsmerkmale oder durch seine Anlagen und einem innewohnenden Wesen als »wahres« Selbst gekennzeichnet ist. Vielmehr wird der

Prozess der Selbstaktualisierung und damit die Wandelbarkeit des Selbst in den Vordergrund gerückt. Denn bereits von Moment zu Moment ist es uns möglich, uns anders zu fühlen, anders zu denken und zu verhalten. Je nach Situation, welchen Herausforderungen wir begegnen und zu wem wir uns beziehen, stellen wir unterschiedliche Persönlichkeitsanteile in den Vordergrund. Manche Menschen schüchtern uns eher ein, anderen gegenüber sind wir fordernder, vielleicht sogar aggressiver, obwohl wir uns für einen friedliebenden Menschen halten. Für manche Tätigkeiten besitzen wir ein unglaubliches Durchhaltevermögen, und bei anderen gewinnt unser innerer Schweinehund. Im beruflichen Kontext ist es uns vielleicht eher möglich, Struktur und Ordnung walten zu lassen, wohingegen unser Haushalt in einem Chaos versinkt. Eine Teamleitung kann sich in der Arbeit gegenüber Kollegen und Vorgesetzten vielleicht gut abgrenzen und Nein sagen, es aber gleichzeitig nicht schaffen, dies in gleichem Maße gegenüber Freundinnen in ihrer Freizeit zu tun.

Vielleicht haben Sie auch schon bemerkt, dass Sie nicht allen Menschen das Gleiche erzählen und sich sogar mit jedem anders fühlen. Mit manchen werden Sie gern über »Selbstbestimmung« und Ihre Ideen sprechen, bei anderen vermeiden Sie es eher. Das ist ganz normal, weil wir wählen, welchen inneren Selbst-Anteilen wir im Kontakt mit anderen Raum geben. Gleiches passiert in unserem inneren Selbstsystem. Es ist uns nämlich möglich, unterschiedliche, sogar widerstreitende Positionen zu vertreten, innere Dialoge zu führen und uns selbst zu kritisieren. Auch das zeigt, dass wir nie einheitlich sind, sondern von Natur aus widersprüchlich. Eben weil wir unterschiedliche Selbstanteile haben, die sich situativ immer wieder neu zueinander positionieren. Sogar in ein und derselben Situation sind oft mehrere Selbstanteile aktiv. Wir können über etwas traurig und im nächsten Moment wütend sein. Wir können Verständnis haben und uns trotzdem angegriffen fühlen, jemanden gleichermaßen lieben und hassen. Zwar haben wir ein konstruiertes inneres und stabiles Bild von uns, das bei genauerer Betrachtung aber viel inkonsistenter ist, als wir es oft annehmen. Es ist mehr ein »phänomenologisches Selbsterleben«,[37] das sich, um beim Bild Thich Nhat Hanhs zu bleiben, immerfort aus unterschiedlichen Zuflüssen speist.

Der Sozialpsychologe William Fleeson wies nach, dass die persönlichen Selbstzuschreibungen einer Person, also welches Bild wir zum Beispiel von unseren Eigenschaften haben, im Laufe eines Tages fast genauso oft variieren wie zwischen verschiedenen Menschen. Durch einen Abgleich mit einem Persönlichkeitstest konnte er zeigen, dass sich die Studienteilnehmenden die meiste Zeit *out of character,* also entgegen ihren »eigentlichen« Persönlichkeits- und Charaktereigenschaften, verhalten.[38] Jemand, der freundlich und verträglich ist, wird im Tagesverlauf zum Beispiel in Situationen kommen, in denen er auch mal unfreundlich ist beziehungsweise sein sollte und nicht immerfort nur wohlmeinende Gedanken hat.

An der Überspitzung werden Sie vielleicht schon merken, dass wir nie etwas immer gleich machen können und das auch nicht sinnvoll wäre. Wir verfügen also tatsächlich über ein sehr viel größeres Spektrum an Verhaltensoptionen als ein starres Selbstbild erlauben würde.

Dabei scheint es eindeutig vorteilhaft zu sein, wenn wir uns mehr damit beschäftigen, wer wir sein könnten, statt daran festzuhalten, wer wir zu sein meinen. Die Psychologieprofessorin Carol Dweck unterscheidet ein starres von einem dynamischen Selbstbild.[39] Menschen mit einem starren Selbstbild (zum Beispiel: »Ich bin zuverlässig« oder »Ich bin chaotisch«) haben nach ihren Untersuchungen Angst, Fehler zu machen und zu scheitern. Es ist ihnen wichtig, was andere über sie denken, und sie haben das Gefühl, sich zur Erhaltung ihres Selbstbilds beweisen zu müssen.

Menschen hingegen, die über ein dynamisches Selbstbild verfügen, entwickeln sich weiter, gehen Veränderungen an und lernen Neues hinzu (zum Beispiel »Ich bin zwar chaotisch, aber ich kann auch lernen, ordentlicher zu sein«). Ein Scheitern wird auf diesem Weg als Anlass genommen, um herauszufinden, wie es funktionieren könnte. Damit kommen sie nicht nur mit Krisen und Veränderungen besser zurecht, sondern sie sind auch motivierter, ihre Fähigkeiten und Kompetenzen auszubauen. Sie haben den Glauben daran, dass sie etwas bewirken können und nicht alles zwangsläufig so bleiben muss, wie es ist. Sie selbst eingeschlossen.

Zählen Sie nun zu denjenigen, die eher ein statisches Selbstbild haben, können Sie auch lernen, sich dynamischer zu sehen, indem Sie erstens erkennen, dass Ihre Eigenschaften nicht für immer festgelegt, sondern veränderbar sind, zweites ein Scheitern zwangsläufig zur Entwicklung dazugehört und Sie drittens förderliche Gedanken und Einstellungen entwickeln können, um Ihre Wünsche zu verwirklichen. Die Beeinflussung unserer Gedanken und Überzeugungen scheint dabei die zentrale Schlüsselstelle zu einem dynamischen Selbstbild zu sein, was unter dem Begriff »Growth Mindset« mittlerweile große Verbreitung gefunden hat.[40]

Wenn wir uns nicht zu starr in unserem Selbstkonzept festlegen, sind wir also vielseitiger und wandlungsfähiger. Es ist uns möglich, andere, vielleicht noch verborgene oder verkümmerte Eigenschaften, Fähigkeiten und Talente zu beleben oder stärker zu betonen. Das macht uns zudem flexibel und in diesem Sinne auch resilient, weil wir uns situativ an die Heraus- und Anforderungen des Lebens anpassen, diese aber auch aktiv beeinflussen und gestalten.

Die Innenwelt achtsam wahrnehmen

Wer sind Sie jetzt gerade? Halten Sie für einen Moment inne, indem Sie die Augen schließen und ein paar tiefe Atemzüge nehmen. Und dann richten Sie Ihre Aufmerksamkeit darauf, was Sie in Ihrem Körper spüren. Wie fühlt sich Ihr Körper an? Welche Gefühle haben Sie? Welche Gedanken gehen Ihnen durch den Kopf?

Vielleicht entdecken Sie, dass Körperempfindungen, Gefühle und Gedanken zu einem bestimmten Selbstanteil gehören, zum Beispiel zu einem freudigen Anteil in Ihnen, der sich lebendig anfühlt, den Körper wärmt und sich über die geleistete Arbeit freut. Gibt es noch andere Anteile, die sich melden? Vielleicht auch eine Erschöpfung, eine Wut oder ein zweifelnder Anteil? Beobachten Sie offen und neugierig alles, was sich in Ihnen regt.

Sie werden bemerken, dass es unterschiedliche Stimmen, Gefühle beziehungsweise Befindlichkeiten in Ihnen gibt. Um sich in diesem dynamischen Prozess unserer Identität nicht zu verlieren, empfiehlt es sich, die Geschichte, die Sie über sich selbst erzählen, immer wieder zu überprüfen und sie so anzupassen, dass sie stimmig für Sie ist.[41] Zum Beispiel mit Fragen wie »Wer bin ich gerade?«, »Was ist mir jetzt wichtig?«, »Wozu handle ich gerade so?«, »Wofür war die Entscheidung gut?« oder auch »Was ist der Gewinn von Rückschritten?«. Mit dieser »narrativen Identität«

geht es also darum, sich und sein Leben zwar als dynamisch und flexibel, aber gleichzeitig als kohärent, also logisch nachvollziehbar zu begreifen. Die Geschichte, die wir über uns erzählen, soll einen Sinn ergeben. Genau dazu werden wir Sie in den Übungen immer wieder einladen.

KANN JEDER WERDEN, WER ER WILL?

Wenn wir uns also situativ und dynamisch den Begebenheiten anpassen, heißt das dann, dass wir im Umkehrschluss gar keine feste Persönlichkeit haben, keine Essenz, nichts, was uns ausmacht und über die Zeit hinweg stabil bleibt? Haben wir die Freiheit, alles zu sein, was wir sein wollen? Können wir uns also fortlaufend neu erfinden?

Zwillingsstudien weisen darauf hin, dass etwa 50 Prozent der Persönlichkeitsunterschiede auf unser genetisches Erbe zurückzuführen ist.[42] Wie wir fühlen und wahrnehmen, wird durch unsere biologische Ausstattung vermittelt: durch unsere chemischen Botenstoffe, Hormone und Nervenzellverbindungen. Ob wir schnell in die Luft gehen, genügsam oder ängstlich sind, wie viel Kontakt wir zu anderen suchen und wie anfällig wir für Reize sind, hängt zur Hälfte von unseren Genen ab. Gleichzeitig können wir lernen, wie wir uns zum Beispiel schneller beruhigen oder Ängste abbauen. Es ist uns möglich, Strategien der Bewältigung aufzubauen, um unseren Veranlagungen nicht schutzlos ausgeliefert zu sein.

Zu unseren Anlagen gehören auch unsere Talente und Begabungen, die ebenfalls eine Limitierung darstellen in dem, was wir werden und erreichen können. Wenn Sie ein Opernsänger werden wollen, brauchen Sie dazu nicht nur eine ungemein große Anstrengungsbereitschaft und Durchhaltevermögen, sondern auch ein Talent zum Singen. Sonst kann alle Mühe vergebens sein; denn Fähigkeiten können zwar entwickelt werden, aber um damit ganz groß rauskommen zu können, bedarf es auch entsprechender Anlagen. Diese können je nach Ihrer individuellen Zielsetzung eine natürliche Begrenzung Ihrer Möglichkeiten darstellen.

Allerdings wissen viele nicht, welche Fähigkeiten sie haben. Der größte Teil unserer Möglichkeiten bleibt ungenutzt. Der Organisations- und Gesundheitspsychologe Ben Fletscher bemisst das brachliegende Potenzial des Menschen auf 90 Prozent.[43] Vieles von dem, was wir eigentlich doch könnten, ist in den Schubladen »Kann ich nicht« oder »Ist nichts für mich« abgelegt worden. Dabei können neben einer angenommenen Unfähigkeit auch andere Faktoren eine Rolle gespielt haben, wie fehlende Motivation, abwertende Kommentare, unzureichendes Wissen und Strategien für eine gelingende Umsetzung oder eine fehlende Förderung des Umfelds.

Wir können unsere Möglichkeiten nur ausbauen und Neuentdeckungen machen, wenn wir uns weniger festschreiben und stattdessen neugierig auf uns bleiben. Dazu ist es hilfreich, aus festen Bahnen auszubrechen und Dinge auszuprobieren, die von eher gewöhnlich bis ungewöhnlich reichen können. Routinen sind nett, um nicht jeden Tag Verhaltensweisen neu etablieren zu müssen. Das wäre zu aufregend und würde uns auch zu viel Energie abverlangen. Gewohnheiten können aber auch unglaublich langweilig und begrenzend sein. Warum also nicht einfach mal für einen Tag in eine andere Stadt fahren, einen anderen Weg in die Arbeit nehmen, einen Impro-Theater-Workshop buchen, singend durch die Stadt laufen oder den Tischnachbarn im Café in ein Gespräch verwickeln? Neben neuen Erfahrungen bauen wir damit das auf, was in der Psychologie und Resilienzforschung als »Selbstwirksamkeitserwartung« beschrieben ist. Damit sind der Glaube und das Vertrauen gemeint, schwierige (ungewohnte) Situationen aus eigener Kraft bewältigen zu können. Dies stärkt nicht nur das Immunsystem unserer Seele und unser Wohlbefinden, sondern wir werden auch mutiger, offener und flexibler darin, unser Leben aktiv zu gestalten und auch in verzwickten Situationen nach Lösungen zu suchen. Glauben Sie nicht? Na, dann starten Sie mal ein Experiment!

Den Raum abseits der Komfortzone entdecken

Nehmen Sie sich Dinge vor, die Sie bewusst anders machen wollen als bisher. Diese können Sie stärker oder sanfter aus Ihrer Komfortzone herauslocken – je nachdem, was Sie sich zumuten und auch was Sie ausprobieren wollen. Stehen Sie mit einem anderen Fuß auf, putzen Sie mit der anderen Hand Ihre Zähne, rufen Sie jemanden an, dem Sie sonst eher schreiben, sprechen Sie Themen an, die Ihnen eher unangenehm sind, besuchen Sie ein exotisches Restaurant oder die Oper oder gehen Sie als Tourist durch Ihre eigene Stadt inklusive einer Sightseeingtour. Die Möglichkeiten sind unbegrenzt!

Wenn Sie neugierig darauf sind, neue Fähigkeiten und andere Facetten an Ihnen zu entdecken, dann tun Sie einfach mal so, als ob Sie bereits so wären. Sie sind Pessimist? Dann tun Sie einen Tag lang so, als wären Sie optimistisch. Sie wollen strukturierter sein – na, dann stellen Sie sich vor, Sie wären es bereits. Es kann helfen, sich Menschen vorzustellen, die diese Qualitäten haben, und sie für eine gewisse Zeit zu imitieren.

Bestimmt gab es bereits Situationen, in denen Sie so gewesen sind, wie Sie es sich wünschen, wenn auch nur zum Teil. Dann holen Sie sich diese Situation ins Bewusstsein, und überlegen Sie, wie Sie es geschafft haben und was noch günstig dazu beigetragen hat. Das Wichtigste ist: Sie dürfen scheitern und Fehler machen. Denn es ist ein Experiment, bei dem Sie ausprobieren, verwerfen und neu anfangen dürfen. Beobachten und reflektieren Sie, was sich dadurch verändert.

Neben unserer genetischen Ausstattung ist auch der Zugang zu und das Vorhandensein von Ressourcen ein nicht unerheblicher Aspekt, wie sehr wir uns weiterentwickeln und verändern können. Dazu zählen unter anderem politische und kulturelle Einflüsse (Zeitgeist), Infrastruktur, Bildungsabschlüsse, unterstützende Menschen bis hin zu finanziellen Mitteln. Für die meisten beruflichen Tätigkeiten ist ein entsprechender Berufs- oder Bildungsabschluss grundlegend.

Das Leben lässt sich leichter ändern, wenn es ein finanzielles Back-up gibt. Für Mütter ist es immer noch nicht selbstverständlich, Führungspositionen auch in Teilzeit zu bekleiden. In der Stadt gibt es ungleich mehr Freizeit- und Weiterbildungsangebote als auf dem Land. Umgeben uns Menschen, die uns in unseren Vorhaben unterstützen und das Beste aus uns hervorlocken, oder legen sie uns immer wieder Steine in den Weg? Auch diese Einflüsse können unsere Entwicklungsmöglichkeiten begrenzen oder begünstigen. Nehmen wir sie allerdings als gegeben hin, führen sie zum Stillstand, statt dass wir eigenverantwortlich nach Möglichkeiten einer Weiterentwicklung suchen. Die Frage ist also auch, in welcher Umgebung wir aufblühen, uns entwickeln und entfalten können.

Wie Sie sehen, bringen wir mit unserer genetischen Ausstattung zwar Anlagen mit, die allerdings durch unser Umfeld, aber auch durch unser eigenes Zutun begünstigt werden können. Wie verhält es sich nun im Bereich unserer Wesensmerkmale? Können wir frei wählen, wer wir sein wollen, oder gibt es auch hier konstituierende Elemente?

In der Psychologie werden mit den »Big Five« Persönlichkeitsdimensionen beschrieben, die in ihrer individuellen Ausprägung und Kombination ein (relativ) überdauerndes Wesen eines Menschen ausmachen. Dazu gehören Extraversion (Geselligkeit), Neurotizismus (emotionale Stabilität, Verletzlichkeit), Gewissenhaftigkeit (Zuverlässigkeit), Verträglichkeit (Kooperation, Empathie) und Offenheit für neue Erfahrungen.[44] Jeder Mensch hat demnach Kerneigenschaften, welche die »Stabilität unseres Selbst« über längere Zeiträume ausmachen, die unsere Identität bilden und die voraussagbar sind.[45] Lange Zeit galten diese in der Wissenschaft über den Lebensverlauf als (relativ) stabil, zumindest nach dem dreißigsten Geburtstag. Neuere Forschungen weisen darauf hin, dass sich der Mensch auch in späteren Lebensphasen, sogar bis ins hohe Alter, in seiner Persönlichkeit verändern kann.[46]

Wie eine Studie zeigt, ist es sogar möglich, das »Big-Five«-Persönlichkeitsprofil aktiv in eine gewünschte Richtung zu trainieren. Dies gelingt, wenn wir zum einen motiviert sind und zum anderen ganz konkrete, alltagsnahe Veränderungsprojekte angehen. Nathan Hudson und Chris Fraley[47] haben solche Projekte ihrer Studierenden in einem sechzehnwöchigen Kurs begleitet und wissenschaftlich evaluiert. Diejenigen, die beispielsweise extravertierter oder emotional stabiler werden wollten, konnten diese Anteile ihrer Persönlichkeit tatsächlich positiv beeinflussen. Der Schlüssel liegt in kleinen Veränderungsvorhaben, in denen neue Verhaltensweisen ausprobiert werden. Wenn ich also mein schüchternes Wesen etwas mehr ablegen möchte, hilft es, offensiver auf andere zuzugehen, den ersten Schritt für eine Verabredung zu wagen oder Freunden etwas mehr über mich zu erzählen. Dies zeigt: Wir sind selbst in unseren eigentlich konstanten Persönlichkeitsdimensionen nicht für immer festgelegt und haben die Möglichkeit, uns durch Lernen und Ausprobieren weiterzuentwickeln. Wenn Sie also nicht der geborene Kommunikationsfreudige sind, dem es ganz von allein leichtfällt, auf Menschen zuzugehen und sich zu präsentieren, können Sie trotzdem lernen, ein Stück aus Ihrem Schneckenhaus herauszukommen. Sie sind dann zwar immer noch keine Rampensau, können es aber schaffen, in manchen Situationen deutlich extravertierter zu werden.[48] Daher haben wir Ihnen vorher auch empfohlen, sich immer mal wieder aus der Komfortzone herauszuwagen. Wieso das nicht stets so leicht ist, wie Sie es aber dennoch schaffen können, dazu werden Sie hier später noch Informationen und etliche Anregungen bekommen.

Vieles von dem, was wir als Muster erlernt haben, hat sich in der Beziehung zu anderen herausgebildet, meistens unseren engsten Bezugspersonen. Uns leiten tiefe Überzeugungen und Glaubenssätze, die unsere Wahrnehmung der Realität und unser Verhalten beeinflussen, meist ohne dass wir dies bemerken.

Damit kommen wir zu einem neuen Aspekt, der unbedingt hinzugezogen werden muss, wenn wir darüber nachdenken, wer wir sind. Und das betrifft unsere Individualität. Sind wir ein Produkt unserer selbst oder das der anderen?

ICH UND DU – DIE GESELLSCHAFT IN UNS

In der Auseinandersetzung mit unseren Mitmenschen wird unser Ich geformt, es wird sogar erst dadurch lebendig und facettenreich. Indem wir mit anderen in Resonanz gehen – ihre Stimmungen, Ideen und Gedanken in uns anklingen lassen –, erwachen eigene Gefühle, Gedanken und Ideen als Antwort darauf. Wenn wir von anderen gespiegelt werden, spüren wir uns und werden unserer selbst gewahr. Ein sensibles Kind wird durch verständnisvolle Eltern dazu ermutigt, diese Seiten zu zeigen und vielleicht sogar weiter zu verfeinern. Bekommt das Kind aber das Feedback, dass es nicht angebracht ist, emotional und »verweichlicht« zu sein, wird es lernen, seine Gefühle eher zu unterdrücken, sich nichts anmerken zu lassen und »stark« zu sein.

Im glücklichen Fall wird das Kind beides entwickeln: eine Sensibilität, aber auch eine Stärke. Das sind Qualitäten, die wir in unserem Selbstkonzept integrieren und je nach Situation nutzen können, wenn nicht eine davon abgewertet oder verdrängt wird.

Der Religionsphilosoph Martin Buber hat das Zusammenwirken vom Individuum mit seinem Umfeld in dem Satz »Der Mensch wird am Du zum Ich«[49] auf den Punkt gebracht. Unser Selbst ist nicht Ausdruck unserer originären Individualität, sondern das sich fortschreibende Ergebnis einer Sozialisation – eines Aufwachsens in und einer Auseinandersetzung mit einer Umwelt. Dies ist ein weiterer Grund, warum ein »wahres« Selbst nicht existieren kann. Denn ein Säugling hat noch kein Selbst. Es entwickelt sich in den ersten zwei Jahren erst durch den Austausch mit seinen Bezugspersonen, die ihm als ausgelagertes Selbst dienen *(extended mind)*.

Dass sich unser Selbst erst neuronal verschalten muss, ist mittlerweile auch neurowissenschaftlich belegt. Das neuronale Netzwerk, das unser Selbst-Erleben erzeugt, ist in unserem Stirnhirn lokalisiert, wo sich auch unser Verstand und Bewusstsein befindet. Dort ist das »Selbst« angesiedelt, mit dem wir das Gegenwärtige erleben. An anderen Stellen im Gehirn werden biografische Informationen zu uns selbst gespeichert und zwischen uns und anderen unterschieden. Diese Gehirnregionen sind bei der Geburt noch nicht ausgereift. Das, was der Säugling also im Wechselspiel mit seinen Bezugspersonen erlebt, wird zu einem Bestandteil seines Selbst.[50]

Der russische Literaturwissenschaftler Michail Bakhtin drückte es poetischer aus: »So wie sich der Körper ursprünglich im Mutterleib … bildet, erwacht das Bewusstsein eines Menschen in der Umhüllung durch das Bewusstsein Anderer.«[51] In dieser Umhüllung entstehen unsere inneren Selbstanteile. Das, was wir durch den wechselseitigen Dialog mit anderen verinnerlichen, nehmen wir in uns als innere Stimmen und Positionen wahr. Allerdings sind sie nicht eins zu eins in uns »interiorisiert«,[52] also wie eine Kopie abgespeichert, sondern wir verwandeln die äußeren Stimmen in einem eigenen kreativen Prozess in unsere eigenen. Wir können also nicht behaupten: »Das ist meine Mutter in mir, die ich da höre.« Die innere Stimme ist zwar in der Beziehung mit der Mutter entstanden, sie kann sogar sehr ähnlich klingen, aber wir haben ihr einen eigenen Farbton gegeben. Diese Stimme bleibt immer noch unser Selbstanteil, den wir in uns beheimatet haben und auch wieder verändern können.

Internalisierte Erwartungen und Normen sind also nicht etwas, was wir ausschließlich in der Verantwortung nach außen abgeben können, denn sie gehören auch zu uns. Eine Kritik aus unserem Umfeld zum Beispiel wird uns so lange treffen, wie sie in unserem Inneren den eigenen inneren Kritiker anfeuert, der gleicher

Ansicht ist. Wir könnten dann denken: »Das ist ja mein Bruder, der hat mich ständig kritisiert«, und die Verantwortung von uns weisen, weil wir es ja nicht sind, die kritisieren. Wir sind es aber eben doch! Es ist unsere Stimme, die wir in uns haben, die uns auf jeden Fehler hinweist, uns herabsetzt und ungnädig mit uns ist. Solange wir das nicht akzeptieren, werden wir nichts daran verändern können. Wenn wir sie allerdings als Teil von uns akzeptieren, hat es einen großen Vorteil: Wir können zu unserem inneren Kritiker eine andere Haltung einnehmen, ihn sogar positiv für uns nutzen, um Kritik im Außen viel gelassener zu begegnen.

Mit der Vielstimmigkeit in uns verfügen wir über einen innerlichen Reichtum. Wir sind in der Lage, die unterschiedlichsten Positionen und Sichtweisen einzunehmen, uns in uns selbst und in andere einzufühlen. Im Kapitel »Innere Anteile: Wer Sie alles sind« werden Sie sich einen eigenen Überblick verschaffen, wer in Ihnen alles mitredet.

Allerdings gibt es auch innere Stimmen, wie zum Beispiel den inneren Kritiker, die uns immer wieder blockieren, uns einengen und uns Steine in den Weg legen. Viele davon sind uns noch nicht einmal bewusst – wir haben an dieser Stelle also einen »blinden Fleck«.

Wie wir sehen, können wir beeinflussen, welchen Selbstanteilen wir Raum geben und welche wir stärker einbremsen sollten. Dies setzt voraus, dass wir die uns leitenden Überzeugungen kennen, denn sonst können sie unbemerkt weiter ihr Unwesen treiben: jene prägenden und tiefen Überzeugungen aus unserer Kindheit, die wir auch »Glaubenssätze« nennen.

GLAUBENSSÄTZE UND ELTERLICHE PRÄGUNGEN

Im Laufe unseres Lebens entwickeln wir typische Reaktionsmuster als Antworttendenz auf bestimmte Reizkonstellationen. Nehmen wir an, Sie geraten unter Zeitdruck, weil Sie Gefahr laufen, zu einem wichtigen Meeting zu spät zu kommen. Wahrscheinlich fühlen Sie sich gehetzt, unter Spannung, Sie gehen schneller und Sie machen sich vielleicht auch Vorwürfe, wieso Sie es mal wieder nicht geschafft haben, pünktlich das Haus zu verlassen. In diesem Muster sind zugehörige typische Gedanken, Gefühle, Körperreaktionen und Verhaltenstendenzen abgespeichert. Für die meisten Menschen ist ein Zuspätkommen eine stressige Situation, allerdings nicht zwangsläufig; denn manche werden auch gelassen damit umgehen können. Was unterscheidet nun den einen Menschen vom anderen?

Die Unterscheidung liegt vor allem in der Wahrnehmung und Bewertung der Situation. Menschen, die aufgrund alter Lernerfahrungen Nachteile oder Sanktionen erwarten, werden sich dabei unwohl fühlen, es peinlich finden oder sich dafür schämen, zu spät zu kommen. Das, was uns als Erwachsene an Gefühlen irrational erscheinen mag, ist noch tief in uns abgespeichert, weil wir es als Kinder oder Jugendliche tatsächlich so erlebt haben. Wir haben Erfahrungen gemacht, wie wir sein und was wir lieber unterlassen sollten, um Aufmerksamkeit zu bekommen, uns zugehörig und geliebt zu fühlen, nicht abgewertet oder bestraft zu werden oder auch uns nahestehende Personen zu schützen und sie nicht mit unseren eigenen Bedürfnissen zusätzlich zu überfordern. Dies ist Ihnen vielleicht schon als Konzept des »inneren Kindes« bekannt. Alte neuronale Muster als Reiz-Reaktions-Schemata, die sprichwörtlich nicht mitgewachsen sind, bleiben auch in uns abgespeichert, wenn wir erwachsen sind. Manche Situationen erinnern uns an früher, was uns schlagartig in die Kindheit oder Jugend zurückkatapultiert und uns wieder so fühlen lässt wie damals.

Dies geschieht allerdings meist unbewusst. Als Erwachsene merken wir zwar, dass uns eine Situation sehr mitnimmt, wir viel darüber nachdenken und starke Gefühle empfinden, wir haben aber oft keinen Zugang mehr zu unseren verletzten Kind-Anteilen. Vielmehr haben wir Strategien entwickelt, um diese unangenehmen Empfindungen zu umgehen.

Kommen wir zurück zu unserem Beispiel mit der Verspätung. Menschen, die hohen Stress empfinden, wenn sie nicht pünktlich sind, befürchten etwa, dass sie missachtende Blicke oder verbale Äußerungen der Enttäuschung ernten. Was aber noch viel tiefer sitzen kann, ist zum Beispiel die Befürchtung, ausgegrenzt und nicht mehr gemocht zu werden. Menschen mit diesen Befürchtungen werden genau diese Erfahrungen in ihrer Vergangenheit gemacht haben; also bestraft und missachtet worden sein, wenn sie etwas falsch gemacht haben, etwa nicht pünktlich waren. Wie fühlt man sich als Kind in dieser Situation? Wahrscheinlich »schlecht« und sehr allein gelassen. Um nicht wieder in diese unangenehme Emotion zu kommen, hat das Kind also gelernt, sich an die Erwartungen des Umfelds anzupassen.

Allerdings passen sich Kinder nicht nur an, sondern sie rebellieren auch, indem sie sich den Sanktionen, so gut es geht, verwehren, indem sie sich unangreifbar machen (»Ist mir doch egal!«) oder erst recht die elterlichen Grenzen herausfordern (»Euch zeig ich's! Ihr werdet schon sehen!«). Welcher Glaubenssatz verinnerlicht wird, hängt damit nicht nur von unseren Bezugspersonen, sondern auch von unserem Temperament und unseren Charaktereigenschaften ab. Sie entwickeln sich durch den wechselseitigen Bezug zwischen dem Ich und dem Du.

Überzeugungen beziehungsweise Glaubenssätze beeinflussen unsere Wahrnehmung, unsere Gedanken und Gefühle sowie unser Verhalten. Und das wie gesagt meist völlig unbemerkt. Im Beispiel des Zuspätkommens könnte der Glaubenssatz zum Beispiel lauten »Ich muss es immer allen recht machen, um geliebt zu werden«, »Ich darf keine Fehler machen, sonst passiert etwas Schlimmes« oder im Falle einer Auflehnung »Ich brauche niemanden!«, »Ich komme besser allein zurecht« oder »Ich kann niemandem vertrauen«.

Unsere Glaubenssätze stellen sicher, dass unsere grundlegendsten Bedürfnisse nach Sicherheit, Anerkennung, Zugehörigkeit und Autonomie erfüllt werden. Das sind alles normale menschliche Grundbedürfnisse, die wir jedoch überhöht haben und die einen allgemeingültigen Anspruch für uns besitzen. Wenn wir zu spät kommen, sehen wir unser Bedürfnis nach Zugehörigkeit bedroht, auch wenn es dafür eigentlich keinen Grund gibt. Nur weil ich etwas unpünktlich zu einer Verabredung komme, wird mir ein echter Freund nicht gleich seine Freundschaft kündigen. Wir sind bemüht, mit unseren Strategien zur Erfüllung unserer Bedürfnisse alles richtig zu machen, um uns nicht ohnmächtig, hilflos, abhängig oder wertlos zu fühlen.

Diese automatisierten Verhaltensweisen sind wichtige Schutzstrategien, mit denen wir unsere Bedürfnisse erfüllen und gleichzeitig unangenehme Gefühle von uns abwenden. Die Absolutheit und Generalisierung auf alle Situationen ist das Problem! Wenn wir also fest davon überzeugt sind (vor allem unbewusst), dass wir es *immer* so machen müssen (verbunden mit dem Glauben, dass es nicht anders geht).

Der Gesundheitspsychologe Gerd Kaluza hat fünf innere Antreiber beschrieben, die in unserer Gesellschaft eine große Verbreitung finden: »Sei perfekt!«, »Sei beliebt!«, »Behalte Kontrolle!«, »Sei unabhängig!« und »Halt durch!«:[53]

1. Der Perfektionist fühlt sich wertlos, als Versager, wenn sein Bedürfnis nach Anerkennung gefährdet ist (»Ich muss perfekt sein«, »Ich darf keine Fehler machen«).
2. Jemand, der beliebt sein möchte, fühlt sich einsam oder verlassen, wenn er sich nicht als geliebt und zugehörig empfindet. Er wird seine eigenen Bedürfnisse zum Wohle der anderen zurückstellen (»Ich muss es den anderen recht machen«).
3. Das Bedürfnis nach Sicherheit ist beim vorsichtigen Menschen vorherrschend, um sich nicht ohnmächtig oder hilflos zu fühlen (»Ich muss gut aufpassen, sonst passiert etwas Schlimmes«).
4. Der Unabhängige liebt seine Freiheit und Autonomie, weil er keine guten Erfahrungen damit gemacht hat, sich anpassen zu müssen und von anderen abhängig zu sein (»Ich brauche niemanden; ich komme besser allein zurecht«). Es kann also auch ein überhöhtes Bedürfnis nach Selbstbestimmung geben!
5. Und wer erlebt hat, dass er immer wieder in Situationen gekommen ist, die er nicht bewältigen konnte, wird sich in seiner Komfortzone einnisten, um sein Wohlergehen und seine Unversehrtheit nicht zu gefährden (»Ich schone mich besser, dann wird alles gut«). Oder es wird versucht, sich durchzubeißen (»Halt durch!«).

Wo entdecken Sie sich spontan am ehesten wieder? Wollen Sie noch mehr dazu wissen? Dann können Sie in dem Buch von Kaluza einen Selbsttest dazu machen[54] beziehungsweise über die folgenden Fragen nachdenken.

Beobachten Sie sich einmal selbst in Ihrem Alltag. Eine heiße Spur zu unseren Glaubenssätzen und inneren Antreibern sind Verallgemeinerungen wie »immer« und »nie«; wenn Sie fest davon überzeugt sind, dass es keine Handlungsoptionen gibt à la »Das geht nicht anders«, oder wenn starke Gefühle im Spiel sind. Welche Gedanken kommen Ihnen, wenn Sie im Stress beziehungsweise unter Druck sind? Welche innere Überzeugung haben Sie in diesem Moment? Was können Sie innerlich hören? Schreiben Sie sich die Sätze eine Woche lang auf. Markieren Sie, welche Gedanken sich wiederholen. Haben Sie Ihren Glaubenssatz schon entdeckt?

Ganz wichtig ist: Unsere Glaubenssätze und Überzeugungen sind nicht per se »gut« oder »schlecht«. Vielmehr ist zu unterscheiden, wie funktional oder dysfunktional sie in konkreten Situationen sind. Viele unserer Kompetenzen und Qualitäten haben wir gerade durch unsere inneren Antreiber entwickelt. Jemand, der beliebt sein möchte, wird mit Sicherheit ein guter Zuhörer sein, die Perspektive von anderen einnehmen können, hilfsbereit sein und für Ausgeglichenheit und Harmonie sorgen. Diese Vorteile gilt es in jedem Fall zu bewahren! Allerdings wird er mit großer Wahrscheinlichkeit Schwierigkeiten haben, seine Bedürfnisse zu äußern, Konflikte einzugehen und gegebenenfalls Nein zu sagen.

Die negativen Auswirkungen unserer Glaubenssätze beziehungsweise inneren Antreiber blockieren uns, versetzen uns in Stress und Aufruhr und lassen uns oft mehr tun, als wir wirklich müssten, um unsere Bedürfnisse nicht zu gefährden. Hier hilft eine Reflexion darüber, was wir in Zukunft nicht mehr in dem Maße beibehalten wollen. Wir können also die Vorteile nutzen und die Nachteile selbst reduzieren.

Das Problem in Bezug auf die Selbstbestimmung ist nun, dass diese Glaubenssätze uns durch ihre Absolutheit und Universalität unfrei und inflexibel machen. Sie bestimmen uns fremd. Wir werden von ihnen in bestimmte Gedanken-, Gefühls- und Verhaltensmuster getrieben. Gleichzeitig entsprechen wir durch unsere inneren Antreiber in vorauseilendem Gehorsam den Erwartungen von anderen, die oft in Wahrheit gar nicht bestehen. Sie beherrschen uns, auch wenn es dazu eigentlich keinen Anlass gibt, weil wir zu schnell ein Bedürfnis gefährdet sehen. Werden wir wirklich nicht mehr anerkannt, wenn wir einen Fehler machen? Werden wir tatsächlich ausgestoßen, wenn wir (auch wiederholt) zu spät kommen? Verlieren wir sofort unsere Autonomie, wenn wir jemanden um Hilfe bitten müssen?

Hinterfragen Sie mal Ihre inneren Antreiber und wie wahrscheinlich es ist, dass die befürchteten Konsequenzen tatsächlich eintreten. Wenn es nämlich nicht sehr wahrscheinlich ist, dann können Sie es ja riskieren, es mal anders zu machen!

Freier und selbstbestimmter werden Sie also, wenn Sie Ihre automatisierten Muster, Ihre Glaubenssätze und die auslösenden Trigger kennen und sich davon nicht länger unbewusst steuern lassen. Im Verlaufe des Buches lesen Sie noch mehr zu konkreten Strategien diesbezüglich. So werden Sie sich authentischer verhalten. Aber was bedeutet es, »authentisch« zu sein?

Wann bin ich authentisch?

Wie authentisch sind Sie, wenn Sie nach außen eine klare Meinung vertreten, innerlich allerdings von allerlei Zweifeln gepackt werden? Oder wenn Sie sich für einen gesundheitsbewussten Sportler halten, aber gern oft mit Ihren Freunden »feiern« gehen? Und wie steht es mit Ihrem Wunsch nach Autonomie im Zusammenhang mit Ihrem Bedürfnis nach Verbundenheit und Nähe? Von Authentizität wird gesprochen, wenn »Menschen sich gemäß ihrem wahren Selbst, d. h. ihren Gedanken, Emotionen, Bedürfnissen, Werten, Vorlieben und Überzeugungen, entsprechend ausdrücken und handeln«.[55] Wie vielschichtig dieses Unterfangen sein kann, haben wir im vorherigen Kapitel zum Konzept des Selbst dargestellt. Denn es gibt nicht nur ein Selbst, sondern viele mit unterschiedlichen Ausprägungen an ebendiesen Gedanken, Emotionen, Bedürfnissen und Werten, weshalb es auch kein einzig »wahres Selbst« geben kann. Aber woher wissen wir dann, wann wir authentisch sind? Wann sind wir wirklich echt, unverfälscht und wahrhaftig, wenn sich unsere Selbstanteile dynamisch und situativ verändern und wir unterschiedliche Rollen ausfüllen?

Authentisch zu sein oder andere danach zu beurteilen ist in unserer Gesellschaft gerade hoch im Kurs. Der Literaturwissenschaftler Erik Schilling beschreibt die Suche nach Authentizität als Ausdruck unserer komplexen, digitalen und globalisierten Zeit, die den Wunsch nach Regelhaftigkeiten und Verlässlichkeit verstärkt. Wenn alles möglich erscheint, weil Orientierung gebende Grenzen, Normen, Autoritäten und Traditionen zunehmend ihre Kraft verlieren oder gleich ganz verschwinden, wird ein neuer Halt ersehnt, auf den man sich berufen und an dem man sich festhalten kann.[56] In der Authentizität wird eine kompensierende Sicherheit gesucht – etwas, was echt, real und greifbar ist. Aber wer entscheidet darüber, was wahr, was echt an uns ist? Nach Schilling nehmen wir diejenigen als authentisch wahr, die unsere Erwartungen und Beobachtungen erfüllen. Nicht primär *wir* sind es also, die durch unser Verhalten über unsere Authentizität entscheiden, sondern wie wir für andere in deren Anforderungsprofil passen. Je nachdem, welche Erwartungen einer Person in meinem Umfeld wichtig sind, bin ich in ihren Augen mehr oder weniger authentisch.

Da Erwartungen, Bedürfnisse und Werte von Person zu Person unterschiedlich sein können, werden Sie es in Ihren Authentizitätsbemühungen nie allen ganz recht machen können. Ein vielleicht ehrwürdiges, aber leider unlösbares Unterfangen. Vielmehr gehört es sogar zum Authentisch-Sein dazu, sich von einer äußeren Einflussnahme unabhängig zu machen, was gleichzeitig vor Selbstentfremdung schützt.[57] Die einen finden es vielleicht authentisch, wenn sich jemand klar positionieren und durchsetzen, mal auf den Tisch hauen kann, weil sie es gut finden, wenn jemand direkt und klar ist. Andere hingegen finden es authentischer, wenn jemand offen über seine Probleme spricht, weil sie sich grundsätzlich mehr Austausch und Verbindung zu anderen wünschen.

Generell wird einer Person das Etikett »authentisch« angesteckt, wenn sie als herzlich, charismatisch, sympathisch und zufrieden wahrgenommen wird. Gleichzeitig gilt ein authentischer Mensch auch als egoistisch und sozial weniger verträglich, weil er selbstbewusst seine Werte und Überzeugungen verfolgt – auch auf die Gefahr hin, kritisiert oder abgelehnt zu werden.[58] Da es sich dabei um Zuschreibungen und Bewertungen handelt, sagen diese Etiketten nichts darüber aus, ob dieser Mensch wirklich herzlich, zufrieden oder egoistisch ist. Es bleibt eine Fremdwahrnehmung, von deren Einfluss wir uns allerdings nicht ganz freimachen können.

Und genau das scheint vor allem nicht authentische Menschen anzutreiben. Sie legen besonders viel Wert darauf, welche Meinung andere über sie haben, und sie tun alles dafür, um in einem guten Licht dazustehen. Schwächen werden dabei tunlichst verborgen, und das nicht nur fürs Umfeld, sondern auch sich selbst gegenüber. Nicht authentische Menschen zeigen zwar nach außen einen hohen Selbstwert, sie sind in ihrem Inneren aber viel labiler und verletzlicher, als sie es zugeben wollen. Um sich zu schützen, reagieren sie abwehrend oder tun so, als fühlten sie sich anderen gegenüber überlegen. Sie sind in ihrem Selbstwert also labil, weil sie nicht standfest zu sich stehen und sich in ihren Grundfesten verunsichern lassen. Authentische Menschen hingegen haben einen hohen und stabilen Selbstwert, der sich darin zeigt, dass sie sowohl ihre Stärken als auch ihre Schwächen akzeptieren, diese nicht maskieren, sondern offen mit ihnen umgehen. Sie wissen, was ihnen wichtig ist, und handeln nach ihren Überzeugungen und Werten.[59]

Ein authentischer ist damit auch ein selbstbestimmter Mensch. Er ist weniger darum bemüht, internalisierten gesellschaftlichen Normen, Rollenerwartungen und Klischees zu entsprechen, als vielmehr mit sich selbst in Einklang zu sein. Sich also vor allem sich selbst gegenüber integer zu verhalten. Und das hat viele positive Auswirkungen auf unser Wohlbefinden. Eine Vielzahl an Studien zeigt, dass authentische Menschen über mehr Lebenszufriedenheit und glückliche Beziehungen berichten, über ein höheres Selbstwertgefühl verfügen, weniger anfällig sind für Stress, funktionierende Bewältigungsstrategien besitzen und weniger an Angststörungen oder Depressionen leiden.[60]

Aber ist es immer so einfach, sich selbst als stimmig zu erleben? Wie wir bereits festgehalten haben, ist unsere Innenwelt vielschichtig und dynamisch: Wir haben unterschiedliche Vorstellungen und Erwartungen an uns, wie wir sein möchten oder für wen wir gehalten werden wollen. Das kann mitunter ein buntes Sammelsurium an gegensätzlichen Vorstellungen, Erwartungen, Werten und Bedürfnissen sein. Bemessen wir die Meinung der anderen hoch oder folgen wir zu sehr eigenen starren Normen, um unseren Selbstwert nicht zu gefährden, stellen wir erwünschte Selbstanteile auf die große Bühne unseres Lebens und sperren andere in den Keller. Wir halten dann das an uns für »wahr«, was wir wahrhaben wollen. Dies ist auch ein Grund, weshalb wir immer einen verstellten Blick auf uns behalten. Niemals werden wir uns ganz unvoreingenommen »erkennen« können. Wenn wir aber bestimmte Facetten in uns ständig ausblenden oder kleinhalten, kann das auf Dauer mit einer hohen Kraftanstrengung verbunden sein, die uns stressanfälliger und unglücklich macht und wodurch psychische Krankheiten begünstigt werden.[61] Unser Körper spürt nämlich, wenn wir nicht stimmig und authentisch leben. Wir berauben uns nicht nur unserer Integrität, sondern auch unserer Lebenskraft und Vielseitigkeit.

Was kann nun dabei helfen, um möglichst authentisch zu sein? Nach den Forschungen zur Authentizität kann ein selbstbestimmtes Leben durch folgende Aspekte gefördert werden:[62]

1. Die bewusste Wahrnehmung der eigenen Gefühle, Motive und Wünsche einschließlich der Wahrnehmung aller Selbstaspekte, die Stärken wie Schwächen und Widersprüchlichkeiten. Voraussetzung dafür ist zu akzeptieren, dass unsere Innenwelt vielschichtig ist.
2. Eine unvoreingenommene, möglichst objektive Beobachtung aller Selbstaspekte.

3. Das Einstehen für die eigenen Werte und Bedürfnisse in eigener Verantwortung und ihre Verwirklichung, ohne eine Erlaubnis von anderen abzuwarten, ohne zu hoffen, von anderen gelobt zu werden, oder negative Reaktionen vermeiden zu wollen.
4. Die Fähigkeit, zur Gestaltung von vertrauensvollen Beziehungen authentisch und offen über wesentliche Selbstaspekte zu kommunizieren.

Es wird nicht in jeder Situation möglich sein, sich nach diesen vier Aspekten immer einwandfrei authentisch zu verhalten. Das ist auch nicht das Ziel, denn sonst würden wir ja nur noch um uns selbst kreisen. Einen bedeutenden Unterschied werden Sie schon erreichen, wenn Sie Ihre Aufmerksamkeit immer mal wieder nach innen richten und Ihre Anliegen, Gefühle und Gedanken reflektieren. Im Kapitel »Innere Anteile: Wer Sie alles sind« führen wir den unvoreingenommenen Beobachter in uns als unsere bewusste Reflexions- und Schaltzentrale ein. Wir werden Ihnen an der Stelle auch genauer erklären, wie es Ihnen gelingen kann, »objektiv« beziehungsweise allparteilich zu sein. Wenn Sie die vier Aspekte in Ihrer Aufmerksamkeit behalten, werden Sie mit der Zeit immer besser lernen, aufrichtiger für die Erfüllung Ihrer Bedürfnisse zu sorgen und dafür auch einzustehen.

Virginia Satir, bekannt als »Mutter« der systemischen Familientherapie, war zutiefst davon überzeugt, dass jeder Mensch wachsen und sein Potenzial leben kann.[63] Wir selbst sind diejenigen, die uns daran hindern, weil wir oft nicht kongruent sind, also nicht in Übereinstimmung damit, was tatsächlich in uns los ist, was uns berührt und beschäftigt und was wir brauchen und uns wünschen. In unseren Herkunftsfamilien haben wir als »Überlebensstrategien« gelernt, uns zu verstellen. Wir haben Selbstanteile als Außenbotschafter entwickelt, die für eine »ungefährliche« Beziehungsgestaltung mit unserem Umfeld funktionierten. Allerdings haben wir dadurch auch verlernt, unsere tatsächlichen Gefühle, Gedanken und Bedürfnisse mitzuteilen – und damit, in einen echten Kontakt mit anderen zu treten. Nach Virginia Satir verbergen wir unsere echten Gefühle, indem wir anklagen und kritisieren, rationalisieren, beschwichtigen oder ständig ablenken.

Kennen Sie das auch von sich selbst? Alles ganz schlaue Strategien, um sich nicht zeigen zu müssen und sich nicht verletzbar zu machen. Jemand, der andere beschuldigt, wird nicht so schnell seine Traurigkeit oder Ohnmacht spüren. Allerdings wäre das die Emotion, mit der er wahrscheinlich eher bei seinem Gegenüber andocken könnte. Virginia Satir ist überzeugt davon, dass wir unseren Selbstwert steigern, wenn wir anfangen, kongruent zu sein – also wahrhaftig und stimmig zu dem, was uns entspricht und ausmacht.

Wie dies gelingen kann, hat sie in fünf Freiheiten zusammengefasst. Wir finden, alle fünf Freiheiten sind eine wunderbare Einladung zur Verwirklichung eines selbstbestimmten Lebens.

Die fünf Freiheiten nach Virginia Satir[64]

1. Die Freiheit, das zu sehen und zu hören, was im Moment wirklich da ist, statt das, was sein sollte, gewesen ist oder erst sein wird.
2. Die Freiheit, das auszusprechen, was ich wirklich fühle und denke, und nicht das, was von mir erwartet wird.
3. Die Freiheit, zu meinen Gefühlen zu stehen und nicht etwas anderes vorzutäuschen.

4. Die Freiheit, um das zu bitten, was ich brauche, statt immer erst auf Erlaubnis zu warten.
5. Die Freiheit, in eigener Verantwortung Risiken einzugehen, statt immer nur auf Nummer sicher zu gehen und nichts Neues zu wagen.

Wie geht es Ihnen mit den fünf Freiheiten? Sie werden vielleicht denken: »Das darf ich wirklich – immer?« Zu den Freiheiten gesellen sich gern Befürchtungen hinsichtlich dessen, was wohl passiert, wenn wir uns diese Freiheiten aktiv einräumen. Damit wären wir wieder bei unseren alten Lernerfahrungen und Prägungen. Denn wir haben ja vielfach gelernt, dass es besser ist, gerade nicht so authentisch zu sein.

Tatsächlich ist es eventuell sinnvoll, in der Gegenwart bestimmter Menschen seine Gefühle und Bedürfnisse nicht zu äußern, falls wir ihnen zum Beispiel nicht vertrauen oder der Kontext nicht angemessen ist. Wenn wir uns bewusst dazu entscheiden, bleiben wir selbstbestimmt.

Sie haben also die Freiheit, sich die fünf Freiheiten zu nehmen. Problematisch wird es dann, wenn wir es auf Dauer nicht schaffen, in entscheidenden Situationen für unsere Bedürfnisse und Werte einzustehen oder uns zu sehr an die Erwartungen und Bedürfnisse anderer anpassen. Dadurch wird zunehmend unser Selbstwert verringert, was sogar dahin führen kann, dass wir uns gänzlich verlieren und psychisch sowie physisch krank werden. Indem wir unseren echten Gefühlen und Bedürfnissen Raum geben, können wir nicht nur uns besser spüren und ernst nehmen, sondern geben auch unseren Mitmenschen die Chance dazu. Selbstbestimmt zu sein bedeutet damit vor allem auch, sich selbst treu zu sein, danach zu handeln und darüber in einen echten Kontakt mit anderen zu kommen.

Wir haben also festgestellt, dass unser Selbst keine feste Größe, kein starres Gebilde ist und wir auch kein »wahres« Selbst besitzen, das wir erst noch aus den Fesseln der Vergangenheit befreien müssten, um selbstbestimmt zu sein. Unser »Ich«-Erleben wechselt kurzfristig von Moment zu Moment, und auch unsere Identität bleibt ein langfristiger Prozess. Auf dem Weg unserer Entwicklung gilt es, gleichzeitig das zu bewahren und weiter zu stärken, was uns für die aktuelle Lebenssituation nützlich ist, und die Qualitäten und Fähigkeiten in uns zu entwickeln, die es für gewünschte Veränderungen braucht. Dazu ist es ebenso hilfreich, sich seiner ganz unterschiedlichen und widerstreitenden Selbstanteile, also seiner vielfältigen inneren Anteile, bewusst zu sein. Denn um authentisch zu sein, braucht es einen Zugang zu unserer inneren Vielfalt, die Sie im Kapitel »Innere Anteile: Wer Sie alles sind« näher kennenlernen werden.

Nach dieser eher theoretischen Einführung zum Thema »Selbstbestimmung« nehmen wir Sie jetzt mit auf Ihre persönliche Entdeckungsreise – dahin, wer Sie sind, und noch wichtiger: wer Sie sein wollen. Wir möchten Sie dazu ermutigen, Ihrem inneren Bild von sich einen neuen Anstrich zu verleihen. Freuen Sie sich darauf, und seien Sie neugierig auf sich – darauf, was Sie bereits alles mitbringen, aber eben auch darauf, welche Potenziale noch ungenutzt sind, um ein authentisches und selbstbestimmtes Leben zu führen.

Im Teil II folgen wir nun einem Coachingprozess. So, wie wir mit unseren tatsächlichen Klienten arbeiten, so begleiten wir Sie nun Schritt für Schritt zu Ihrem selbstbestimmteren Leben.

Teil II

Wo stehen Sie, und wo wollen Sie hin?

Menschen, die zu uns ins Coaching kommen, haben meist eine grobe Idee, was sie verändern oder was sie auf gar keinen Fall mehr wollen. Mit einer Klärung des Auftrags zeigt sich oft erst, was das eigentliche Anliegen des Coachees beziehungsweise Klienten (so heißen unsere Kunden im Coaching) ist. Eine Auftragsklärung ist also sinnvoll, damit Sie selbst besser verstehen, um was es Ihnen im Kern geht. Dazu möchten wir Sie jetzt zu einem ersten Gedankenexperiment einladen. Im Verlauf dieses Kapitels werden Sie Ihren Wunsch (warum Sie auch das Buch lesen) immer weiter verdichten. Das ist sehr wichtig, damit Sie auch die anderen Kapitel viel zielgerichteter lesen können. Also, fangen wir an …

Erinnern Sie sich noch an den Moment, als Sie das Buch entdeckten? Versetzen Sie sich noch einmal in die Situation. Vielleicht waren Sie in einer Buchhandlung und stöberten durch die Auslagen. Oder Freundinnen oder Bekannte sprachen über das Buch, was Sie neugierig machte. Es kann natürlich auch sein, dass Sie das Buch geschenkt bekommen haben. Wie war es bei Ihnen, wie ist das Buch zu Ihnen gekommen? Lassen Sie sich Zeit, sich diesen Moment noch einmal zu vergegenwärtigen. Wo waren Sie zu dem Zeitpunkt? In welcher Stimmung waren Sie? Was war in Ihrem

Umfeld, in Ihrem Leben gerade los? Über welche Themen haben Sie zu der Zeit mit Freunden und Kolleginnen gesprochen? Was hat Sie innerlich immer wieder beschäftigt? Welche Gedanken haben Sie sich gemacht? Wie fühlten Sie sich? Welche Hoffnungen und Erwartungen haben Sie spontan an den Buchtitel geknüpft?

Jetzt mal angenommen, das Buch ist nicht zufällig in Ihre Hände gefallen und es könnte einen guten Grund geben, warum es bei Ihnen gelandet ist – was fällt Ihnen gleich als Erstes ein, wozu es gut ist, dass Sie es jetzt haben?

Intuitives Schreiben

Nehmen Sie sich ein Blatt Papier, und schreiben Sie fünfzehn Minuten lang alles auf, was Ihnen zu den Fragen einfällt. Ohne Strich und Komma, ohne auf Grammatik zu achten. Schreiben Sie wirklich alles auf, was Ihnen in den Sinn kommt, auch wenn es Ihnen rätselhaft erscheinen oder unrealistisch vorkommen sollte.

Diese Art der Reflexion wird auch »intuitives Schreiben« genannt. Es gibt Ihnen die Möglichkeit, sich bewusst daran zu erinnern, was Sie mit dem Buch und damit mit dem Thema »Selbstbestimmung« für sich persönlich verbinden. Ziel ist es, dass Sie sich über Ihre Motive und Wünsche, die mit dem Thema mitschwingen, klarer werden. Sie dürfen Ihren Vorstellungen und Träumen freien Lauf lassen. Wir kümmern uns später darum, was davon umsetzbar ist. Dann darf analysiert, hinterfragt und mit der Realität abgeglichen werden. Aber jetzt wäre es noch nicht sinnvoll – denn das ist auch eine Art der Selbstbestimmung –, alle Wünsche und Vorstellungen freizulassen. Machen Sie die Übung auch, wenn Sie

noch keine Ideen haben – fangen Sie einfach an, der Rest kommt mit dem Schreiben von ganz allein.
Lesen Sie sich Ihren Text noch mal durch. Unterstreichen Sie sich dabei Wörter oder Sätze, mit denen Sie besonders in Resonanz gehen. Verdichten Sie Ihre Aufzeichnungen zu einer *Essenz*: wozu es gut ist, dass Sie sich mit dem Thema »Selbstbestimmung« beschäftigen, und was Sie sich dadurch erhoffen. Was soll nach der Lektüre für Sie anders sein – für Sie persönlich und in Ihrem Leben?

Damit Sie sehen können, welche Fragestellungen und Lösungen andere zu dem Thema finden, werden wir immer wieder Beispiele geben, die wir aus unserer Coachingpraxis kennen. Darüber hinaus werden Sie wie bereits erwähnt zwei Personen näher kennenlernen, deren Entwicklung Sie mitverfolgen können. **Lena** (35 Jahre) ist im Marketing beschäftigt, ledig und kinderlos. **Toni** (52 Jahre) ist verheiratet, hat zwei Kinder und ist IT-Projektmanager. Hier können Sie lesen, was die beiden aufs Papier gebracht haben, weshalb sie sich vom Thema angesprochen fühlen:

Lena: *»Mich hat das sofort angesprungen, da war ein Signal: Stopp. Lebe ich gerade wirklich mein Leben oder das der anderen? Ist es überhaupt möglich, sich von den Erwartungen des Umfelds unabhängig zu machen? Ich wäre so gern mutiger, möchte meine eigene Chefin sein und ein Unternehmen aufziehen.*
Diese Idee begleitet mich schon länger, weil ich mir meine Kunden und Projekte freier aussuchen und auch einfach mein Ding

machen möchte. Im Agenturleben fühle ich mich oft gefangen und abhängig. Aber irgendwie traue ich mich noch nicht. Ich glaube, das hat mich gleich zu diesem Thema gezogen, weil ich auf der Suche nach Antworten bin. Ich weiß, dass ich dringend etwas ändern muss, aber mich nicht richtig traue. Will ich das wirklich, oder ist es nur eine Spinnerei, wenn mir mein Chef mal wieder dazwischenfunkt oder ich Projekte betreuen muss, hinter denen ich nicht hundertprozentig stehe? Ich bin auf der Suche mit zu vielen Fragen.«

Lenas Essenz: *»Ich möchte mein Leben leben. Ich möchte gern mutiger, meine eigene Chefin sein. Es ist wichtig für mich herauszufinden, ob ich das wirklich will.«*

Toni: *»Ich bin durch meine Frau auf das Thema gestoßen. Ich dachte: ›Was soll das denn jetzt –* Selbstbestimmt? *Wieso liest sie da jetzt ein Buch dazu und beschäftigt sich mit diesem Thema? Hat sie das Gefühl, nicht frei genug zu sein?‹ Ich habe mir ehrlich gesagt ein wenig Sorgen gemacht, dass etwas nicht in Ordnung sein könnte. Dass es ihr so nicht mehr ausreicht, wie wir gerade leben. Ich bin dann aber doch neugierig geworden und habe gemerkt, dass das auch mich angeht.*
Ich bin ehrlich gesagt schon lange nicht mehr zufrieden mit meinem Job. Alles fühlt sich zunehmend fad und nach Routine an. Ich frage mich, was noch möglich sein könnte. Aber die Frage hat überhaupt keinen Raum, schließlich muss das Haus abbezahlt werden, und ich kann ja froh sein, ein festes Einkommen zu haben. Ich habe mich mit der Frage wahrscheinlich noch nicht tiefer beschäftigt, weil ich nicht möchte, dass sich mein Leben auf den Kopf stellt. Ich bin einfach zu alt, um noch mal ganz neu anzufangen. Aber soll das alles gewesen

sein? Ich glaube, da gibt's noch mehr. Nur was? Jetzt, wo die Kinder schon groß sind, ergeben sich ja vielleicht doch neue Möglichkeiten.«

***Tonis Essenz:** »Wie kann ich mein Leben gestalten, damit es sich erfüllt und sinnvoll anfühlt? Ich möchte klären, ob ich in meinem Alter noch etwas verändern kann.«*

So viel zu den Gedanken von Lena und Toni. Wie ist es Ihnen mit der Übung »Intuitives Schreiben« gegangen? Was haben Sie empfunden, und was konnten Sie in Ihrem Körper spüren?

Vielleicht fragen Sie sich gerade, wozu das gut sein soll. Der Hintergrund ist, dass wir in unserem Alltag vieles aus unserem Kopf heraus planen und entscheiden. Unsere Ratio ist uns ein wichtiger Ratgeber, allerdings kann sie uns auch im Weg stehen. Wenn wir nur auf unseren Kopf hören, vernachlässigen und unterdrücken wir oft unser Bauchgefühl oder unsere Intuition (unser Unbewusstes). Diesem geben wir hingegen Raum, indem wir auf unmittelbare Körpersignale (zum Beispiel Kloß im Hals, sich ab- oder zuwenden wollen, schwere Beine …), Gefühle (zum Beispiel Freude, Wut, Ohnmacht, Neugierde) und innere Bilder und Metaphern (»Ich sehe rot«, »wie Rumpelstilzchen«, »da läuft mir eine Laus über die Leber«) achten. Dadurch können unbewusste Inhalte in unser Bewusstsein kommen und damit Wünsche und Bedürfnisse, die sonst oftmals unterdrückt oder nicht beachtet werden. Lena war beispielsweise ganz erstaunt, wie sich ihre Muskulatur entspannte, als sie den Satz schrieb: »Ich möchte mein Leben leben.« Sie spürte eine positive Aufregung im Bauchraum bei der Vorstellung, mutig zu sein. Erstaunt hat sie allerdings auch, dass sie einen Kloß im Hals spürte bei der Vorstellung, sich selbstständig zu machen.

Nutzen also auch Sie Ihre Körperbotschaften als wichtige Signalgeber.

Es würde uns nicht wundern, wenn Ihre Vorstellung darüber, was Sie konkret verändern möchten, wohin Sie wollen, noch etwas nebulös ist – und Fragezeichen, Ungewissheiten und Bedenken damit einhergehen. Im folgenden Kapitel werden Sie anhand Ihrer unterschiedlichen Lebensbereiche mehr Klarheit bekommen, Ihr Anliegen überprüfen und auch noch einmal anpassen können.

Überblick und Ausblick über Ihr Leben

Wo stehen Sie aktuell in Ihrem Leben, mit welchen Lebensbereichen sind Sie zufrieden, und an welchen Stellen wünschen Sie sich eine Veränderung?

Eine Bestandsaufnahme hilft, den aktuellen Ist-Zustand einzuschätzen und zu entdecken, was bereits gut funktioniert und was Sie beibehalten möchten. Gleichzeitig können Sie reflektieren, in welchen Lebensbereichen Sie Veränderungswünsche verspüren, womit Sie momentan nicht zufrieden oder sogar unglücklich sind und wie der Soll-Zustand auszusehen hätte. Sie können so Ihr bereits formuliertes Anliegen (Ihre Essenz) prüfen, verdichten, anpassen und noch konkreter fassen.

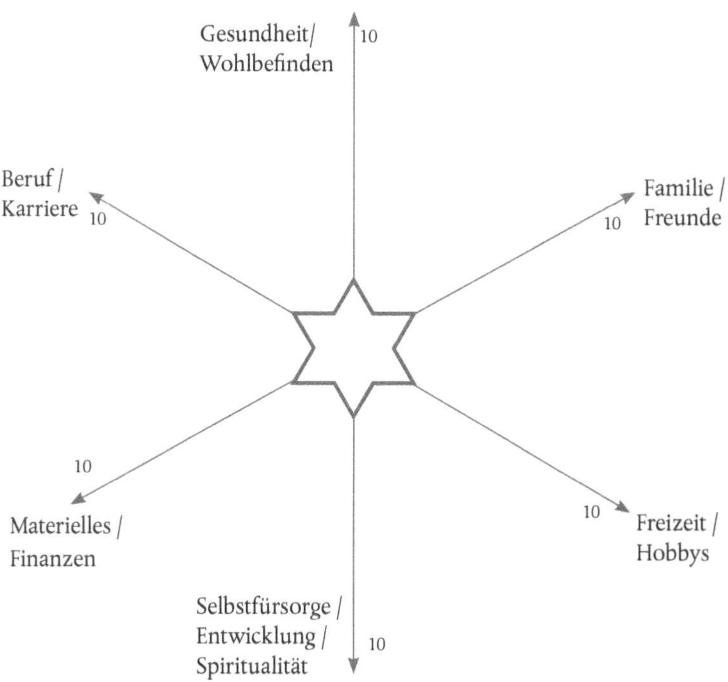

Der Lebensstern – Ihre Lebensbereiche im Überblick[65]

Überblick über die Lebensbereiche

In der Abbildung des Lebenssterns (Grafik) sehen Sie verschiedene Lebensbereiche. Das sind unsere Vorschläge, die Sie gern übernehmen können. Aber fühlen Sie sich auch frei, die Lebensbereiche umzubenennen oder weitere zu ergänzen. Manchen ist es zum Beispiel wichtig, Familie und Freunde zu trennen, statt Spiritualität nur persönliche Entwicklung aufzunehmen oder einzelne Hobbys separat voneinander aufzulisten. Wichtig ist, dass Sie sich in den Begriffen und Lebensbereichen wiederfinden. Die einzelnen Lebensbereiche sind von der Mitte ausgehend mit Strichen verbunden und bilden so einen Stern. Die einzelnen Strahlen des Sterns sind als Skalen angelegt, mit denen Sie wie im Folgenden beschrieben arbeiten können:

1. *Status quo (Ist-Zustand):* Gehen Sie zunächst alle Lebensbereiche durch, und markieren Sie auf einer Skala von 0 bis 10, wie zufrieden beziehungsweise erfüllt Sie aktuell in den einzelnen Lebensbereichen sind. Nehmen Sie am besten die Zahl, die Ihnen unmittelbar in den Sinn kommt. Wenn Sie sich zwischen zwei Zahlen nicht entscheiden können, legen Sie sich bitte intuitiv fest. Was sagt die Zahl über Ihren aktuellen Status quo aus? Beschreiben Sie Ihren Ist-Zustand. Beantworten Sie außerdem die Frage, was Sie bereits richtig machen beziehungsweise was schon funktioniert, sodass Sie auf diese Zahl kommen. Was darf so bleiben, wie es ist?
2. *Wunsch (Soll-Zustand):* Markieren Sie in einem zweiten Schritt ebenfalls, wo auf der Skala Sie stehen müssten, um mit dem Lebensbereich zufrieden zu sein. Was wäre ein gutes Ziel für Sie, damit Sie mit dem Lebensbereich zufrieden sein können? Was genau ist dann für Sie und für Ihr Umfeld anders, wenn Sie diese Zahl erreicht haben?

Was ergibt sich bei Ihnen durch die Übung für ein Bild? In welchen Bereichen besteht bei Ihnen der größte Veränderungswunsch, und mit welchen Aspekten Ihres Lebens sind Sie zufrieden? Was ist Ihnen durch die Bearbeitung klarer geworden?

***Lena** gewann folgende Erkenntnisse aus dem Lebensstern. Sie ist mit einer Neun sehr zufrieden mit ihrem Beruf, der sie ungemein erfüllt. Sie hat das Gefühl, inhaltlich genau das Richtige zu machen. Allerdings ist sie unzufrieden mit dem derzeitigen Arbeitsumfeld und den vorgegebenen Strukturen. Ihr ist klarer geworden, dass sie mehr Freiheit braucht, um ihre eigenen Ideen besser umsetzen zu können.*

Finanziell ist sie mit einer Acht gut aufgestellt. Sie verdient gut, kann Rückstellungen bilden, die Miete zahlen und muss auf Urlaube und andere Annehmlichkeiten nicht verzichten. Sie fragt sich allerdings, ob sie diese finanzielle Sicherheit mit einer Selbstständigkeit erhalten kann.

Weniger glücklich ist sie mit den anderen Lebensbereichen. Gesundheitlich geht es ihr in letzter Zeit nicht so gut. Sie fühlt sich zunehmend gestresst und auch erschöpft. Die Arbeit strengt sie immer mehr an. Sie möchte wieder gesünder leben, was auch in die Lebensbereiche »Freunde/Familie« und »Freizeit« hineinreicht, wo sie sich momentan jeweils nur bei einer Vier sieht, aber mindestens eine Acht erreichen möchte. Auf eine Sechs würde sie im Bereich Freizeit schon kommen, wenn sie wieder mehr Yoga macht, ein paar Auszeiten einplant und sich mehr in der Natur aufhält.

Dabei fällt ihr auf, dass sie diese Aktivitäten auch zusammen mit Freunden ausüben kann. Um dafür aber Zeit zu haben, ist es notwendig, die Arbeit auch mal Arbeit sein zu lassen. Ihr ist bewusst geworden, dass sie sehr viel Energie und Zeit in ihre Karriere gesteckt hat, was ihr neben der Selbstverwirklichung auch Sicherheit in finanziellen und materiellen Dingen gibt. Allerdings hat sie die ganze »rechte Seite« des Lebensstern dafür geopfert. Sie möchte neben ihrem Beruf und ihrer materiellen wie finanziellen Absicherung auch ihr Privatleben wieder stärker beleben.

In der Reflexion wird vielen Menschen bewusst, was sie bereits alles in ihrem Leben haben, was sich stimmig und gut anfühlt, wofür sie dankbar und worauf sie auch stolz sein können. Auf der anderen Seite wird vielen auch deutlich, dass uns nur ein begrenztes Volumen an Zeit und Energie zur Verfügung steht. Es ist schlichtweg unmöglich, allen Lebensbereichen hundertprozentig zu entsprechen. Dafür bräuchte man einen Klon oder am besten gleich mehrere, um viele Sachen perfekt zu machen: eine gute Mutter sein, sich liebevoll um Heim und Garten kümmern, Karriere machen, für Freunde tolle Überraschungen ausdenken, Freizeitaktivitäten planen, eine aufmerksame Partnerin sein, Weiterbildungen besuchen, Klavier spielen lernen, sich ehrenamtlich engagieren und so weiter. Wäre das nicht schön, wenn wir das könnten? Können wir aber leider nicht. Der Tag hat nur 24 Stunden, und wir haben nur endliche Kapazitäten.

Stellen wir uns einen Kuchen vor. Egal, wie stark wir es wollen, wir werden kein weiteres Stück in den Kuchen quetschen können, ohne von den anderen oder zumindest von einem anderen Stück etwas abzuschneiden. Und daher heißt es: Prioritäten setzen, den Fokus darauf legen, was wichtig ist, und alle anderen Ansprüche, Wünsche und Ideen auf ein realisierbares Maß reduzieren. Das wird Ihnen leichter gelingen, wenn Sie einen Navigator haben, der Sie auf Kurs hält. Im Kapitel »Der innere Wertekompass« können Sie daher für sich festhalten, worauf es Ihnen im Leben besonders ankommt.

Sie haben vielleicht festgestellt, dass sich die einzelnen Lebensbereiche wechselseitig beeinflussen. Sie können sich gegenseitig ausschließen, so zum Beispiel, wenn Sie viel Energie und Zeit in Ihre berufliche Entwicklung investieren und dadurch weniger Ressourcen für die Familie und Freizeitaktivitäten haben. Sie können aber auch miteinander verbunden werden oder sich gegenseitig befruchten. Lena merkt zum Beispiel, dass sie Freizeit, Selbstfürsorge und Freunde gut zusammenbringen kann. Wenn der Beruf eher weniger Raum für Kreativität und Engagement lässt, können diese Interessen und Fähigkeiten auch durch Freizeitaktivitäten ausgeglichen werden.

Vieles spricht dafür, dass wir in der Ausgestaltung unserer Lebensbereiche vielseitig bleiben sollten. Das zeigt sich auch in der Natur. Monokulturen sind angreifbarer gegenüber äußeren Bedingungen, wohingegen Mischkulturen widerstandsfähiger, also resilienter, sind. Wir büßen an Lebendigkeit und Vielseitigkeit ein, wenn wir uns dauerhaft nur auf einen Lebensbereich konzentrieren.

Neben dem Erfordernis, mit knappen Ressourcen an Zeit und Energie zu haushalten, ist es wichtig, auch die Aspekte von qualitativem und quantitativem Einsatz von Zeit zu berücksichtigen. Denn um zufrieden zu sein oder sich erfüllt zu fühlen, muss man nicht zwangsläufig viel Zeit investieren. Hier ist die Frage, wie Sie schon durch kleine Änderungen viel bewirken können. Lena hat sich ebenfalls Gedanken gemacht, was unmittelbar und leicht für sie umsetzbar ist, um im Lebensbereich Freizeit von einer Vier auf eine Sechs zu kommen. Sie nimmt sich vor, wieder regelmäßig, einmal in der Woche, ins Yogastudio zu gehen. Im Job wird sie nicht mehr durchheizen, sondern kleine, aber bewusste Pausen einplanen. Den Aufenthalt in der Natur wird sie mit ihrem Weg zur Arbeit verknüpfen. Statt mit den öffentlichen Verkehrsmitteln zu fahren, steigt sie zukünftig aufs Fahrrad um.

Sie sehen: Man muss sein Leben nicht gänzlich auf den Kopf stellen, um wirksame Veränderungen in Richtung Selbstbestimmung und Authentizität anzustoßen. Welche kleinen Schritte möchten Sie gehen, die schon einen großen Einfluss auf Ihre Zufriedenheit haben können?

Ordnen Sie die Lebensbereiche abschließend nach Prioritäten, um einen ersten Eindruck zu bekommen, wohin Sie Ihre Kraft und Zeit lenken wollen.

Fassen Sie Ihre Ergebnisse zusammen:

1. *Welcher Lebensbereich hat momentan die höchste Priorität für Sie? Welcher ist Ihnen am wichtigsten? Welcher kommt danach, und welcher ist gerade nicht so bedeutend?*
2. *Wie möchten Sie die Lebensbereiche in Zukunft gewichten? Was könnte ein stimmiges Ziel für die Zukunft sein?*
3. *Was sind erste kleine Schritte, die Sie jetzt schon umsetzen können, um sich in den einzelnen Lebensbereichen erfüllter zu fühlen? Wovon können Sie mehr oder auch weniger machen?*
4. *Was ist bereits stimmig und gut in Ihrem Leben? Was möchten Sie auf keinen Fall missen?*

Nach dieser Reflexion schauen Sie sich noch einmal die Formulierung Ihres Anliegens an. Sind neue Aspekte hinzugekommen? Hat sich Ihr Anliegen womöglich geändert, und wie können Sie es neu oder anders formulieren? Notieren Sie dies in Ihrem Projektplan (Vorlage am Ende des Buches).

***Lena** hat durch die Übung viel stärker gespürt, dass sie Arbeit und Leben besser miteinander verbinden möchte. Ihr Anliegen hat sie wie folgt umgeschrieben: »Ich möchte mein Leben leben. Ich möchte wieder mehr Zeit für Freunde und für mich haben. Ich möchte gern mutiger, meine eigene Chefin sein. Es ist wichtig für mich herauszufinden, ob ich das wirklich will.«*

Mit Ihrem persönlichen Anliegen können Sie sich jetzt in die sogenannte Bearbeitungsphase »stürzen«. Wir werden Ihnen dabei sowohl Wissen und Hintergründe als auch weitere Übungen an die Hand geben. Sie werden sich in all Ihren Facetten besser kennenlernen und konkreter herausfinden, was es für Sie persönlich bedeutet, selbstbestimmter zu leben. Es geht aber auch um eine realistische Einschätzung dessen, ob und wie Sie Ihren Veränderungswunsch umsetzen wollen und können. Und vor allem werden Sie überprüfen, ob es sich auch tatsächlich um Ihren Wunsch handelt oder ob Sie darin vielleicht doch (unbemerkt) fremdbestimmt sind.

Alles, was Sie in den folgenden Kapiteln erarbeiten, kann in ein konkretes Veränderungsprojekt münden. Aber auch im ganz normalen Alltag werden Ihnen die Erkenntnisse helfen, um an kleinen Stellschrauben Ihrer Selbstbestimmung zu drehen.

Innere Anteile: Wer Sie alles sind

Wir haben im Kapitel »Welches Selbst bestimmt?« eingeführt, was unser Selbst impliziert und dass wir ein vielfältiges Innenleben haben, welches durch Vielstimmigkeit gekennzeichnet ist. Nun werden Sie in Hinblick auf Ihr Selbstbestimmungsprojekt anschauen und reflektieren, welche inneren Anteile in Ihnen zu diesem Thema mitsprechen. Das ist wichtig, um unterschiedliche und vielleicht sogar widersprüchliche Positionen miteinzubeziehen, wodurch Sie zu nachhaltigeren Lösungen kommen können. Sie werden herausfinden, welche inneren Positionen relevant sind, welche Sie bereits gut, weniger gut oder kaum kennen, welche Ihnen noch zu sehr im Weg stehen und welche Sie zukünftig stärker in den Vordergrund treten lassen dürfen. Aber bevor Sie diese Fragen für sich beantworten, nehmen wir Sie zunächst mit auf einen kleinen Ausflug.

Stellen Sie sich eine bunt gemischte Truppe vor, die sich gemeinsam auf einen Ausflug begibt. Jeder der Ausflügler hat seine besonderen Eigenschaften und Qualitäten: Da gibt es den Vordenker, der alles genau geplant, die Karten studiert und den Wetterbericht genau verfolgt hat. Und in dessen Rucksack für alle Eventualitäten etwas Hilfreiches eingepackt ist, wie zum Beispiel ein Regenschirm, Wechselwäsche, genug zu essen, ein zusätzlicher Akku für das Handy oder ein Erste-Hilfe-Set. Neben diesem vorausschauenden und vorsichtigen Protagonisten läuft der Kritiker, der sich nur mit Mühe auf den Ausflug eingelassen hat und der es eigentlich für besser gehalten hätte, für maximal einen halben Tag einen kleinen Stadtrundgang zu machen. Das wäre auch dem mitmarschierenden Verantwortlichen lieber gewesen, der sich noch um andere Pflichten kümmern wollte. Weit voraus läuft der Abenteurer, der es nicht erwarten kann, endlich mal wieder etwas zu erleben und neue Umgebungen zu erkunden. Er ist frei, unabhängig und risikobereit. Er treibt seine Kameraden gern dazu an, es ihm gleichzutun. Ein Stadtrundgang wäre für ihn viel zu langweilig gewesen. Unterstützt wird er vom Mut, der weiß, was er kann, und der schon viele Ausflüge gemeistert hat. In der Mitte läuft der Beliebte, dem es wichtig ist, dass es allen gut geht, der sich an die Bedürfnisse der anderen anpasst und dem es am wichtigsten ist, eine gute Zeit miteinander zu verbringen, statt zu streiten.

Jetzt mal angenommen, die Gruppe verirrt sich auf dem Ausflug, was wird dann möglicherweise für eine Dynamik untereinander entstehen? Der Vordenker wird wohl dem Abenteurer Einhalt gebieten, der einfach weiter ziellos durch die Gegend laufen würde. Der Vordenker braucht einen neuen Plan, der realistisch ist, um sich wieder sicher und nicht verloren zu fühlen. Der Kritiker mäkelt rum, er hätte es ja gleich gesagt, dass ein Stadtrundgang besser gewesen wäre. Der Verantwortliche stimmt darin ein, denn die vertane Zeit hätte er wirklich lieber für andere Aufgaben genutzt. Der Abenteurer versteht die Aufregung überhaupt nicht, und auch der Mut sagt, dass bisher doch immer alles gut gegangen sei. Der Beliebte steht zwischen den Fronten und ist sehr unglücklich, weil es doch ein schöner Ausflug werden sollte und alle gestärkt und mit bester Laune nach Hause zurückkehren sollten.

Wozu erzählen wir Ihnen diese Geschichte? Vielleicht sind Ihnen die einzelnen Ausflügler bekannt vorgekommen. Auch in unserem inneren Erleben gibt es unterschiedliche Stimmen, die wir ebenso gut als »Positionen«, »Standpunkte« oder »innere Anteile« bezeichnen können.

Im weiteren Verlauf des Buches werden wir von »(inneren) Anteilen« sprechen. Wir haben unterschiedliche Gefühle, Gedanken,

Meinungen und Wertvorstellungen. Wir besitzen damit eine Vielstimmigkeit, die sich je nach Kontext und Kontaktpersonen anders zusammensetzen kann und die es uns ermöglicht, uns den Dynamiken flexibel anzupassen und darauf zu reagieren. Manchmal ist der eine Anteil lauter, der andere leiser, oder einer wird erst gar nicht angehört.

Unterschiedliche Anteile dürfen über unser Handeln bestimmen. Wie in dem Beispiel beschrieben, darf der innere Abenteurer nach vorn preschen, solange alle in Sicherheit sind. Der sicherheitsliebende Teil (der Vordenker) wird lauter, sobald Gefahr droht. Das Harmoniebedürfnis (der Beliebte) wird vielleicht nur mitgeteilt, wenn es auf eine verständnisvolle Person im Außen trifft. Der Abenteurer könnte eingebremst werden, sobald jemand im Umfeld sehr kritisch auf sein Vorhaben reagiert, weil das unseren eigenen inneren Kritiker bestärkt und laut werden lässt.

Solange wir uns nicht darüber bewusst sind, welche inneren Anteile in uns Mitsprache haben, werden wir uns so fühlen, denken und verhalten, wie wir es typischerweise tun. Damit werden wir von einem Anteil in den anderen rutschen und uns unseren Routinen und Gewohnheiten unterwerfen. Die gute Nachricht ist, dass es, nur weil es jetzt so ist, in Zukunft nicht genauso bleiben muss. Wir haben Einfluss auf unsere Innenwelt, wenn uns bewusst ist, welche unterschiedliche Stimmen miteinander und gegeneinander arbeiten und was uns in den einzelnen Positionen wichtig ist. Der Abenteurer mag seine Freiheit; der Beliebte fühlt sich wohl, wenn er sich zugehörig fühlt und Harmonie herrscht; der Vordenker braucht Sicherheit. Sie können für die Zukunft entscheiden, welchen Anteilen Sie mehr Raum geben wollen. Sie können ergründen, wie eine Lösung aussehen könnte, mit der Ihre innere Mannschaft zufrieden ist. Und das kann sich je nach Ausgangslage immer wieder neu entscheiden. Denn manchmal ist es gut, nur einen Stadtrundgang zu machen und dem Verantwortlichen Raum zu geben, wenn viele Aufgaben anstehen, auch wenn der Abenteurer damit nicht ganz zufrieden ist. Manchmal braucht es den Konflikt, um für sich einzustehen, auch wenn der Beliebte seine Harmonie gefährdet sieht.

Dabei geht es nicht darum, dem einen oder mal dem anderen recht zu geben, sondern möglichst ein Sowohl-als-auch zu finden. Im besten Fall eine Win-win-Lösung, in der alle Beteiligten ihre Bedürfnisse gewahrt sehen oder zumindest einen Kompromiss auf Zeit finden. Unsere Vielstimmigkeit ist dabei eine großartige Ressource für unser Wachstum, weil wir durch unsere vielen unterschiedlichen Anteile verschiedene Fähigkeiten besitzen, aus denen wir schöpfen und uns an wechselnde Herausforderungen und Ausgangslagen anpassen können. Darin liegen unsere Selbstbestimmung und unsere Freiheit, weil wir damit bewusst wählen und gestalten. Nur weil beispielsweise das Sicherheitsbedürfnis bisher jede Veränderung blockiert hat, muss das für die Zukunft nicht so bleiben, wenn Sie sich über Neues in Ihrem Leben freuen wollen!

Ich höre Sie fragen, wer nun dann aber die Führung übernimmt und bestimmt, wo es langgeht …

WER DIE FÜHRUNG ÜBERNIMMT

Um zu bemerken, was in uns los ist, braucht es eine weitere Position, eine, die alle inneren Anteile wahrnehmen und anhören kann. Aber wer in uns bemerkt diese Anteile? Wer kann die unterschiedlichen Gedanken hören, die vielschichtigen Gefühle fühlen, die Bedürfnisse wertschätzend anerkennen und all diese Anteile zusammenbringen? Wer geht in Führung? Wer integriert die unterschiedlichen Facetten in uns?

Wir sind in der Lage, über uns selbst nachzudenken, zu reflektieren und verschiedene Perspektiven einzunehmen. Das ist der große Trumpf des Menschen. Es ist unsere bewusste Schaltzentrale, mit der wir Situationen umfassend reflektieren und steuern können. Ein liebevoller Vermittler schafft es, eine Klarheit in unsere innere Unordnung zu bringen und uns aus einem inneren Konflikt zu führen. Es ist unser Reflexionsselbst, das uns die Vorgänge in unserem Inneren bewusst werden lässt und mit dem wir uns steuern und willentlich beeinflussen können, um zum Beispiel Entscheidungen zu fällen und nicht unseren Impulsen ausgeliefert zu bleiben. Wir können also sowohl die Perspektive des Anteils einnehmen, der zum Beispiel mutig ist, den nächsten Schritt zu gehen, als auch die Perspektive desjenigen, der lieber alles beim Alten belassen möchte.

Unsere Ausflugsgesellschaft wird sich leichter damit tun, eine Lösung zu finden, wenn jemand von außen beobachten kann, was vor sich geht. Jemand, der nicht direkt beteiligt ist und keine eigene Position vertritt, der also allparteilich und offen für alle Sichtweisen ist. Jemand, der neugierig erkundet, was alle zu sagen haben, der empathisch zuhört, mitfühlend und wertschätzend ist und der für alle Verständnis zeigt. Diesen »Jemand« in uns, diese steuernde

Instanz, könnten wir daher auch als »inneren Coach«, »liebevollen Vermittler« oder, fantasievoller, »Kapitän«, »Mannschaftsboss«, »Team-Manager« oder »Steuerfrau« bezeichnen.[66] Manche sagen auch: »Das bin ich.« Oder: »Das ist mein Selbst.« Manche verbinden damit auch eine spirituelle Komponente.[67] Ob eher sachlich, kreativer oder spiritueller – suchen Sie sich einen Namen für diese Instanz aus, der Ihnen naheliegt. Wir wollen ihn im Folgenden den Team-Manager nennen. Diese Instanz schafft es jedenfalls, Klarheit in unsere innere Unordnung zu bringen. Und das mit Herz und Verstand gleichermaßen.

Den Team-Manager finden

Viele fragen sich, wie sie diese allparteiliche innere Instanz finden und stärken können. Achten Sie im Alltag mal darauf, was Sie an unterschiedlichen Gedanken, Gefühlen und Körperreaktionen wahrnehmen können. Das könnte zum Beispiel folgender Gedanke sein: »Jetzt habe ich es schon wieder nicht geschafft!« Fragen Sie sich: »Wer sagt das in mir?« Vielleicht ein Anteil, der das Beste schaffen möchte, ein »Alleskönner« oder ein »Leistungsanteil«. Mit Ihrem Team-Manager bemerken Sie diese Anteile; beziehungsweise wenn Sie diese Anteile bemerken, haben Sie den Team-Manager wohl gefunden. Auch kontemplative Techniken wie Achtsamkeit, Yoga, Qigong und so weiter helfen, weil sie das Gefühl für die eigene Mitte stärken, sowie Tätigkeiten, die Ihnen Freude bereiten und worüber Sie die Zeit vergessen.

IHR PERSÖNLICHES INNERES TEAM

Nun nehmen wir Sie mit in Ihr Innenleben. Sie werden erkunden, welche Ihrer Anteile bei Ihrem Selbstbestimmungsprojekt aktiv sind und wie Sie einen gemeinsamen Vertrag zwischen allen Beteiligten aushandeln können. Dies ist ein wesentlicher Schritt auf dem Weg Ihrer Veränderung. So sind Sie in der Lage, für Ihre persönliche Situation eine selbstbestimmte Entscheidung zu treffen, ob und unter welchen Bedingungen Sie sich auf den Weg machen und was Sie zur Zielerreichung benötigen. Dieses Vorgehen erspart Ihnen ein müßiges Umkehren an den Start, da Sie auf etwaige Hürden adäquat vorbereitet sind.

Der erste Schritt ist nun, dass Sie aus der Perspektive Ihres Team-Managers (oder welchen Begriff Sie für sich gefunden haben) sichten, wer in Ihnen zum Thema »Selbstbestimmung« und Ihrem Selbstbestimmungsprojekt alles mitspricht. Damit Sie sich darunter etwas vorstellen können, zeigen wir Ihnen im Folgenden das Beispiel von Lena, anhand dessen Sie Ihre eigene Visualisierung vornehmen können.[68] Aber achten Sie später darauf, Ihre eigenen Anteile und deren Bezeichnungen zu finden. Die Abbildung soll Ihnen lediglich eine Idee davon geben, wie eine solche Visualisierung aussehen könnte.

Beispiel der Visualisierung von Lena: Der Kopf ist das Symbol für unseren Team-Manager, also für unsere Reflexions- und Steuerzentrale, die einen ausgewogenen Blick auf alle hat. Im Bauch der Figur werden die unterschiedlichen Teammitglieder (inneren Anteile) dargestellt.

Das innere Selbstbestimmungsteam

Nun sind Sie dran. Nehmen Sie sich ein Blatt Papier (mindestens DIN A4) und einen oder mehrere Stifte zur Hand. Vergegenwärtigen Sie sich Ihr Selbstbestimmungsprojekt, das Sie in der Auftragsklärung und in der Bearbeitung des Lebenssterns für sich festgehalten haben – egal, wie vage es noch ist oder wie konkret es bereits schon geworden ist. Dann richten Sie Ihre Aufmerksamkeit nach innen. Welche inneren Anteile tauchen in Bezug auf Ihr Vorhaben auf? Diese können sich auf unterschiedliche Arten bemerkbar machen: durch Gedanken, Gefühle, Körperempfindungen oder durch innere Bilder oder Farben. Geben Sie den einzelnen Anteilen einen Namen, und visualisieren Sie sie auf Ihrem Blatt, entweder indem Sie diese figürlich oder abstrakt malen oder einfach als Wort notieren. Der Name kann ein Fantasiename sein, eine pragmatische Bezeichnung oder einer Figur aus Fernsehen, Büchern oder der Öffentlichkeit entspringen. In der Ausgestaltung sind Sie frei.

Schreiben Sie dann zu den jeweiligen Anteilen, zum Beispiel in Form einer Tabelle, Aspekte, die Ihnen auffallen: was denkt der Anteil typischerweise und was »sagt« er Ihnen (Gedanke des Anteils), welche Gefühle und Körperimpulse löst er aus und was assoziieren Sie mit dem Anteil? Sie müssen nicht zu allen Aspekten Informationen sammeln.

Lassen Sie sich Zeit! Manche Anteile werden wahrscheinlich schnell in Ihr Bewusstsein treten, andere sind nicht auf Anhieb erkennbar. Haben Sie Vertrauen, dass Sie Ihre Mannschaft zu Ihrem Selbstbestimmungsprojekt zusammenbekommen.

***Lena** hat ihre Anteile und deren Aspekte, nachdem sie sie in der Abbildung gezeichnet hat, in der hier wiedergegebenen Tabelle zusammengefasst:*

Name	Gedanke	Gefühl/Körperempfinden	Assoziation
Freiheit	Mach endlich dein eigenes Ding!	Dynamisch, aufwärtsstrebend	Schmetterling
Festhalter	Der Job ist sicher und gut bezahlt, Kunden gibt es schon.	Starr, fest, aber auch gehalten	Festes Seil
Die Erschöpfte	Ich kann nicht mehr, wie soll ich da Energie für eine Selbstständigkeit aufbringen?	Gelähmt, hilflos	Kopf hängen lassen
Der Ideenhaber	Ich will mich endlich austoben und das machen, was mir wirklich Spaß macht!	Angenehmes Kribbeln	Strahlende Glühbirne
Die Wut	So geht es nicht mehr weiter, du verschenkst dein Potenzial!	Stechend	Rumpelstilzchen
Der Angsthase	Und wenn es nicht klappt, was soll dann nur aus mir werden?	Flauer Magen	Ein ängstliches Häschen
Der Kritiker	Da müssen wir noch mal genau hinschauen. Das läuft noch nicht richtig.	Anspannung (vor allem im Oberkörper), in Habachtstellung	Daumen immer unten

Wie erging es Ihnen mit Ihren inneren Anteilen? Es ist normal, dass Sie über diese Bewusstmachung auch Kontakt zu Ihren Gefühlen bekommen, die angenehm, aber auch unangenehm sein können. Wenn Sie allerdings Empfindungen haben, die Sie zu überwältigen drohen, dann schaffen Sie zu diesen Gefühlen wieder eine Distanz. Berührt zu sein ist förderlich, aber Sie brauchen nicht zu leiden. In Teil III finden Sie Anregungen, falls schwierige Gefühle Sie belasten sollten.

Wenn Sie alle wichtigen Anteile zusammenhaben, nehmen Sie sich die Zeit, sich mit ihnen vertraut zu machen. Sie können sich einen runden Tisch vorstellen, an dem alle Beteiligten sitzen, oder einen anderen Ort, der Ihnen für eine Besprechung geeignet erscheint. Wahrscheinlich würden Sie sich als Team-Manager zunächst vorstellen und dann die anderen erst mal kennenlernen wollen. Wer heißt wie, wer hat welche Aufgabe, und was verspricht sich jeder von dem Austausch?

Zunehmend werden Sie herausfinden, welche Beziehung Ihre inneren Anteile untereinander haben, wer in der Gruppe wie reagiert, welche Rollen sie einnehmen und welche Positionen, Werte und Bedürfnisse sie vertreten. Das ist eine wichtige Vorarbeit für Ihre Selbstbestimmung. Denn nur wenn Sie wissen, welche inneren Anteile daran beteiligt sind, wer was braucht und wer das Projekt noch blockiert, können Sie Ihre Zukunft langfristig und nachhaltig gestalten. Es wird Lena beispielsweise nichts nützen, wenn die Freiheit und der Ideenhaber allein entscheiden, ohne die anderen, wie etwa den Angsthasen, miteinzubeziehen. Unterdrückte Anteile werden sich früher oder später und dann umso lauter wieder melden. Sie werden dadurch auch herausfinden, was Ihnen wichtig ist und wie Sie Anteile in Ihnen besänftigen können, die zu sehr die Erwartungen von anderen erfüllen wollen.

Bei allen weiteren Übungen und Selbstreflexionen des Buches werden Sie sich immer wieder auf Ihre Anteile beziehen können und bemerken, welche inneren Stimmen gerade lauter oder auch leiser sind.

Einen wichtigen Tipp haben wir noch: Prüfen Sie immer wieder, ob Sie Ihre Anteile aus Ihrer Vermittlerposition wahrnehmen oder aus einem anderen Anteil heraus. Das macht einen riesigen Unterschied! Als Vermittler sind Sie allparteilich, interessiert, mitfühlend und offen für jede Sichtweise.[69] Damit können Sie alle Selbstpositionen erkennen und ihnen wertschätzend zuhören.

Nehmen wir an, Sie haben in sich einen inneren Kritiker, der es gewohnt ist, die Führung zu übernehmen. Statt offen und neugierig zu sein, wird dieser Anteil seine eigene Meinung zu allem Möglichen kundtun und seine Mitstreiter schlechtmachen. Lena hatte am Anfang große Mühe, sich auf ihre Anteile zu konzentrieren, weil ihr innerer Kritiker ständig alles kommentierte (»Du hättest viel besser auf dich aufpassen sollen, dann wärst du jetzt nicht so erschöpft!«, »Von Ideen allein kann man noch nicht leben, das sollte dir klar sein, mein Herzchen!«, »Wut können wir hier gar nicht gebrauchen, die kann schnell wieder gehen« …).

Es ist ein großer Erfolg, wenn Sie bemerken, wer dazwischenquatscht, aber gerade nicht an der Reihe ist. Das wird mit großer Wahrscheinlichkeit immer wieder passieren, wie bei einem Konfliktgespräch auch. Nehmen Sie es wahr und dann richten Sie Ihre Aufmerksamkeit wieder auf den Anteil, den Sie gerade kennenlernen wollen. Das ist gleichzeitig eine wunderbare Achtsamkeitsübung.

Und wenn es nicht so schnell gelingt, weil alle Ihre Anteile so aufgeregt sind und ganz viel erzählen wollen oder ein Anteil einfach nicht aufhören will, seinen Senf dazuzugeben, dann seien Sie großzügig mit sich. Ein guter Vermittler wird in dem Fall auch nicht die ganze Zeit dazwischengehen, sondern Geduld und Mitgefühl walten lassen. Er wird die Bagage auch mal streiten lassen und sich denen, die viel Aufmerksamkeit brauchen, zuerst zuwenden, aber dann wieder für Ruhe sorgen und auf die gemeinsamen Gesprächsregeln verweisen.

Diese Technik können Sie übrigens auch gut in Ihren Alltag einbinden. Fragen Sie sich immer mal wieder, aus welcher Position heraus Sie gerade denken, fühlen und handeln. Das schafft eine angenehme Distanz, aus der heraus Sie handlungsfähig und auch umsichtiger sind. Es wird Ihnen besser gelingen, sich nicht von einem Anteil vollständig einnehmen oder sich durch den Strudel eines inneren Konflikts immer mehr »runterziehen« zu lassen. Wenn Sie also Unruhe verspüren, die Gedanken kreisen, wenn Sie starke Gefühle empfinden, die sich nicht beruhigen lassen, Sie sich nicht entscheiden können oder einfach nur genervt oder gestresst sind: Horchen Sie mal kurz in sich rein, und sortieren Sie die Lage, damit wieder mehr Ruhe einkehren kann. (Mehr dazu lesen Sie in Teil III, wenn es um unsere Selbstregulationsfähigkeit geht.)

Machen Sie sich über die folgenden Punkte Gedanken:

1. *Beziehung unter den Anteilen*
   - *Wer kennt wen? Wer mag sich (nicht)?*
   - *Welche Anteile unterstützen und welche behindern sich?*
2. *Anteile kennenlernen*
   - *Welche Anteile sind Ihnen vertraut? Welche sind eher neu für Sie?*
   - *Was ist die Aufgabe beziehungsweise Rolle des Anteils? Was ist seine Funktion? Wofür ist er da?*
   - *Welche Qualitäten hat er? Welche Fähigkeiten und Kompetenzen haben Sie dadurch?*

- *Was sind seine Schwächen? Wann ist der Anteil eher hinderlich?*
- *Was ist dem Anteil wichtig? Was hat er für ein Bedürfnis? Welche Werte vertritt er?*

3. *Struktur der Anteile*
   - *Wer meldet sich immer zuerst, wer danach und wer als Letztes?*
   - *Welcher Anteile hat die Hauptrolle, welche eher eine Nebenrolle?*
   - *Welche Anteile sind dominant, laut, richtungweisend, welche eher klein, leise und angepasst?*

***Lena** fand heraus, dass in ihr zwei Lager sind, die gegeneinander arbeiten und in etwa gleich laut sind. Auf der einen Seite steht die Freiheit, die sich mit dem Ideenhaber an ihrer Seite sehr wohlfühlt (Lena kennt die beiden, aber sie sind bisher kleingehalten worden). Auf der anderen Seite positioniert sich der Festhalter, der massiv vom Angsthasen unterstützt wird (diese beiden sind Lena sehr vertraut). Das sieht momentan nach einer Pattsituation aus. Die Wut hat Lena eher überrascht, aber das erklärt, warum sie so oft gereizt und genervt ist. Sie ist neugierig auf die Wut, die bestimmt einiges in Bewegung bringen kann. Ihr erschöpfter Anteil möchte die Wut lieber unterdrücken. Und auch die anderen Anteile sind der Erschöpften nicht geheuer, schließlich möchte sie einfach nur ihre Ruhe haben.*

Sie haben jetzt eine Übersicht über die Stimmung in Ihrem Inneren, wie sie aktuell ist. Die Frage ist nun, was es braucht, damit Ihre Anteile in Bezug auf Ihren Veränderungswunsch zukünftig an einem Strang ziehen. Es ist leider nicht anzuraten, »ein Machtwort zu sprechen« und einem Anteil allein die Führung zu überlassen. Damit würden Sie nur einem der Beteiligten recht geben und die Bedürfnisse und Anliegen der anderen außen vor lassen. Das wäre zunächst der einfachere Weg, aber nicht der nachhaltigste. Denn kleingehaltene oder weggesperrte Anteile werden sich mit der Zeit wieder melden.

Nehmen wir an, Lena würde nur noch auf ihren Freiheitswunsch hören, was natürlich verständlich wäre, weil sie sich damit locker und gelöst fühlt. Dieser Anteil ist in jedem Fall eine wichtige Ressource, weil er das symbolisiert, wovon Lena mehr haben möchte, was sie sich ersehnt und erhofft. Die Freiheit wird mit dem Ideenhaber und der Wut einiges auf die Beine stellen können. Irgendwann wird der Zeitpunkt kommen, wo sich auch die anderen Anteile wieder melden, wenn es einen Anlass dazu gibt: der Festhalter, sobald der erste Finanzplan für die Selbstständigkeit aufgestellt ist und ersichtlich wird, dass sie erst mal erhebliche Abstriche machen müsste, die Erschöpfte dann, wenn alles zu viel wird, der Angsthase vielleicht allein schon bei der Vorstellung, wo bloß Kunden herkommen sollen.

Klären Sie also vorab, bevor Sie eine Entscheidung fällen und eine Richtung vorgeben, was Ihre innere Mannschaft braucht, damit alle gewillt sind, mitzugehen und Sie bestmöglich bei Ihrem Projekt zu unterstützen. Nutzen Sie die Vielfalt und die Unterschiedlichkeit Ihrer Innenwelt als Potenzial für eine ausgewogene Veränderung. Sie werden durch die Auseinandersetzung auf neue Ideen und Möglichkeiten stoßen.

Dazu braucht es nicht immer einen Konsens, denn auch ein Sowohl-als-auch und ein »Nebeneinanderstehen-lassen-Können« mögen für das eigene Wohlbefinden schon zuträglich sein.[70] Lena hat es erstaunt, dass zwei »feindliche« Lager in ihrem Inneren um ihre Aufmerksamkeit buhlen. Sie versteht jetzt besser, warum sie sich oft so zerrissen fühlt und ständig in Grübelschleifen gerät. Das hilft ihr dabei, ihre Gefühlslage besser nachzuvollziehen und beide Lager zu sehen. Um integer und authentisch mit sich zu sein, hilft es also, divergierende Selbstanteile in das eigene Selbstkonzept zu integrieren und deren Funktion und Nutzen, die sie für uns haben, zu verstehen und wertzuschätzen.

Im weiteren Verlauf des Buches werden Sie darüber hinaus Informationen sammeln können, um zu verstehen, was Ihre inneren Anteile brauchen, um sich auf das Selbstbestimmungsprojekt einzulassen. Aber nun schauen wir erst mal, was Sie ausmacht: Ihre Interessen und Kompetenzen, Ihre Bedürfnisse und Werte. Und Sie finden heraus, ob sich diese in Ihrem Vorhaben, wie Sie leben wollen, abbilden.

Interessen und Kompetenzen entdecken

»Ich weiß eigentlich gar nicht, was ich so richtig gern mache und auch kann! Im Alltag bin ich eher damit beschäftigt, To-dos abzuarbeiten. Ich spüre nur, dass ich oft kraftlos und lustlos bin.« Viele unserer Klienten wissen nicht mehr, was sie wirklich begeistert, was ihnen Freude bereitet und was sie am meisten interessiert. Im Alltag haben wir oft kein Gespür dafür, was wir wirklich gut können, weil es uns entweder einfach so von der Hand geht oder wir uns zu Aufgaben »zwingen«. Außerdem haben wir von uns selbst oftmals bestimmte Bilder im Kopf, mit denen wir uns festlegen und damit einschränken: »Ich bin unsportlich«, »Ich bin nicht gut in sozialen Kontakten«, »Ich bin der IT-Checker, und sonst kann ich nichts wirklich richtig« …

Aber wir sind viel mehr und wir können viel mehr, als wir annehmen. Erweitern Sie also das Bild, das Sie von sich haben. Sind Sie neugierig, welche verborgenen Fähigkeiten und Kompetenzen noch in Ihnen schlummern? Es ist durchaus möglich, dass Sie auf ganz neue Ideen kämen, wie sich Ihr Selbstbestimmungsprojekt noch realisieren oder modifizieren lässt. Denn wir wünschen Ihnen für Ihr weiteres Leben auf keinen Fall, dass Sie nur Dinge abarbeiten, ohne darauf zu achten, Ihre Stärken einzubringen. Wo würden sich dann die Bedeutsamkeit und Sinnhaftigkeit in Ihrem Dasein ergeben, und wo tankten Sie Energie?

Nach den Erkenntnissen der positiven Psychologie ist es für das Wohlbefinden nämlich zuträglich, die eigenen größten Stärken, die sogenannten »Signaturstärken«,[71] im Alltag zu verwirklichen. Darüber generieren wir gute Gefühle, Energie und sind lang anhaltend zufrieden. Dann leben wir nämlich authentisch.[72] Ja, Sie haben richtig gelesen. Indem Sie etwas tun, was Ihnen Freude bereitet, generieren Sie Energie, selbst wenn die Tätigkeit an sich anstrengend ist. Sie bringen mehr Durchhaltevermögen auf. Dieser Zustand wird auch als »Flow« bezeichnet.[73] Wir vergessen die Zeit, die Welt um uns herum, fuchsen uns so richtig in die Aufgabe hinein, lösen auftauchende Probleme kreativ und machen gern und freiwillig mehr davon. Im Kindesalter wird dieser Zustand auch »Spielen« genannt. Mussten Sie je Ihre Kinder motivieren oder »zwingen« zu spielen? Sie haben dieses Phänomen bereits bei der autonomen, intrinsischen Motivation kennengelernt.

Es geht aber auch um eine realistische Einschätzung dessen, was Sie können und gern machen. Wir alle sind weder Superman noch Wonderwoman. Eine Überschätzung der eigenen Fähigkeiten kann uns sogar in den Burnout treiben, weil wir unsere Grenzen der Belastbarkeit zu hoch ansiedeln und denken: »Das kann ich auch noch!« Verkünden nicht viele Ratgeber und Motivationstrainer die frohe Botschaft: »Du kannst alles schaffen«? Aber sind wir wirklich Alleskönner, Omniperfektionisten oder Generalisten?

Fragen wir die Psychologie und Medizin, erkennen wir, dass es sich um eine Fehlannahme handelt. Wir können eben nicht alles schaffen! Als Menschen haben wir deutliche körperliche, soziale, psychische oder intellektuelle Grenzen, die wir unweigerlich akzeptieren müssen. Man kann viel lernen. Das stimmt. Und Durchhaltevermögen sowie Übung tragen zur Verbesserung von Fähigkeiten bei. Aber es gibt auch realistische Limitierungen.

Wenn Sie bedenken, dass Sie begrenzte Ressourcen an Zeit und Energie haben, auf was wollen Sie sich dann in Ihrem Leben konzentrieren? Die Annahme, »alles schaffen zu können«, wird schon fast zur Aufforderung, »alles schaffen zu müssen«. Das führt dazu, dass wir vieles ausprobieren, vielleicht auch aus einem Zwang heraus, nicht doch etwas zu verpassen, oder dem Wunsch, alles schaffen zu wollen, was von uns erwartet wird. Neben der Gefahr der eigenen Erschöpfung setzen wir dann unsere Energie aber vielleicht auf ein falsches Pferd. Wir mühen uns ab, etwas zu erlernen oder zu »schaffen«, was eigentlich gar nicht uns entspricht.

Das umformulierte Zitat »Du kannst all das schaffen, was dich begeistert, was deinen Talenten entspricht, was dir Freude bereitet!« ist hingegen zielführender. Es ist ungemein einfacher und energieeffizienter, sich in dem zu üben und sich mit den Dingen zu beschäftigen, die in uns angelegt sind und uns begeistern, als dass wir versuchen, vermeintliche Defizite mit Fleiß und Mühe auszugleichen oder falschen Erwartungen hinterherzuhinken. Wie viel Energie habe ich aufbringen müssen, um im Schulfach Geometrie mittelmäßig zu sein, wohingegen mein Talent für Sprache mit nur wenig Aufwand richtig Flügel bekommen hat!

Der wesentliche Weg, damit sich Zufriedenheit und Ruhe in uns einstellen, ist nach Abraham Maslow, Gründervater der humanistischen Psychologie und Namensgeber der Bedürfnispyramide, wenn ein Individuum tut, wofür es individuell geeignet ist, sich also selbst verwirklicht. »Musiker müssen Musik machen, Künstler malen, Dichter schreiben, wenn sie sich letztlich in Frieden mit sich selbst befinden wollen. Was ein Mensch sein *kann*, *muß* er sein. Er muß seiner eigenen Natur treu bleiben.«[74] Natürlich kommt es bei dieser Aussage auch sehr auf das passende Umfeld an. Was ist ein Pinguin ohne Wasser? Er wird seine Talente nie einbringen können, wenn er nur auf dem Festland unbeholfen umherhoppeln muss. Was ist ein Vogel in einem Käfig, in dem er nie fliegen kann? Wie jede Pflanze den richtigen Standort benötigt, um blühen zu können, benötigen auch wir günstige Bedingungen, um uns zu entfalten.

Nicht immer können wir die Bedingungen beeinflussen. Aber selbstbestimmt seine Fähigkeiten einzubringen, bedeutet auch, den Mut zu haben, sich nach Möglichkeit das rechte Umfeld zu suchen. Mit Selbstverwirklichung ist eben nicht nur individuelles Streben gemeint. Es geht vielmehr darum, das Selbst (beziehungsweise unsere »Selbste«) und die Welt, wo immer möglich, miteinander in Einklang zu bringen.[75]

Wie finden Sie also heraus, was Ihre Talente und Fähigkeiten beziehungsweise Kompetenzen sind?

In den folgenden zwei Übungen schauen wir zunächst auf Ihre Interessen und Leidenschaften: »Was machen Sie gern?« Und dann auf Ihre Kompetenzen und Fähigkeiten: »Was können Sie gut?« Oftmals sind die Antworten deckungsgleich. Gerade wenn Sie aber viele Interessen haben, verlieren Sie vielleicht manchmal gar die Übersicht. Dann hilft eine Prioritätenliste, sodass Sie eher wissen, worauf Sie Ihre Energie und Zeit hauptsächlich verwenden sollten: auf das, was Sie besonders gut können und gleichzeitig sehr gern machen. Oft werden unsere Fähigkeiten sogar erst von anderen bemerkt, die uns ein positives Feedback geben oder die uns zur Erledigung bestimmter Aufgaben gern hinzuziehen. Das wollen wir auch berücksichtigen.

Haben Sie Sorge, dass sich Ihre Talente nicht mit Ihrem aktuellen Leben vereinbaren lassen? Die Idee ist nicht, dass Sie danach Ihren gesamten Alltag umwerfen. In den allermeisten Fällen – diese Erfahrung haben wir mit uns selbst und unseren Klienten gemacht – lassen sich Talente sehr gut ins alltägliche Leben einbauen. Oftmals reichen kleine Veränderungen aus, um Ihren Interessen mehr Raum zu geben. Es gibt aber auch viele Geschichten, in denen Menschen tatsächlich mit sechzig beginnen zu studieren, mit neunzig einen Malkurs machen, mit siebzig eine Coaching-Ausbildung abschließen oder als Banker aussteigen, um eine Hütte zu bewirtschaften.

INTERESSEN UND LEIDENSCHAFTEN

Schon früh im Leben entwickeln wir Interessen und können bestimmte Dinge gut. Im Spiel probieren sich Kinder aus und entdecken Vorlieben für die Tätigkeiten, die ihnen aus sich heraus

Freude bereiten, ohne einen Zweck zu verfolgen. Gleichzeitig konnten wir bei unseren Lieblingsbeschäftigungen über Stunden unsere Konzentration halten.

Die Leidenschaften der Kindheit

Denken Sie also an früher zurück, als Sie im Kindergarten, der Grundschule oder auch in der weiterführenden Schule waren. Mit was haben Sie sich gern aus eigenem Antrieb beschäftigt, ohne dass Sie je eine Belohnung von Ihren Eltern oder Bezugspersonen gebraucht hätten? Was waren Ihre Lieblingsschulfächer, für welche Themen haben Sie sich begeistert? Auch außerhalb der Schule: Mit was haben Sie sich gern beschäftigt, bei welchen Tätigkeiten verging die Zeit wie im Flug? Worauf waren Sie neugierig, was hat Sie brennend interessiert? Möglicherweise haben Sie sogar Gelegenheit, Ihre Eltern oder Geschwister und Freunde von damals zu fragen, ob diese sich daran erinnern, was Sie leidenschaftlich gern getan haben.

Notieren Sie sich die Bilder und Ideen, die auftauchen, und ergänzen Sie sie durch die Informationen, die Sie gegebenenfalls von anderen dazu erhalten.

Vielleicht dachten Sie sich bei der Übung, dass Sie Tätigkeiten und Interessen gefunden haben, denen Sie als Erwachsener gar nicht mehr nachgehen könnten, wie zum Beispiel mit Puppen und mit Autos zu spielen, stundenlang zu basteln beziehungsweise zu malen oder in andere Rollen zu schlüpfen, in denen Sie Lehrer oder Räuberin waren. Überlegen Sie sich, welche Ihrer Eigenschaften

Sie durch diese Beschäftigungen entwickelt haben, die Sie auch als Erwachsene einbringen könnten.

***Toni** fand beispielsweise durch diese Übung heraus, dass er als Kind liebend gern Lehrer spielte. Er hat »Arbeitsblätter« gestaltet, an die Kindertafel geschrieben und einer imaginären Schulklasse Zusammenhänge und Neuigkeiten vor allem aus dem Gebiet der Sachkunde erklärt. Bezogen auf seinen Wunsch nach beruflicher Veränderung gab ihm diese Erkenntnis die Idee, sich im Bereich des Trainings weiterzubilden, um sein Fach- und Führungswissen an andere weiterzugeben.*

Sie werden in Ihrer Kindheit wahrscheinlich sehr unbeschwert in Ihren Tätigkeiten gewesen sein. Wenn Sie nicht so weit in Ihre Vergangenheit zurückgehen wollen, können Sie auch reflektieren, was Sie in der Gegenwart glücklich und fröhlich macht beziehungsweise wann Sie förmlich aufblühen.

Nun können wir nicht immer beziehungsweise nicht alle unseren Lebensunterhalt damit verdienen, ausschließlich das zu tun, was uns interessiert und Freude bereitet. Gleichzeitig vertrocknen wir, wenn wir diesen Anteilen in uns nicht genügend Raum einrichten. Und nicht selten gelingt es eben doch, genau das zu tun, was wir besonders gut können und uns leicht von der Hand geht, und damit gleichzeitig unseren Lebensunterhalt zu bestreiten.

Aber das muss nicht in Schwarz oder Weiß gedacht werden. Unsere Leidenschaften können wir auch in unserer Freizeit ausleben, die uns dann eine willkommene Abwechslung zu unserem Beruf sein können. Und in Ihrer derzeitigen beruflichen Tätigkeit können Sie das Wissen um Ihre Interessen und Leidenschaften nutzen, um zu überlegen, wie Sie diese stärker in Ihre Arbeit einbringen könnten.

Und manchmal müssen wir auch Neues ausprobieren, um überhaupt auf die Idee zu kommen, was uns guttut und was wir brauchen, um aufzublühen. Eine Freundin hat berichtet, dass sie nie geglaubt habe, eine künstlerische Ader zu besitzen, ganz im Gegenteil, sie hatte sich immer als völlig unbegabt beschrieben. Über Zufälle und auch durch ihren Mut, Neues auszuprobieren, hat sie dann aber bei einem Mal-Event gemerkt, wie viel Spaß ihr die kreative Betätigung macht und dass sie dieser Seite Ausdruck verleihen sollte, um sich gänzlich wohlzufühlen.

Es lohnt sich also, auch mal was anderes auszuprobieren, sich auf Sachen einzulassen, die man bisher nicht kannte oder gemacht hat. Nebenbei steigern Sie durch das »erfolgreiche« Verlassen der Komfortzone Ihr Selbstbewusstsein und Ihren Selbstwert sowie die Selbstwirksamkeit. Sie fühlen sich vitaler und beschwingter.

FÄHIGKEITEN UND KOMPETENZEN

Neben der Frage, was Sie besonders interessiert und Begeisterung in Ihnen auslöst, geht es nun darum, was Sie gut können, wo also Ihre Kompetenzen und Fähigkeiten liegen. Vielleicht haben Sie sie schon mit der vorangegangenen Übung herausfinden können. Mit der nächsten Übung wollen wir Ihnen einen weiteren Zugang ermöglichen.

Insbesondere in schwierigen und herausfordernden Situationen stellen wir unsere Kompetenzen oft von ganz allein unter Beweis. Das müssen nicht die größten Krisen sein. Auch in alltäglichen Herausforderungen setzen wir unsere Fähigkeiten ein, um das Beste daraus zu machen und zu improvisieren. Was tun Sie zum Beispiel, wenn der runde Geburtstag eines Freundes naht und Sie noch keine Ahnung haben, was Sie ihm schenken sollen? Wie gehen Sie damit um, wenn das Projekt, an dem Sie lange gearbeitet haben, Gefahr läuft zu scheitern? Was hat Ihnen geholfen, um die verordnete Zeit im Homeoffice gut zu verbringen? Wie schaffen Sie es in Ihrer Arbeit, motiviert zu bleiben, wenn Ihnen immer wieder Steine in den Weg gelegt werden? In der Rückschau auf stressige Situationen, die wir bewältigt haben, können wir sehen, welche Fähigkeiten und Kompetenzen wir dazu einsetzten.

Erfolgsgeschichten

Nehmen Sie sich zehn Minuten Zeit, und denken Sie nun an Ihre Biografie. Legen Sie den Fokus auf kleinere und größere herausfordernde Situationen in Ihrem Leben.

Notieren Sie sich in Stichpunkten, wie Sie an diese Herausforderungen herangegangen sind, wie Sie sie gelöst und bewältigt haben. Was waren die Zutaten, die Ihnen dabei halfen? Denken Sie dabei an Kräfte, die aus Ihnen selbst kamen, aber auch, dass Sie eventuell Hilfe angenommen oder danach gefragt haben. Leiten Sie daraus ab, welche Kompetenzen und Fertigkeiten Sie bereits in Ihrem Leben entwickelt und eingesetzt haben, worauf Sie also jetzt bereits zurückgreifen können, wenn sich neue Hürden ergeben. Vielleicht erlauben Sie sich ja sogar das völlig berechtigte Gefühl des Stolzes und formulieren: »Ich bin stolz darauf, … bewältigt zu haben, und dabei hat mir geholfen, dass ich … bin/gemacht habe.«

__Toni__ hat genauer unter die Lupe genommen, wie er es schaffte, trotz der zunehmend langweiligen Routinen jeden Tag zur Arbeit zu gehen. Ihm fiel auf, dass er die positiven Dinge im Leben schätzt und im Gegensatz zu vielen seiner Kollegen auch das wahrnimmt, was gut läuft. Er gerät selbst unter Zeitdruck nicht so schnell in Stress und behält die Übersicht. Dabei hilft es ihm, schöne Freizeitaktivitäten mit der Familie zu planen und dafür auch die Arbeit mal liegen zu lassen.

Toni ist also ein optimistischer Mensch mit einer positiven Grundhaltung. Er kann gut analysieren, priorisieren und sachlich bleiben. Ihm ist aufgefallen, dass er früher gut darin war, schöne Sachen zu planen und andere damit anzustecken.

Weil wir alle blinde Flecke haben beziehungsweise gern »zu groß« oder »zu klein« von uns denken, hilft es sehr, sich im Sinne eines Selbstbild-Fremdbild-Abgleichs Feedback von außen einzuholen. Fragen Sie Ihnen nahe- und auch weiter entfernt stehende Personen aus dem beruflichen und dem privaten Kontext, welche Eigenschaften und Fähigkeiten diese bei Ihnen als typisch und bemerkenswert erkennen können. Vielleicht fallen Ihnen auch Situationen ein, in denen Sie von anderen gelobt, wertgeschätzt oder vielleicht sogar bewundert werden oder ganz generell schöne Rückmeldungen erhalten. Ergänzen Sie dies auf Ihrer Liste der Feedbacks. Wenn es um die konkrete Umsetzung Ihres Selbstbestimmungsprojekts geht, hilft es ganz ungemein zu wissen, auf welche Kompetenzen Sie zurückgreifen können. Das wird Ihnen Selbstvertrauen, Mut und Zuversicht geben, um neue Herausforderungen oder Veränderungen aktiv zu gestalten.

Bei den Übungen geht es nicht um den Vergleich mit anderen. Es geht nicht darum, was Sie *besser* als diese können. Sie stehen nicht im Wettbewerb, wenn es darum geht, Ihr authentisches Leben zu finden. Es bringt auch nichts, sich Eigenschaften anzudichten oder von anderen abzuschauen – nach dem Motto: »Weil ich gern musikalisch wäre, denke ich, dass ich besonders gut singen kann, treffe aber eigentlich keinen einzigen Ton und glaube dem Chorleiter nicht, wenn er mich kritisiert.« Andererseits sollten Sie Ihr Licht auch nicht unter den Scheffel stellen und Ihre Talente kleinreden.

Vielleicht haben Sie auch bemerkt, dass es Situationen und Umstände gibt, in denen Sie automatisch Ihre Stärken besser beziehungsweise leichter einbringen und sichtbarer machen können als in anderen. Zum einen hängt dies von Ihrer eigenen Verfassung ab: Sind Sie beispielsweise entspannt, energievoll und aufmerksam, können Sie eher Ihre Potenziale entfalten, als wenn Sie gestresst und ausgelaugt sind. Zum anderen kommt es auch auf Ihr Umfeld an. Umgeben Sie sich mit Menschen, die Ihre Talente schätzen und sogar fördern, oder mit solchen, die Sie eher unterdrücken und kleinhalten wollen? Haben Sie einen Job gewählt, in dem Sie sich und Ihre Fähigkeiten zumindest anteilig zeigen können, oder bleiben Sie dort immer unter Ihren Möglichkeiten? Dies wäre auch in Ordnung, solange Sie es bewusst und frei so entschieden haben. Sie müssen ja nicht ständig das Optimum erreichen. Es geht vielmehr darum, mit dem Leben, das Sie führen, einverstanden zu sein und es aktiv zu gestalten. So erschaffen Sie einen günstigen Nährboden, auf dem all Ihre Interessen, Fähigkeiten und Potenziale wachsen dürfen.

Selbstbestimmt zu leben bedeutet zu steuern, welche Tätigkeiten man in welcher Art und Weise und in welcher Quantität ausübt. Sie bestimmen über die Priorisierung Ihres Alltags.

DAS MUSS ICH NICHT MÖGEN UND KÖNNEN!

Der Alltag lässt es leider nicht immer zu, nur das zu tun, was wir mögen. Es kommt auf die Mischung an. Nur seinen inneren Schweinehund zu überwinden, sich ständig zu etwas zu zwingen, unsere Triebe und Leidenschaften ständig zu unterdrücken kostet so viel Kraft, dass es mit Erschöpfung und Unzufriedenheit quittiert wird.[76] Sie sollten pro Tag mehr Situationen und Zeiten haben, bei denen Sie sich wohlfühlen. Sonst läuft die Spirale ins Negative.[77] Mehr davon zu machen, was Ihnen guttut und Ihre Energiespeicher auffüllt, ist nicht nur für Sie individuell förderlich. Sie werden mit vollen Energiereserven und Kapazitäten andere Menschen besser unterstützen und Beziehungen positiver gestalten.

Welche Tätigkeiten im (Berufs)alltag machen Ihnen keine Freude, gehen Ihnen nicht so leicht von der Hand oder eventuell sogar richtig gegen den Strich? Wozu müssen Sie sich überwinden bis hin zu »zwingen«, und welchen prozentualen Anteil macht das im Durchschnitt pro Monat, Woche oder Tag aus? Welche inneren Anteile werden da besonders laut? Wo gehen Sie im (Berufs)alltag über Ihre Grenzen? Wo überschätzen Sie sich und Ihre Fähigkeiten oder verlangen sich mehr ab, als eigentlich möglich und gut für Sie wäre? Wo müssen Sie sich unverhältnismäßig stark anstrengen, um nur geringe Fortschritte oder Erfolge verbuchen zu können? Was liegt Ihnen also nicht so, wo sind Ihre »Schwächen«?

Überlegen Sie: Wie können Sie mehr von dem tun, was Ihnen leichtfällt und Ihnen Freude bereitet? Was wollen Sie zukünftig weniger oder gar nicht mehr machen?

Gerade auch unsere Verletzlichkeit, Schwächen und Grenzen anzunehmen macht uns frei und stark.[78] Wir müssen uns dann nicht verstellen, nichts kaschieren, wir überfordern uns nicht ständig, und wir können ehrlich in Beziehung treten, weil wir nicht dauernd Angst davor haben, »überführt« zu werden. Indem wir unsere Schutzschilde ablegen und nicht nur unsere Schokoladenseiten präsentieren (uns und anderen!), werden wir in all unseren Facetten lebendig. Gegen unsere Unzulänglichkeiten anzukämpfen, sie ungesehen weghaben zu wollen, macht alles nur noch schlimmer. Haben Sie mal versucht, nicht an einen rosaroten Elefanten zu denken? Oder kennen Sie die unendlichen »Ja-aber«-Diskussionen? Sobald wir jemanden, und dazu zählen auch unsere ungeliebten inneren Anteile oder Schwächen, zu stark wegdrängen oder einfach übergehen, kommt der Widerstand doppelt zurück.

Stattdessen bietet sich eine freundliche, zugewandte und akzeptierende Haltung an, in etwa: »So, wie ich bin mit all meinen Stärken und Schwächen, mit all meinen gewünschten und auch ungewünschten Anteilen, bin ich authentisch und liebenswert.« Wie Sie mit unangenehmen Gefühlen der Scham oder Angst, die sich in solchen Situationen oft aufdrängen, umgehen, erfahren Sie noch in Teil III bei der Selbstregulationsfähigkeit.

Bringen Sie abschließend nun Ihre wesentlichen Erkenntnisse in Bezug auf Ihr Selbstbestimmungsprojekt zusammen:

Ist Ihr Veränderungswunsch mit Ihren Interessen und Fähigkeiten stimmig? Welche Ideen sind in Ihnen noch aufgetaucht? Was möchten Sie gegebenenfalls an Ihrem Projekt abändern? Welche Ihrer Fähigkeiten oder Kompetenzen helfen Ihnen bei der Umsetzung Ihres Projekts? Welche Grenzen Ihrer Fertigkeiten, Zeit- und Energiekapazitäten müssen Sie aber auch berücksichtigen?

Falls Ihre schnelle Antwort lauten sollte: »Weiß ich nicht«, dann haken wir liebevoll, aber bestimmend nach: »Angenommen, Sie wüssten, wie Sie es anstellen sollen, was wäre dann Ihre Antwort?«

Schauen Sie auch noch einmal auf die Visualisierung Ihrer inneren Anteile. Welche Anteile finden Sie dort, die Sie mit Ihren Interessen, Kompetenzen und Stärken in Verbindung bringen? Zum Beispiel mutige, feinfühlige, kreative Anteile. Oftmals haben gerade auch unsere ungeliebten Anteile erstaunliche Kompetenzen, die wir nutzen können: der Chaotische etwa Kreativität, der Perfektionist beispielsweise Begabungen im Strukturieren.

***Lena** hat ihre Kreativität wiederentdeckt und ihre Leidenschaft für alles, was gesund hält und ihre Sinne anspricht, wie Yoga, Essen und die Natur. Sie hat sich daran erinnert, dass sie bewusst ins Marketing gegangen ist, um kreativ sein zu können (ihrem Ideenhaber-Anteil entsprechend). Allerdings ist ihr auch deutlich geworden, dass das in den jetzigen Strukturen und bei dem aktuellen Arbeitgeber nicht so möglich ist, wie sie es sich wünscht. Sie kann außerdem gut organisieren und planen.*

Dafür wird sie oft von ihren Kolleginnen gelobt und manchmal auch etwas aufgezogen, weil sie wirklich immer an alles denkt. Mit Blick auf ihre innere Mannschaft fällt ihr auf, dass wahrscheinlich ihr Angsthase zu diesen Kompetenzen verhilft, weil er für Sicherheit sorgt. Damit ist sie ausgesöhnter mit diesem Anteil, den sie bisher nur als Bremse wahrgenommen hat. Vielleicht könnte er ihr ja sogar behilflich sein, die Selbstständigkeit auf gute Füße zu stellen und nicht nur Luftschlösser zu bauen.

Nachdem Sie nun ermittelt haben, was Sie gut können und gern machen, gehen wir nun einen Schritt weiter und fragen danach, was Sie wirklich brauchen.

Echte Bedürfnisse erkennen und erfüllen

Vielen Menschen mit unterschiedlichen Biografien geht es so wie Toni. Egal, ob Männer oder Frauen, im Alltag werden Bedürfnisse gern hintangestellt, oft sogar sehr effizient über eine lange Zeitspanne unterdrückt, um den Bedürfnissen anderer gerecht zu werden. Dabei verlieren viele den Kontakt zu sich selbst und zu ihren Gefühlen. Wenn Gefühle überhaupt noch wahrgenommen werden, dann wird ihnen schnell misstraut, sie werden weggepackt oder falsch interpretiert:

***Toni** hat im Coaching langsam Vertrauen gefasst und berichtet nun, dass er sich Zeit genommen habe nachzudenken. Er habe sich, wie besprochen, am Freitag eine Stunde Auszeit gegönnt, das Handy, den Laptop und das Radio ausgeschaltet. Er sei spazieren gegangen und habe nur seinen Gedanken gelauscht. Dabei sei ihm Folgendes aufgefallen:*
»Ich fühle mich innerlich leer, fremdbestimmt und verloren in meinem eigenen Leben. Jahrelang habe ich mich nur um den Job, den Hausbau, die Finanzierung und die beiden Kinder gekümmert und nebenbei noch versucht, meine Frau zu unterstützen und die Beziehung aufrechtzuerhalten. Ich wollte alles immer gut machen. Ich glaube, ich habe meine eigenen Bedürfnisse fast immer hintangestellt. Ich weiß gar nicht mehr, was mir wirklich guttut. Ich habe das alles ja gern und auch freiwillig gemacht. Aber jetzt, da die Kinder im Teenageralter sind und das Haus fast abbezahlt ist, bin ich nahezu ratlos. Was sind eigentlich meine eigenen Bedürfnisse?«

WAS SIND BEDÜRFNISSE?

Zunächst sollten wir uns darüber verständigen, was wir mit Bedürfnissen meinen. Bedürfnisse zu befriedigen ist unser Antrieb, der unser Handeln motiviert. Bedürfnisse gehören somit zu den Motiven, also Gründen für unser Handeln, und sorgen damit für unser körperliches, psychisches und soziales Überleben. Bedürfnisse sind, im Gegensatz zu Werten, über alle Kulturen auf der ganzen Welt gleich und biologisch in uns Menschen angelegt.

Um Bedürfnisse zu befriedigen, etablieren wir konkrete Verhaltensweisen im Sinne von Strategien.[79] Haben wir beispielsweise

Hunger, gehen wir zum Kühlschrank und essen, um unser Bedürfnis nach Nahrung zu stillen. Wir werden satt und zufrieden. Fühlen wir uns müde, gehen wir schlafen, um das Bedürfnis nach Erholung und Regeneration zu befriedigen. Am nächsten Morgen starten wir (hoffentlich) fit und zufrieden in den Tag. Komplizierter wird es bei dem Gefühl der Frustration oder Anspannung, da fällt es uns nicht immer so leicht zu entschlüsseln, welches Bedürfnis dahinterliegen könnte. Brauchen wir Entspannung oder Anregung, neuen Input oder lieber eine Pause, soziale Kontakte, oder sollten wir lieber allein sein?

Der Zugang zu unseren Bedürfnissen erfolgt also über unsere Gefühle. Diese sind die entscheidenden Signalgeber, die uns unsere erfüllten oder nicht erfüllten Bedürfnisse anzeigen. Sind unsere Bedürfnisse größtenteils erfüllt, fühlen wir uns zufrieden, glücklich, fröhlich, zugehörig oder ausgeglichen. Unerfüllte oder gefährdete Bedürfnisse werden uns durch Mangelzustände und unangenehme Gefühle vermittelt, wie Angst, Wut, Ohnmacht oder auch Durst beziehungsweise Hunger.

Zu unseren physiologischen (körperlichen) und psychologischen Grundbedürfnissen zählen: Atmen, Wärme, Essen, Trinken, Schlaf beziehungsweise Ruhe und Entspannung, körperliche Bewegung, Sicherheit, Unterkunft, Ordnung (Gesetze, Rituale), Zugehörigkeit, Autonomie und so weiter. Diese Bedürfnisse sind nicht verhandelbar. Wir können ohne Luft zum Atmen oder Schlaf beziehungsweise Zuwendung nicht lange überleben.

In einem Vortrag, den wir für Studierende hielten, fragte ein Teilnehmer, wie man es denn schaffen könne, die lästigen körperlichen Bedürfnisse wie Essen und Schlaf zu reduzieren, da sie ihn in seinem Lernplan behindern würden. Er könne ja nicht immer dann essen, wenn er Hunger habe, oder entspannen, wenn er Entspannung benötige, dafür habe er keine Zeit. Im Unternehmenskontext erreicht uns oft die Frage danach, wie man denn seine innere Uhr umstellen könne, damit man mit den globalen Teams, die in anderen Zeitzonen arbeiten, mithalten könne. Oder wie man es schaffe, in der Früh nicht müde zu sein, wenn der Wecker nach nur fünf Stunden Schlaf klingelt. Auch der Wunsch, multitaskingfähig zu sein, um noch mehr in weniger Zeit zu schaffen, taucht häufig auf.

Menschen sind sehr adaptionsfähig, und wir lernen sehr schnell. Aber wir werden nie ohne Einfluss von Drogen – und das geht auch nicht lange gut – unseren Rhythmus beschleunigen oder unsere Chronizität und die Abfolge von Anspannung und Entspannung nivellieren können. Wir müssen unsere Grundbedürfnisse befriedigen, sonst werden wir krank oder sterben. Nur wenn wir unserem Körper das geben, was ihm zusteht, sind wir in unserer Kraft, leistungsfähig, belastbar und kreativ und vor allem zum Empfinden von Freude fähig.

Viele Menschen verspüren allein durch die gebührende Berücksichtigung ihrer Grundbedürfnisse wieder mehr Vitalität und Authentizität in ihrem Leben. Nicht umsonst sind viele, wie auch Toni, auf der Suche nach »Erdung«. Sie wollen zurück zur Natur, wieder in Resonanz mit sich und der Umwelt sein und der stetigen Entfremdung auch von sich selbst entgegensteuern. Es wäre schade, wenn wir die Bedürfnisse unseres Körpers als Einschränkungen und lästige Unannehmlichkeiten betrachteten, und ebenso, wenn wir die unglaublichen Leistungen und Fähigkeiten desselben nicht wahrnähmen und wertschätzten. Der Körper mit dem Gehirn als Sitz der Psyche – zumindest nach unserem biologisch-medizinischen Verständnis – ist unser Werkzeug, mit dem wir unser Leben selbstbestimmt gestalten können, und dieses

Werkzeug gilt es zu pflegen, aber auch adäquat zu nutzen. Und das tun wir, indem wir wahrnehmen, bemerken und reflektieren, wie es uns geht und was wir brauchen.

ZUGANG ZU DEN »ECHTEN« BEDÜRFNISSEN FINDEN

Wie finden Sie nun Zugang zu Ihren »echten« Bedürfnissen und zu guten, funktionalen Strategien, um diese zu befriedigen? Nicht immer bedeutet »Appetit« beispielsweise Hunger auf Essen, und nicht immer führt Schlaf zur Erholung. Zunächst geht es darum, Gefühle zu entschlüsseln, um auf die unbefriedigten Bedürfnisse zu kommen.

Gefühle wahrnehmen und benennen

Wie antworten Sie auf die Frage »Wie geht es Ihnen?«? Haben Sie ein Spektrum an unterschiedlichen Begriffen für Gefühle parat, abgesehen von »gut«, »mittel« oder »schlecht«? Hören Sie überhaupt in sich hinein, oder antworten Sie sich selbst beziehungsweise anderen auf die Frage standardmäßig mit »Passt schon« oder »Gut«, auch wenn dem nicht so ist? Wie geht es Ihnen gerade tatsächlich, wie fühlen Sie sich im Moment? Können Sie dies ganz konkret benennen?

Durch eine differenziertere Wahrnehmung unserer Gefühle haben wir nämlich ein besseres Verständnis darüber, welche Bedürfnisse zugrunde liegen und befriedigt werden wollen. Es ist wie eine Sprache, die übersetzt werden will: Gefühle in Bedürfnisse.

Bleiben wir beim Beispiel »Appetit«. Undifferenziert betrachtet, führt das Gefühl Appetit zum Bedürfnis Essen. Sind Sie jedoch in der Lage, Ihre Gefühle klarer zu beschreiben, erkennen Sie vielleicht, dass hinter dem Gefühl des »Appetits« auch die Gefühle Langeweile, Unzufriedenheit, Traurigkeit, Einsamkeit, Gestresstsein und so weiter liegen können. Die spontane Strategie, »an den Kühlschrank zu gehen und zu essen«, kann die wahren zugrunde liegenden Bedürfnisse dann nicht befriedigen. Das »echte« Bedürfnis war also nicht Nahrungsaufnahme, sondern eventuell Nähe, Zugehörigkeit, Inspiration, Freude, Entspannung, Wertschätzung oder dergleichen.

Für Sie konkret bedeutet das: Ein erster wichtiger Schritt ist getan, wenn Sie sich immer mal wieder fragen: »Wie geht es mir? Was fühle ich konkret?«, und versuchen, Ihre Gefühle zu benennen. Dies erfordert, innezuhalten und die Aufmerksamkeit und Achtsamkeit auf sich selbst zu lenken. Zu Beginn mag eine Routine dabei helfen, zum Beispiel jeden Morgen und Abend beim Zähneputzen ein kurzer Gefühls-Scan. Es geht dabei nicht darum, ängstlich auf das eigene Empfinden zu achten und hypochondrische Sorgen zu entwickeln. Es geht auch nicht darum, sich selbst zu optimieren oder gar Kontrolle über die eigenen Gefühle oder Bedürfnisse zu erlangen, im Sinne des Weghaben-Wollens unangenehmer Gefühle. Es geht erst mal nur um die Wahrnehmung: »Aha, gerade fühle ich mich gelangweilt …« Oder: »Ich spüre meine innere Anspannung und merke, dass ich gestresst bin.« Diese Wahrnehmungen und Gefühle dürfen zunächst stehengelassen und so angenommen werden, wie sie sind. Als wären Sie außenstehender Beobachter oder würden aus der Vogelperspektive oder eben aus dem »inneren Team-Manager« heraus auf sich und Ihre Gefühle schauen.

Um ein größeres Spektrum an Begriffen für Gefühle zu finden, können Sie ein Brainstorming machen oder im Alltag eine Emotionsliste führen und beobachtete Gefühle an sich und auch an anderen aufschreiben. Hier stellen wir Ihnen eine kurze, nicht vollständige Übersicht als Anregung zur Verfügung:[80]

Positive Gefühle als Hinweis darauf, dass die wesentlichen Bedürfnisse befriedigt sind, beziehungsweise als positive Antreiber für weitere Bedürfnisbefriedigung:
ausgelassen, begeistert, glücklich, genüsslich, schwungvoll, vergnügt, zufrieden, heiter, dankbar, entzückt, zuversichtlich (Freude, Zufriedenheit); angeregt, bezaubert, wach, wissbegierig, hingerissen, fasziniert, energetisiert, aufmerksam, inspiriert, unternehmungslustig (Interesse); lustvoll, warm, weich, wertschätzend, wohlwollend, zärtlich, zuneigend, leidenschaftlich, berührt, bewegt, ergriffen, innig, mitfühlend, sehnsüchtig, geborgen, vertraut (Liebe); ausgeglichen, ruhig, entspannt, erholt, harmonisch, satt, wohl, zufrieden, gelöst, unbekümmert, sorglos, sicher (Gelassenheit).

Unangenehme Gefühle als Hinweis auf unbefriedigte oder gefährdete Bedürfnisse:
ärgerlich, wütend (Wut, Ärger); frustriert, resigniert, verbittert (Frust); traurig, enttäuscht, betrübt, bedrückt (Trauer); sich schämen, peinlich berührt (Scham); ohnmächtig, gelähmt, überfordert, hilflos (Ohnmacht); mutlos, deprimiert, hoffnungslos (Hoffnungslosigkeit); ängstlich, besorgt, angespannt, aufgewühlt, nervös, unruhig, unsicher, eifersüchtig, schockiert, überfordert (Angst, Stress); desinteressiert, gelangweilt, lustlos, gefühllos (Gleichgültigkeit); einsam (Einsamkeit); schuldig, verantwortlich (Schuld); unzufrieden, schlecht gelaunt, unbefriedigt (Unzufriedenheit).

Manchmal wird statt von unangenehmen auch von *negativen Gefühlen* gesprochen. »Negativ« bedeutet aber nicht, dass diese Gefühle schlecht oder nicht angebracht wären. Denn alle Gefühle haben ihre Berechtigung, weil sie uns auf Bedürfnisse oder Grenzen hinweisen. Alle Gefühle sind nötig, um durchs Leben zu navigieren und unsere eigene Richtung zu finden. Stellen Sie sich vor, Sie wären nie wütend. Ihre Grenzen würden ständig überschritten werden. Sie würden sinnbildlich annektiert. Oder wenn Sie nie wieder Angst hätten – Sie würden sterben, weil Sie nicht vor Gefahren gewarnt wären.

Zugang zu Ihren Gefühlen erhalten Sie auch über Ihre *Gedanken*. Manchmal »hören« wir unsere Gedanken lauter, als dass wir unsere Gefühle spüren können. Denken Sie beispielsweise: »Ich kann ja sowieso nichts ändern«, entspricht dies dem Gefühl der Ohnmacht. Der Gedanke »Niemand ist für mich da, ich bin ganz allein« weist auf das Gefühl Einsamkeit hin. »Ich mache mir so viele Sorgen, das ist gefährlich beziehungsweise schlimm« zeigt auf Angst und Stress, und »Ich bin nicht richtig, ich passe nicht (dazu)« weist zu dem Gefühl der Scham.

Auch unsere *Körperempfindungen* geben uns Auskunft darüber, wie wir uns fühlen und was wir brauchen. Unsere Sprache verdeutlicht dies sogar: »einen Kloß im Hals haben«, »eine Laus ist über mir die Leber gelaufen«, »eine Last auf unseren Schultern tragen«, »dünnhäutig sein« … Aber auch Muskelverspannungen und Schmerzen, Missempfindungen und innere Unruhe, Übelkeit und Schwindel können auf Gefühle, wie Trauer, Wut, Ohnmacht, Angst, Stress und so weiter hinweisen.

Eine Frage, die Sie sich zur Entschlüsselung Ihrer Körperempfindungen stellen können, lautet: »Wenn meine Kopfschmerzen/mein Schwindel/meine innere Unruhe/meine Tränen … sprechen könnten, was würde(n) sie mir sagen?«[81] Und ganz generell können Sie den Gefühls-Scan von vorhin mit einem Body-Scan verbinden: Was fühle ich gerade? Wie geht es mir körperlich?

Bedürfnisse erkennen

Die dritte Frage, die sich anschließt, lautet: »Was brauche ich also?« Auch hier gibt unser Körper noch zusätzliche Hinweise aus unserem Unbewussten. Intuitiv weisen uns angenehme und unangenehme Körperempfindungen den Weg, indem sie uns anzeigen, wohin wir wollen oder sollen: »Da möchte ich hin« (angenehme Gefühle) beziehungsweise »Da möchte ich weg« (unangenehme Gefühle). Wärme im Herzen, eine weite Brust, Kribbeln (Schmetterlinge) im Bauch, Lächeln auf den Lippen zeigen uns an: Hier fühlen wir uns wohl, da möchten wir hin, oder dort wollen wir bleiben, das tut uns gut. Hingegen zeigt sich Ekel beispielsweise körperlich, indem sich die Mimik verändert, sich alles zusammenzieht, Anspannung auftritt und über unsere Gefühle und unser Körperempfinden unmissverständlich signalisiert wird, dass wir von jemandem, einer Situation oder einem verdorbenen Lebensmittel Abstand nehmen sollten.

Um zu entschlüsseln, was Sie wirklich brauchen, können Sie also die Informationen Ihrer Gefühle, Ihres Körperempfindens und Ihrer Gedanken nutzen:

1. Was fühle ich?
2. Was denke ich?
3. Wie geht es mir körperlich?
4. Was also brauche ich?

Ein guter Anfang ist es, »einfache« und offensichtliche Bedürfnisse zu berücksichtigen.

Wie stark sind heute, in dieser Woche, in diesem Monat Ihre Grundbedürfnisse nach Schlaf, ausgewogenem Essen, Bewegung und sozialen Kontakten erfüllt?
Was davon braucht erhöhte Aufmerksamkeit?
Welche Gefühle und Bedürfnisse haben Sie zu Ihren inneren Teammitgliedern schon gesammelt?
Wenn Sie nun konkret an Ihr Selbstbestimmungsprojekt denken, welche Bedürfnisse wollen dadurch befriedigt werden?

Zur Anregung geben wir Ihnen hier noch Beispiele von ein paar typischen Gefühlen mit den dazugehörigen Bedürfnissen.[82]

Gefühle	Bedürfnisse
Erschöpfung	Erholung, Kraft, Ruhe, Bewegung, Lebendigkeit
Langeweile	Anregung, Inspiration, Abwechslung, Spannung, Lebendigkeit, Herausforderung
Einsamkeit	Nähe, Freundschaft, Zugehörigkeit, Verbundenheit, Unterstützung, Hilfe
Enttäuschung	Vertrauen, Sicherheit, Verlässlichkeit, Anerkennung
Ohnmacht, Hilflosigkeit	Einflussnahme, Selbstwirksamkeit, Handlungsfähigkeit, Autonomie
Eifersucht oder Neid zum Beispiel sind keine »echten« Gefühle, die Gefühle dahinter sind oft Unsicherheit, Angst und Besorgnis et cetera	Sicherheit, Zugehörigkeit, Vertrauen

Ganz praktisch zusammengefasst: Woher wissen Sie nun, ob Sie einen Abend auf dem Sofa wirklich brauchen oder nur zu erschöpft sind für eine andere Freizeitgestaltung und eigentlich soziale Kontakte oder Sport besser für Sie wären?

Über Ihr Repertoire an Gefühlen können Sie Ihr Gefühl »erschöpft sein« noch besser differenzieren und herausfinden, ob Sie eher körperlich oder psychisch erschöpft sind, ob Sie eher überfordert oder unterfordert und gelangweilt sind, was auch zum Gefühl der Erschöpfung führen kann. Brauchen Sie also eher einen Ausgleich mit einer anderen Betätigung? Brauchen Sie Schlaf oder eher Bewegung? Auch das Maß spielt eine Rolle. Sitzen Sie an sieben Tagen pro Woche abends auf dem Sofa? Sind Sie an sieben Abenden pro Woche auf Achse mit anderen Menschen? Fragen Sie sich: »Tut mir das wirklich gut, heute Abend eine Serie zu schauen? Tut mir das gut, ein Bad zu nehmen? Tut mir das gut, eine Tüte Chips zu essen?«

Sie wissen ja, dass es Grundbedürfnisse zu befriedigen gilt. Wenn Sie die ganze Woche nur sitzen und noch keine 10 000 Schritte gegangen sind, braucht Ihr Körper sicherlich mal Bewegung. Es ist auch hilfreich, an die Konsequenzen zu denken: Wie werden Sie sich fühlen, nachdem Sie auf dem Sofa geblieben versus spazieren gegangen sind versus Freunde getroffen haben? Darüber hinaus ist es hilfreich, über die eigenen Werte und darüber Bescheid zu wissen, was Ihnen im Leben wichtig ist, sowie über Ihre Interessen – um eine gute Balance herzustellen und diese ausreichend berücksichtigen zu können (siehe dazu auch das Kapitel »Der innere Wertekompass«). Der eine Mensch benötigt mehr soziale Kontakte, der andere mehr Alleinsein, der nächste mehr Sport, ein weiterer mehr Kultur.

Wünsche äußern und Bedürfnisse (selbst) befriedigen

Sich selbst in seinen Bedürfnissen zu erkennen und ernst zu nehmen ist eine große Wertschätzung der eigenen Person, also eine Förderung des Selbstwerts und der Selbstachtung. Damit ist es auch leichter, selbstbestimmt für die eigenen Bedürfnisse einzustehen und sie den Partnern, Freunden, Kollegen, Familienmitgliedern und allen anderen Interaktionspartnern zu kommunizieren.

Erst wenn Sie Ihre zugrunde liegenden Gefühle und Bedürfnisse selbst kennen, können Sie auch anderen erklären, was Ihnen wichtig ist und was Sie genau brauchen. So können Sie konkrete Wünsche formulieren oder auch Grenzen aufzeigen. Erst dann hat Ihr Gegenüber eine reelle Chance, Ihnen dabei zu helfen, Ihre Bedürfnisse zu erfüllen oder Ihre Grenzen zu respektieren.

Oft hören wir im Coaching Sätze wie »Aber das hätten die doch merken müssen, dass mir das zu viel ist« oder »Wenn mein Mann mich wirklich lieben würde, dann würde er mich doch mehr unterstützen«. Ihr Gegenüber, egal, ob im beruflichen oder im privaten Kontext, kann aber Ihre Gefühle und die dahinterliegenden Bedürfnisse nicht erraten, vor allem dann nicht, wenn Sie sich nach außen nicht eindeutig zeigen. Falls Sie immer alles übernehmen und nie Nein sagen, wie soll die Chefin dann erkennen, dass es Ihnen innerlich zu viel ist? Wenn Sie Ihrer Partnerin nie sagen, was Sie am Wochenende eigentlich gern machen wollen, und immer zu ihren Ausflügen mitgehen, woher soll sie dann wissen, dass Sie lieber woanders wären?

Nicht klar ausgesprochene Wünsche und Grenzen führen häufig zu Konflikten, weil die darunterliegenden unerfüllten Bedürfnisse zu »negativen« Gefühlen führen, die im ungünstigsten Fall dann unterschwellig, passiv aggressiv ausgedrückt werden. Dann nutzen wir jede Gelegenheit, um unseren Unmut zu zeigen, und mäkeln so lange herum, bis es zum offenen Streit kommt und wir dem Partner vorwerfen können, dass er nie unsere Wünsche (die wir ja aber nie konkret ausgedrückt haben) berücksichtigt.

Wir müssen also erst mal selbst Klarheit darüber haben, was wir wollen und was nicht, um uns ausdrücken zu können. Dabei gibt uns das Konzept der gewaltfreien Kommunikation[83] gute Anregungen. Ganz vereinfacht zusammengefasst, formulieren Sie Ihre Wünsche so, dass Ihr Gegenüber auch versteht, wieso Ihnen das Bedürfnis dahinter wichtig ist: »Ich wünsche mir, dass …, weil mir wichtig ist, …/weil ich … brauche.« Also zum Beispiel: »Ich brauche Zeit für mich und würde heute gern allein an den See fahren. Ich fühle mich gerade ausgelaugt und möchte Kraft tanken. Wäre es möglich, dass du die Kinder für den Vormittag übernimmst?«

Viele unserer Klienten sagen uns an dieser Stelle: »Schön und gut, aber ich trau mich das nicht, ich will mich nicht so wichtig nehmen, ich will niemanden enttäuschen, ich will nicht, dass der andere sich dann abgelehnt fühlt, ich will keine zu hohen Ansprüche an den anderen haben oder aggressiv wirken …« Wünsche und Grenzen klar zu artikulieren ist nicht aggressiv, sondern selbstsicher. (Wie Sie mit Befürchtungen und Ängsten umgehen können, besprechen wir in Teil III.)

Bedürfnisse können aber nicht nur befriedigt werden, indem wir Wünsche und Grenzen anderen gegenüber formulieren, sondern auch, indem wir unsere Bedürfnisse auf andere Weise selbst befriedigen. Nicht selten respektieren wir ja nicht mal unsere eigenen Grenzen und vernachlässigen uns, weil wir zum Beispiel unserem Perfektionisten ständig den Vortritt lassen und den selbstfürsorglichen Anteil in die letzte Ecke stellen. Das Bedürfnis nach Zugehörigkeit kann beispielsweise nicht nur von anderen befriedigt werden, indem diese uns in ihrer Gruppe aufnehmen, sondern auch, indem wir ein Ehrenamt annehmen, bei dem wir andere Menschen unterstützen. Das Bedürfnis nach Autonomie können wir uns aktiv selbst befriedigen, entweder indem wir uns zurückziehen und Zeit nur mit uns verbringen oder indem wir eigenen Interesse nachgehen. Wenn wir Schlaf brauchen, können wir früher aufhören fernzusehen und dafür eine Stunde länger schlafen, wenn wir das Bedürfnis nach einer Pause haben, warten wir nicht darauf, bis uns jemand eine Pause erlaubt, sondern wir erlauben sie uns selbst und machen sie einfach. Und wenn wir das Bedürfnis nach Spaß und Freude haben, dann warten wir nicht, bis wir auf ein Fest eingeladen werden, sondern wir richten selbst eine kleine Feier aus.

Indem wir unsere Bedürfnisse selbst befriedigen und die eigenen Grenzen respektieren, bestimmen wir in höchstem Maße selbst über uns, übernehmen Verantwortung und befreien uns aus einer abwartenden Passivität. »Wird mich mein Date anrufen?«, »Wird mein Chef mich endlich entlasten?«, »Wird mir das Leben endlich schenken, was ich mir wünsche?« – solche Fragen brauchen Sie sich dann deutlich seltener zu stellen.

***Lena** hat für sich gelernt, dass das Gefühl »Einsamkeit« auf ihr starkes Bedürfnis nach Verbundenheit deutet. Dies sieht sie besonders gefährdet, wenn sich eine bestimmte Freundin länger nicht bei ihr meldet. Daher wird sie zum einen ihre Freundin darum bitten, sich mindestens einmal pro Monat bei ihr zu melden, weil ihr die regelmäßige Kommunikation als Zeichen der Verbundenheit wichtig ist. Was könnte Lena aber machen, wenn ihre Freundin sie nicht regelmäßig anrufen möchte? Sich* *selbst andere Dinge überlegen, um sich zugehörig und verbunden zu fühlen: beispielsweise die Kollegin zum Essen einladen, auf eine Lesung gehen, nach dem Yoga noch mit den anderen einen Tee trinken, in die Badewanne gehen und Musik hören, ein gutes Buch lesen oder sich in einer Meditation bewusst machen, mit wem und mit was sie sich verbunden fühlt.*

***Toni** hat gemerkt, dass er oft frustriert ist, wenn sein Bedürfnis nach Sinnhaftigkeit gefährdet ist. Daher wird er seinem Chef sagen, dass er sich im Bereich Training fortbilden möchte, und ein Weiterbildungsbudget aushandeln. Um nicht nur abhängig vom Wohlwollen seines Chefs zu sein, wird er für mehr Sinnhaftigkeit im Alltag sorgen, indem er mehr Genussmomente generiert und mehr Freizeit in der Natur einplant, da ihm dies ein großes inneres Anliegen ist.*

Aus diesen Beispielen wird deutlich, dass wir uns ein Bedürfnis mit ganz unterschiedlichen Strategien erfüllen können. Daher sind Bedürfnisse an sich nicht verhandelbar, aber die Strategien zu ihrer Erfüllung sind es sehr wohl. Wie Sie an Lenas Beispiel deutlich sehen können, macht sie sich sogar unabhängiger, wenn sie ihr Bedürfnis auf ganz unterschiedliche Weise erfüllen kann und sich nicht allein von der Bereitschaft ihrer Freundin abhängig macht. Weiten Sie also Ihr Spektrum an Strategien aus, um sich flexibel an die situativen Bedingungen anpassen zu können.

- *Welche unterschiedlichen Strategien finden Sie, um Ihre Bedürfnisse zu befriedigen? Wie können Sie sich Ihre Bedürfnisse auch selbst erfüllen?*
- *In welchen Situationen wollen Sie Ihre Bedürfnisse klarer artikulieren beziehungsweise Ihre Grenzen stärker vertreten?*
- *In welchen Situationen könnten Sie selbst besser auf Ihre Bedürfnisse und Grenzen achten? Was brauchen Sie dafür (zum Beispiel ausreichend Zeit, Schlaf, Energie, klare Strategien und Vorhaben ...)?*

Es mag Ihnen dabei helfen, an Situationen zu denken, in denen es Ihnen bereits gut gelingt, Wünsche zu äußern und Grenzen zu setzen beziehungsweise Ihre Bedürfnisse zu berücksichtigen:

- *Was sind die Zutaten, die dazu beigetragen haben, dass es Ihnen in diesen Situationen bereits gelungen ist, und was können Sie daraus für die aktuelle Situation ableiten?*
- *Mit Blick auf die Bedürfnisse, die durch Ihr Selbstbestimmungsprojekt erfüllt werden sollen: Welche konkreten Strategien bieten sich an?*

TIPPS FÜR DEN UMGANG MIT FALLSTRICKEN

Nun gibt es beim Thema »Bedürfnisse« ein paar Fallstricke, denen Sie Aufmerksamkeit schenken sollten. Zum einen bestehen wichtige Unterschiede zwischen Wünschen und Forderungen. Außerdem sollten Sie beachten, dass »Wollen« nicht gleich »Brauchen« bedeutet und dass unsere ersten Gefühle nicht immer die »echten«

Gefühle sind, wir also manchmal auch »falschen« Bedürfnissen aufsitzen können.

Wünsche statt Forderungen

Ein ziemlicher Garant dafür, dass Ihre Wünsche von anderen nicht erfüllt werden, ist es, sie ihnen unbegründet als Forderungen überzustülpen: »Du musst mich regelmäßig anrufen!« Oder: »Sie müssen mir das Weiterbildungsbudget freischalten, das sind Sie mir schuldig!« Den damit einhergehenden Druck und Zwang können Sie sicher fast körperlich als Enge in der Brust, Faust in der Magengrube oder Stocken des Atmens nachfühlen. Und wer hat schon Lust darauf, von anderen gedrängt und fremdbestimmt zu werden? Sie hoffentlich nicht!

Wenn Sie hingegen Wünsche formulieren und auch begründen, weshalb diese ihnen wichtig sind, wird sich Ihr Gegenüber viel leichter damit tun, sie Ihnen zu erfüllen. Sie lassen ihm dann nämlich seine Autonomie. Er muss nicht aus Selbstschutz heraus in den Widerstand gehen und kann frei entscheiden, ob er Ihrem Wunsch entspricht oder ihn ablehnt.

Wünsche abzulehnen ist das gute Recht eines jeden Menschen. Weder haben Sie ein Recht darauf, dass andere Ihre Bedürfnisse befriedigen. Noch haben andere ein Recht darauf, dass Sie deren Wünsche erfüllen. Dies bietet eine große Erleichterung, denn wenn für alle gleichermaßen gilt: »Ich kann autonom entscheiden, ob ich Wünschen oder gar Forderungen entspreche oder nicht«, ergibt sich daraus ein großer Freiraum für alle. Gleichzeitig können so leichter gemeinsame Lösungen gefunden werden, die beide Seiten wieder vereinen.

Nehmen wir ***Lena*** *als Beispiel: Sie kann ihre Freundin zwar bitten, sich regelmäßig bei ihr zu melden, und auch erklären, weshalb ihr das wichtig ist, aber sie hat kein Recht darauf, dass sich ihr Wunsch erfüllt. Die Freundin darf also durchaus ablehnen und sich nicht oder selten melden. Denn auch die Freundin wird eigene Bedürfnisse haben, die einem engen und regelmäßigen Kontakt im Weg stehen (zum Beispiel wenn sie in ihrer Arbeit sehr eingebunden ist und sich am besten allein erholen kann). Dies darf sie ebenso Lena gegenüber äußern, und beide können gemeinsam besprechen, ob sie sich zwischen den Polen »oft melden« und »selten melden« irgendwo treffen können. Dass für die Qualität einer Beziehung von Vorteil ist, wenn sich beide autonom in ihr fühlen und darüber auch faire Kompromisse finden können, haben Sie bereits gelesen.*

Bedürfnisbefriedigung gelingt dann gut, wenn wir sie aus der Einbahnstraße unserer Forderungen befreien. Wir sollten in der Lage sein, von unseren konkreten Vorstellungen, wie wir unsere Wünsche exakt verwirklicht haben wollen, abzuweichen.

Da das Leben kein reines Wunschkonzert ist und unsere Bedürfnisse nicht alle immer sofort erfüllt werden können, brauchen wir eine Frustrationstoleranz und die Kompetenz, mit unangenehmen Gefühlen umzugehen. Diese sogenannte Selbstregulationsfähigkeit ist eine zentrale Fähigkeit der Selbstbestimmung, die wir auch beim Umgang mit enttäuschten Erwartungen und bei Wertekonflikten benötigen. Daher geben wir ihr später Raum in Teil III.

Brauchen ist nicht gleich Wollen

Unsere Grundbedürfnisse sind, wie gesagt, nicht verhandelbar. Wir brauchen Luft zum Atmen und wir müssen essen. Punkt. Aufgrund unseres politischen und gesellschaftlichen Systems sind diese Bedürfnisse glücklicherweise zumeist auch gedeckt. Wir erfahren also eine hohe Bedürfnisbefriedigung. Oft fühlt es sich aber trotzdem nicht danach an. Wir fühlen uns dennoch unzufrieden. Wir wollten zu viel, anstatt auf unsere echten Bedürfnisse zu achten, sagte sinngemäß Nico Paech, ein deutscher Volkswirt und Nachhaltigkeitsforscher.[84] Was er damit meint, kann man sich wie folgt vorstellen: Ich brauche ein Dach über dem Kopf, will aber die Hundertquadratmeterwohnung und bin dann unzufrieden, wenn ich auf 50 Quadratmetern lebe. Ich brauche fünf gute und echte Freunde, will aber 1000 Follower bei Instagram und bin enttäuscht, wenn ich nur 500 habe … Ich bin fortwährend unzufrieden, wenn ich das alles nicht habe, weil ich glaube, meine Bedürfnisse seien dann nicht befriedigt. Ich verwechsle also Bedürfnisse mit »Wollen« und fühle mich dann fremdbestimmt in meinem Glück. Unangenehme Gefühle sind ja ein Hinweis auf ein unbefriedigtes oder gefährdetes Bedürfnis.

Im Prinzip machen wir hier einen Dechiffrierfehler. Wir bemerken nicht, dass diese Wünsche gar nicht authentisch sind, sondern von außen, zum Beispiel durch die Werbung, suggeriert werden. Das zugrunde liegende »wahre« Bedürfnis ist aber eben nicht der Konsum, sondern vielleicht Anerkennung, Selbstwert oder Freiheit. Konsum ist oft nur »Wollen«, eine kurze Ausschüttung angenehmer Botenstoffe. Die grundlegenden Bedürfnisse werden so meist nicht befriedigt. Durchschauen wir diesen Zyklus aber nicht, konsumieren wir immer weiter, um unsere »negativen« Gefühle zu reduzieren, werden dadurch allerdings fremdbestimmt.

Können Sie auch ein paar Ihrer Bedürfnisse als »falsche« identifizieren? Achten Sie im Alltag immer mal wieder darauf, was Sie wollen und was Sie wirklich brauchen. Sie können sich die folgenden Fragen stellen, die sich an der aristotelischen Philosophie anlehnen: »Brauche ich das wirklich, um glücklich oder zufrieden zu sein?« Oder: »Trägt dies nachhaltig zu meinem Glück bei?« Wenn nicht: »Was brauche ich eigentlich?«

Gerade bei der Uferlosigkeit der Wahlmöglichkeiten und Verlockungen werden sich viele unserer Wünsche nicht erfüllen. Die daraus entstehende Frustration können wir reduzieren, indem wir uns bewusst machen, dass es sich bei vielem, was wir nicht bekommen können, um Verzichtbares handelt. Statt über die Frustration in eine Verbitterung zu kommen (»Die Welt ist ungerecht, warum hat der mehr als ich?«), was zur Passivität und Einnahme einer Opferrolle führt, sollten Sie sich besser darauf konzentrieren, was Sie zu Ihrem und dem Wohlbefinden der anderen aktiv und nachhaltig beitragen können. Weniger zu wollen macht also freier, weil Sie unabhängiger sind.

Echte Gefühle und Bedürfnisse von falschen unterscheiden

Nun gilt es, einen weiteren wichtigen potenziellen Fallstrick zu beachten, wenn es um Bedürfnisse und ihre Befriedigung geht: Manchmal sind die Gefühle, die wir zuerst spüren und die uns auf unsere unerfüllten oder gefährdeten Bedürfnisse hinweisen, nicht die »echten«, »richtigen«, die uns zu unseren tatsächlichen Bedürfnissen führen. Fallen wir auf sie herein, handeln wir nicht selbstbestimmt und authentisch und wenden unpassende Strategien an. Wir reagieren dann fremdbestimmt durch automatische Reaktionen auf »Trigger«, in angelernten und automatisierten, oft kindlichen Mustern oder Schemata. Bin ich »hungrig«, renne ich vielleicht sofort zum Kühlschrank, ohne zu bedenken, dass hinter meinem Appetit auch andere Gefühle und damit Bedürfnisse stecken können, wie das Gefühl der Langeweile mit dem Bedürfnis nach Abenteuer oder wie das Gefühl der Frustration mit dem Bedürfnis nach Anerkennung. Oftmals erfolgen die erste spontane Emotion und damit verbundene Reaktion automatisch. Situationen, Menschen »triggern« uns unbewusst, und wir spulen ein automatisches Programm ab. Das kennen Sie sicher auch, dass Sie bei manchen Menschen »explodieren«, dass bestimmte Leute oder Situationen »Ihre Knöpfe« drücken können. Diese spontanen Reaktionen sind oft der Situation nicht angemessen und in der Konsequenz hinderlich bis schädlich, also dysfunktional. Oftmals nehmen diese automatischen Gefühle und Reaktionen ihren Ursprung in unserer Lerngeschichte, die sich tief in unser emotionales Erfahrungsgedächtnis abgespeichert haben. Sind wir später im Leben als Erwachsene mit einer gleichen oder ähnlichen Auslösekonstellation in der Gegenwart konfrontiert, werden die abgespeicherten Emotionen der Vergangenheit spontan reaktiviert.

*Nehmen wir **Toni** für ein weiteres Beispiel: Sein 45-jähriger Chef kritisiert ihn wegen einer aus seiner Sicht falsch erledigten Aufgabe sachlich. Toni reagiert sofort und automatisch wütend. Er wird laut, schreit den Chef an, was er sich erlaube, rennt raus und knallt die Tür. Aber ist die Wut auch das Gefühl, das ihn zu seinem Bedürfnis führt?*

Toni reagiert auf eine leichte und sachliche Kritik des Chefs vielleicht deswegen so harsch, weil er sich durch das Machtgefälle sowie durch Mimik und Gestik seines Chefs unbewusst an seinen Vater erinnert fühlt und an Situationen in seiner Kindheit, in denen er der Macht des Vaters ausgeliefert und für kleinste Fehler gerügt worden war. In diesen Situationen damals hatte er sich geschämt und schuldig gefühlt. In der Situation der Gegenwart wird er nun auch genau von diesen Gefühlen überschwemmt. Weil er aber über die Jahre gelernt hat, genau diese Gefühle nicht zu äußern, weil es zu Hause nicht anerkannt war, »Schwäche« oder »Weichheit« zu zeigen und seine Bedürfnisse zu äußern, gewöhnte er sich als Schutzmechanismus an, lieber die »harte« Emotion Wut nach außen zu tragen. Scham- und Schuldgefühle werden so sofort überdeckt. Für Toni ist es »angenehmer«, sich wütend zu fühlen als schuldig oder beschämt.

Wie gesagt, geht es uns allen so: Wir behalten unsere wahren Gefühle oft im Verborgenen und stellen Schutzmechanismen davor, um uns vor weiteren Verletzungen zu bewahren. Als Kinder haben wir dies bereits gelernt, um in unseren Familien angenommen zu werden. Wir haben uns an die informellen Regeln des Zusammenseins in unseren Familien angepasst und gelernt, wie wir sein müssen, um Aufmerksamkeit zu bekommen, geliebt zu werden beziehungsweise nicht bestraft zu werden.

Das eigentlich zugrunde liegende Gefühl in der Situation mit dem Chef wäre bei Toni also nicht die Wut, sondern ein Gefühl von Scham und Schuld mit der damit verbundenen Überzeugung, nicht richtig oder wertlos zu sein. Die darunterliegenden »echten« Bedürfnisse könnten in dem Fall sein, respektiert und so, wie man ist, wertgeschätzt zu werden (also Anerkennung und Zugehörigkeit). Wut führt in diesem Beispiel nicht zur Erfüllung der eigentlichen Bedürfnisse nach Anerkennung und Zugehörigkeit. Denn wenn Toni wütend auf leichte und sachliche Kritik reagiert, stößt er seinem Vorgesetzten damit wahrscheinlich vor den Kopf. Vermutlich wird dieser dann genau das tun, wovor sich Toni eigentlich schützen möchte, nämlich seinerseits wütend und ablehnend reagieren, wodurch sich Toni erst recht wertlos, schuldig oder herabgesetzt fühlt.

Die Verbindung zur Selbstbestimmung ist nun folgende: Wenn Sie automatisch reagieren, getriggert sind und Ihre inneren kindlichen verletzten Anteile die Oberhand behalten, bleiben Sie fremdbestimmt in der Reiz-Reaktions-Schleife. Sie fühlen sich ausgeliefert, statt die Kontrolle zu behalten. Sie reagieren unmittelbar auf das, was passiert.

Stattdessen könnten Sie kurz innehalten, Ihren »Team-Manager« oder »Kapitän« auf die Bühne bitten und überlegen, was mit Ihnen und in Ihnen los ist, um für Sie angemessene und förderliche Handlungsoptionen zu finden. Dazu sind wir während des Geschehens oft nicht in der Lage. Wenn Sie aber immer wieder im Nachhinein Situationen analysieren, in denen Sie sich fremdbestimmt oder getriggert fühlten, werden Ihnen Ihre Automatismen bewusster. Sie bekommen schneller den Fuß in die Tür, um sich so zu verhalten, wie Sie es wollen, statt sich treiben oder fremdbestimmen zu lassen.

Trigger identifizieren und durchschauen

Hilfreich ist es, eine Liste anzufertigen, in der Sie Ihre typischen Trigger (auslösende Situationen), Ihre typischen automatischen Reaktionen (Gefühle, Gedanken, Verhalten) und schließlich die wohl dahinterstehenden Gefühle und Bedürfnisse notieren (»Darum geht es mir eigentlich: …«, »Dahinter steht …, weil mir … wichtig ist«).

__Lena__ und __Toni__ haben dies in der hier wiedergegebenen Tabelle für sich zusammengestellt:

Auslösende Situation, Trigger	Spontane Reaktion: Gedanken, Gefühle, Verhalten	Dahinterstehende Gefühle	Eigentliche Bedürfnisse
Zum Beispiel **Toni:** »Chef kritisiert mich.«	Gedanken: »So ein Depp!« Gefühle: Wut Verhalten: »Ich schreie ihn an.«	Scham- und Schuldgefühle	Anerkennung, Wertschätzung
Zum Beispiel **Lena:** »Meine Freundin meldet sich nicht regelmäßig.«	Gedanken: »Ich bin ihr nicht wichtig.« Gefühle: Ohnmacht und Wut Verhalten: »Ich ziehe mich beleidigt zurück.«	Traurigkeit, Einsamkeit	Zugehörigkeit

Wie Sie Ihre Bedürfnisse befriedigen können, haben Sie bereits erarbeitet. Berücksichtigen Sie im Alltag also, dass nicht immer Ihr erstes Gefühl auch das ist, was zu Ihren Bedürfnissen führt. Nähern Sie sich langsam an, und fragen Sie sich beispielsweise: »Was könnte schlimmstenfalls passieren, wenn ich die Schutzstrategien ›wütend werden‹, ›wegrennen‹, ›sofort weinen‹ und so weiter wegließe? Was würde dann sichtbar werden für mich und andere? Wie würde ich mich dann verhalten können?«

Diese ersten, spontanen Gefühle sind auf keinen Fall »schlecht« oder »falsch«, denn sie waren in Ihren frühen Bindungserfahrungen höchstwahrscheinlich wirkungsvoll, sonst hätten Sie sie als Strategie der Bewältigung nicht entwickelt und beibehalten. Bevor Sie sich also ärgern, dass Sie wieder mal automatisch losgeschrien haben oder weggerannt sind, bleiben Sie sich gegenüber lieber verständnisvoll, offen und mitfühlend. Letztlich werden Sie umso stärker und wahrhaftiger, je verletzlicher Sie sich zeigen, sich mit Ihren »Unzulänglichkeiten« akzeptieren und Ihre Maske fallen lassen, wie etliche Forschungsarbeiten belegen.[85]

Übersteigerte Bedürfnisse identifizieren

Manchmal kommen diese ersten Gefühle, die unsere automatischen Reaktionen hervorrufen, aber auch daher, dass wir überhöhte und zu absolut gesetzte Bedürfnisse haben. Diese können gar nicht erfüllt werden und führen daher unweigerlich zu Frustration oder ungünstigen Verhaltensweisen. Immer wiederkehrende Situationen, die stets aufs Neue dazu führen, dass Sie sich frustriert oder anderweitig »schlecht« fühlen, können Sie noch mal genauer unter die Lupe nehmen. Dass diese übersteigerten Bedürfnisse aus unserer Prägung und Familiengeschichte herrühren und sich in Form von Glaubenssätzen bemerkbar machen, haben Sie bereits gelesen.

***Toni** hat in der Situation mit dem Chef beispielsweise ein übersteigertes Bedürfnis nach Wertschätzung und Anerkennung aufgrund seiner Erfahrung als Kind. Seine Glaubenssätze lauten: »Ich muss immer von allen gemocht werden«, »Ich darf keine Fehler machen« oder »Nur wenn ich perfekt bin, bin ich liebenswert« beziehungsweise »Man darf mich nicht kritisieren«. Die Absolutheit zeigt sich auch in der Konsequenz dieser oft unbewussten Annahmen: »Jegliche Kritik, auch sachliche, bedeutet, dass ich einen Fehler gemacht habe, dass ich als Person falsch beziehungsweise wertlos bin.« Beziehungsweise auf das Gegenüber übertragen: »Diejenigen, die mich kritisieren, sind unverschämt und liegen falsch.«*

Wie könnte Toni in Zukunft also mit ähnlichen Situationen umgehen? Zunächst ist die Frage wichtig, ob das Bedürfnis nach vollkommener Anerkennung und Wertschätzung in dieser Situation angemessen ist. Muss der Chef ihn in jeder Situation anerkennen? Ist der berufliche Kontext der einzige, um Anerkennung und Wertschätzung zu erleben? Kann Toni sein Bedürfnis nicht auch anderweitig befriedigen? Darf der Chef nicht auch mal (berechtigte) Kritik äußern, und muss Toni diese (sachliche) Kritik persönlich nehmen? Muss er sich dadurch als »gesamter Mensch« infrage gestellt sehen?

Sich diese oder ähnliche Fragen zu stellen nennen wir »Realitätscheck«. Den können Sie für sich selbst in Situationen einsetzen, in denen Sie unangenehme Gefühle haben und zum Beispiel wütend, verletzt, eifersüchtig oder traurig sind. Einige dieser »Trigger«-Situationen haben Sie vorhin bereits gesammelt. Es gibt natürlich keine objektiven Kriterien für »angemessene« oder »überhöhte« Bedürfnisse. Um trotzdem besser einschätzen zu können, ob Ihre Bedürfnisse in den jeweiligen Situationen überzogen sind, bietet es sich auch an, einmal die Perspektive zu wechseln beziehungsweise an die Konsequenzen Ihres Verhaltens zu denken:

- Was würden unbeteiligte Dritte zu der Situation und Ihrem Bedürfnis sagen? (Toni: »Dass ich mich schon ein bisschen arg darüber aufrege, wenn mein Chef mich kritisiert, und dass er ja an anderer Stelle auch sagt, ich mache einen guten Job.«)
- Welche kurz- und langfristigen Konsequenzen hat Ihr Verhalten für Sie und die anderen? (Lena: »Beleidigter Rückzug, wenn die Freundin sich nicht meldet, führt dazu, dass die

Freundin von mir genervt ist und sich noch weniger meldet. Das ist für die Freundschaft schädlich. Ich fühle mich noch schlechter, und mein Bedürfnis nach Zugehörigkeit ist erst recht in Gefahr.«)

- Ist Ihr Verhalten in der Situation für Sie also vor allem langfristig förderlich und unterstützend? (Für Toni und Lena wäre es das nicht.)
- Wenn nein, wie müssten Sie sich verhalten, damit es für Sie günstiger ist? (Lena: »Ich müsste bemerken, dass ich mich einsam fühle und lieber auf einem anderen Weg, zum Beispiel indem ich von mir aus meine Freundin anrufe, die Nähe zu ihr suchen. Und wenn sie nicht erreichbar ist, sollte ich eine Alternative haben, was ich machen kann.«)

Es geht also darum zu erkennen, wo im aktuellen Leben uns eventuell überhöhte oder »falsche« Bedürfnisse einschränken und uns (noch) von unserem authentischen Lebensweg abschneiden.

Wir fassen den Umgang mit Bedürfnissen im Kontext der Selbstbestimmung noch einmal zusammen:

1. zunächst die zugrunde liegenden Gefühle wahrnehmen und damit Bedürfnisse entschlüsseln;
2. Bedürfnisse als klare und präzise Wünsche oder Grenzen den anderen gegenüber formulieren;
3. selbst für die Bedürfnisbefriedigung sorgen und sich nicht (ausschließlich) abhängig von Dritten machen;
4. unterschiedliche Strategien zur Erfüllung von Bedürfnissen aufbauen;
5. bei Frustration oder Konflikten abgleichen, ob es sich um »echte« Bedürfnisse handelt, beziehungsweise einschätzen,

ob die Bedürfnisse in der jeweiligen konkreten Situation eventuell übersteigert sind (Realitätscheck).

Während Bedürfnisse nicht verhandelbar sind, spontan in uns auftauchen, ihre Befriedigung stark mit unserem körperlichen und seelischen Wohlbefinden zusammenhängen sowie über den Tagesverlauf schwanken (zum Beispiel Hunger, Harndrang, Müdigkeit), können wir im Gegensatz dazu unsere Werte wählen und uns für oder gegen sie entscheiden. Mit unseren Werten bauen wir unser inneres Navigationssystem. Wie das geht, erfahren Sie im nächsten Kapitel.

Der innere Wertekompass

Um selbstbestimmt zu leben, brauchen wir einen Plan, an dem wir uns orientieren können, wir brauchen eine Antwort auf die Fragen: »Wie soll ich leben? Was ist mir wirklich wichtig?« Also die Fragen nach unseren Werten. Auf Basis unserer Werte treffen wir nämlich Entscheidungen. Und dies tun wir meist in dem Glauben, dass es zuträglich für unser individuelles oder sogar soziales Glück ist.

Oft beschränken wir das Ausleben unserer Freiheit auf den Urlaub, um in der restlichen Zeit Leistung im Beruf zu bringen oder uns vollumfänglich um unsere Kinder oder zu pflegenden Angehörigen zu kümmern. Aber ist es eine gute Entscheidung, den Wert der Leistung beispielsweise über alles zu stellen? Haben Sie bisher die richtigen Entscheidungen zu Ihren persönlichen Werten getroffen?

Indem wir unsere eigenen Werte kennen, können wir unsere Lösungsideen und Ziele auf ihre Relevanz hin abwägen und bewerten sowie im Alltag eine entsprechende standfeste Haltung einnehmen. Was nützt es beispielsweise, das Ziel zu formulieren, einmal im Jahr in den Urlaub zu fahren, wenn man das restliche Jahr den hohen Wert »Autonomie« in Ketten legt?

WAS SIND WERTE?

Nicht selten entspringen unsere Werte aus unseren starken und überdauernden Bedürfnissen, wie beispielsweise das Bedürfnis nach Autonomie zum Wert »Freiheit« führen kann. Allerdings können wir, eben im Gegensatz zu unseren Bedürfnissen, unsere Werte über den Lauf unseres Lebens ändern und sogar wählen.

Werte bilden ein inneres Navigationssystem, auf Basis dessen wir günstige Entscheidungen im Leben treffen, weil uns das, wonach wir uns richten, wichtig und wertvoll ist. Sie stellen also Handlungsleitlinien dar, geben Orientierung und helfen uns dabei, Entscheidungen zu treffen. Finde ich etwas gut? Empfinde ich ein Verhalten als richtig? Ist mir etwas wichtig? Die Antworten auf diese Fragen basieren auf der Grundlage meiner Werte.

Würde ein Kumpel Sie darum bitten, eine Bank zu überfallen, um für ihn an Geld zu kommen, wüssten Sie sehr schnell, wie Sie sich positionieren. Bittet Sie Ihre Chefin darum, übers Wochenende zu arbeiten, um ein wichtiges Projekt zu beenden, könnten Sie schon eher in Entscheidungsschwierigkeiten kommen. Je klarer Ihnen Ihre Werte sind, desto leichter werden Sie integre, auch spontane Entscheidungen treffen. Sie kennen sicher Situationen, in denen Sie in zu wenig Zeit zu viel zu tun haben. Ihr Chef will vielleicht, dass Sie unbedingt eine zusätzliche Aufgabe übernehmen, Ihre Freundin braucht ganz dringend ein Gespräch mit Ihnen, und die Schwiegereltern warten ungeduldig auf bestimmte Unterlagen für die Steuer. Ihr Mann will noch ganz schnell das Hemd gebügelt haben, die Kollegin hat morgen Geburtstag, und Sie wollten ihr einen Kuchen backen. Sie befinden sich im Stress. Wie sollen Sie sich entscheiden?

Das, was am dringlichsten ist und am meisten Druck macht, verwechseln wir gerade im Stress mit dem, was wichtig ist. Dann geben wir spontan dem Chef und den Schwiegereltern nach auf Kosten des Gesprächs mit der Freundin, weil wir für uns nicht klar genug gemacht haben, wie wichtig uns die Freundin eigentlich ist. Unter Zeitdruck lassen wir uns leicht auf »falsche Fährten« locken, hetzen nur noch und fühlen uns fremdbestimmt und getrieben. Daher ist es besonders für den »normalen Alltag« hilfreich, auf ein Fundament zurückgreifen zu können, das in ruhigeren Zeiten etabliert worden ist. Wir wissen dann auch in herausfordernden Zeiten, wozu wir Ja und wozu wir Nein sagen wollen.

Auch aus sogenannten »Sinnkrisen«, wie beispielsweise unser Klient Toni in einer steckt, der unzufrieden mit seinem aktuellen Leben ist und sich orientierungslos fühlt, weisen uns unsere Werte den Weg. Dabei geht es weniger darum, theoretisch über Ihre Werte nachzudenken und sie irgendwo auf einem Papier geschrieben zu haben; es gilt, sie tatsächlich zu leben und Ihr Handeln darauf zu gründen. Darauf kommt es an. Denn unser Handeln macht uns schließlich zu dem, wer wir wirklich und tatsächlich sind.

Werte liefern aber nicht nur einen Plan für das individuelle Leben, sondern auch für das soziale Miteinander. Gruppen verstehen sich über Werte (»Was muss getan werden?«, »Was darf nicht getan werden?«), die in diesem Kontext »Normen« genannt werden.

Über die Normen einer Gruppe, Familie oder Gesellschaft ergeben sich nicht nur Verhaltensregeln, sondern auch Vorhersagbarkeit, die für Vertrauen und Zusammenhalt notwendig sind.[86] Daher ist es notwendig, bei der Frage nach den eigenen Werten den sozialen Kontext und die Qualität der Werte zu berücksichtigen. Nach welchen Werten wollen wir in einer Gemeinschaft leben? Welche Werte wollen wir fördern? Sie sehen hier das Spannungsfeld zwischen der Selbstbestimmung und der Zugehörigkeit und dem Verbund in der Gruppe, egal, ob Familie oder Gesellschaft.

Ein zu starres Wertekorsett kann aber auch behindern. Und manchmal müssen unterschiedliche Werte nebeneinander stehen bleiben. Wir werden noch darauf eingehen, wie wir hiermit praktisch umgehen können.

Um Ihnen ein besseres Gefühl dafür zu geben, was Werte sein können, listen wir hier einige auf: Liebe, Sicherheit, Spaß, Macht, Ordnung, Toleranz, Glück, Disziplin, Ehrlichkeit, Erfolg, Nächstenliebe, Wohlstand, Freiheit, Sinnlichkeit, Gesundheit, Zuverlässigkeit, Gerechtigkeit, Selbstbestimmung (Autonomie), Abenteuer, Freundschaft, Weiterentwicklung (Lernen), Treue, Harmonie, Genuss, in Einklang mit der Natur leben, Macht, Kontrolle, Transparenz, Anerkennung, Verbundenheit, Alleinsein und so weiter. Oder anders formuliert beispielsweise »ein guter Vater sein«, »eine gute Freundin sein«, »gesund leben«, »zufrieden sein«, »selbstbestimmt sein«, »Neues lernen und mich weiterentwickeln« oder »mich um andere kümmern und ihr Leiden lindern«.

Die Frage lautet nun: Was ist Ihnen besonders wichtig? Wonach richten Sie Ihr Verhalten im beruflichen sowie im privaten Kontext aus, beziehungsweise woran wollen Sie sich orientieren? Wie finden Sie Ihren persönlichen inneren Kompass?

DEN INNEREN KOMPASS FINDEN

»Soll ich das so machen oder anders?«, »Soll ich dieses Angebot ablehnen oder annehmen?«, »Wie soll ich mich entscheiden?«, »Wie soll ich meine Zeit einteilen?«, »Worauf soll ich Wert legen?« – Ihre Gegenfrage im Selbstgespräch könnte dann lauten: »Passt diese Entscheidung, dieses Verhalten zu dem Weg, den ich gehen möchte, beziehungsweise welches Verhalten muss ich zeigen, welche Entscheidung muss ich treffen, um mir treu zu bleiben und so zu leben, wie ich leben will?« Ziel ist es also, dass Sie Ihre drei wesentlichen Werte kennen, die den Kompass für die Ausrichtung Ihres Handelns und das Treffen Ihrer Entscheidungen bilden.

Können wir Sie für ein Experiment begeistern? Es dauert nur drei Minuten; und alles, was Sie brauchen, sind eine Schere und eine Schnur oder ein Band, das einen Meter lang ist. Ein bekanntes blau-gelbes Möbelhaus verschenkt sogar exakt ein Meter lange Papier-Maßbänder, die würden es auch tun. Die Erkenntnisse aus dem Experiment sind unbezahlbar. Also, sind Sie dabei?

Das Lebensband

Legen Sie das Band vor sich auf den Boden. Das eine Ende markiert Ihre Geburt und das andere Ende Ihren Tod. Schneiden Sie nun das Band da ab, wo Sie sich in Ihrer Lebenszeit gerade befinden. Welche Gedanken kommen Ihnen?[87]

Wenn Sie jetzt schon dabei sind, dann stellen Sie sich den Wecker auf fünfzehn Minuten und notieren sich stichpunktartig die Antworten auf die folgenden Fragen:

- Wie wollen Sie den Teil Ihres Lebens, der noch vor Ihnen liegt, gestalten?

- Angenommen, Sie leben Ihr Leben dann auch dementsprechend, wofür möchten Sie Ihren Freundinnen, Kollegen, Partnern, Kindern und so weiter (in Ihren unterschiedlichen Rollen als Mutter beziehungsweise Vater, Freund, Kollege ...) am Ende in Erinnerung bleiben und warum?
- Welche Werte möchten Sie Ihren Kindern/der Nachwelt hinterlassen und weshalb?
- Was möchten Sie für ein Mensch gewesen sein?
- Was ist Ihnen also wirklich wichtig im Leben?
- Welche Diskrepanzen zu Ihrem tatsächlichen Leben fallen Ihnen auf?

Okay, wir geben zu, dass dies eine eher intensive Übung war, die wir übrigens zu Teilen bei dem Psychiater und Psychotherapeuten Irvin Yalom abgeschaut haben. Yalom beschäftigte sich in seiner Arbeit mit den existentiellen Fragen des Lebens, also unter anderem mit Werteorientierung und Sinnhaftigkeit. Dabei kommt er zum Schluss, dass es keinen Weg daran vorbei gibt, als sich mit dem eigenen Tod zu beschäftigen,[88] auch wenn eine Konfrontation mit existenziellen Fragen aufwühlend und manchmal schmerzhaft beziehungsweise beängstigend sein kann. Laufen Sie allerdings immerfort davon weg, kann es passieren, dass Sie wichtige Weichenstellungen verpassen und vielleicht viel zu spät bereuen, Ihr Leben nicht anders gestaltet zu haben.

Nehmen Sie mögliche Ängste als Ihre Verbündeten, die Anstoß dazu sein können, Ihr Leben selbstbestimmter zu gestalten. Denn erst durch den Einbezug der Endlichkeit unseres Lebens können wir das, was uns wirklich wichtig und von Bedeutung ist, besonders gut herauskristallisieren. Interessanterweise zeigen Menschen, die das Gefühl haben, nicht wirklich ihr Leben zu leben, sondern sich fremdbestimmt fühlen, eine größere Angst vor dem Sterben.[89] Nun leben Sie ja hoffentlich noch lange und können Ihr Leben gestalten.

Also, fassen Sie ein bisschen Mut, und holen Sie doch noch das Maßband und die Schere! Oder werfen Sie einmal einen Blick in Ihren Speicher, Keller oder Ihre Garage. Warum? Nun, kennen Sie Menschen, die oft davon erzählen, was sie alles machen wollen, es aber nie tun? Diese Menschen leben nur »theoretisch« ihren Traum (oder ihr Leben) und verschieben ihre Vorhaben immer wieder in die Zukunft. Oftmals finden sich die unerfüllten, aber schon mal theoretisch angedachten Träume im Speicher, im Keller oder in der Garage: die Spiegelreflexkamera, die für die große Weltreise steht, das Surfbrett, das das Gefühl von Jugend erhalten soll oder der SUV in der City-Tiefgarage, der Ausdruck des »theoretischen« Wunsches nach mehr Freiheit oder Sportlichkeit ist. Aber theoretische Selbstbestimmung, theoretische Werte, ein theoretisches Verwirklichen des eigenen Lebensentwurfes bleiben halt irgendwo zwischen Ausreden und dem eigenen Tod stecken.

Inventur der Sehnsuchtsgegenstände

Gehen Sie durch Ihren Keller, den Speicher, die Abstellkammer, durchkämmen Sie Ihren Safe oder das angemietete Self-Storage: Was finden Sie dort? Welche Träume liegen da brach? Was sagen diese Objekte darüber aus, was Ihnen wichtig ist? Welche – vor allem ideellen – Werte repräsentieren sie? In einer Inventur (die nicht alles bis ins kleinste Detail erfassen muss, aber schauen Sie ruhig mal in die entlegenen Ecken zu den Dingen, die Sie schon lange nicht mehr genutzt haben) schreiben Sie nun auf, was Sie konkret mit dem Gegenstand assoziieren, welche Bedeutung er für Sie hat, weshalb Sie ihn gekauft haben und weshalb er noch da ist. Welchen Wert repräsentiert er? Vielleicht bemerken Sie auch, dass manche Dinge nicht mehr zu Ihnen, Ihrem Leben und auch Ihren Werten passen. Sie haben sich verändert. Vor allem markieren Sie bitte, welche Sehnsüchte Sie reaktivieren und umsetzen wollen. Passen sie zu Ihrem Lebensstern-Soll-Zustand und Ihrem Selbstbestimmungsprojekt, oder müssen Sie da noch mal nachjustieren?

***Lena** und **Toni** haben ihre Fundstücke in der hier wiedergegebenen Tabelle aufgelistet:*

Gegenstand	**Bedeutung/Wert dahinter**	**Wegwerfen oder reaktivieren?**
Zum Beispiel **Toni:** aufblasbares Kanu	Fitness, Freiheit, Naturverbundenheit	Reaktivieren
Surfbrett	Jugendlichkeit, Attraktivität, Reisen »Wollte ich immer mal lernen.«	Wegwerfen »Ich werde das nie machen, und es passt jetzt auch nicht mehr. Dafür fahre ich mal wieder mit dem Kanu.«
Zum Beispiel **Lena:** Picknickkoffer	Freundschaften, Selbstfürsorge, Zeit für sich, und Entspannung	Reaktivieren

Gegenstand	Bedeutung/Wert dahinter	Wegwerfen oder reaktivieren?
Designerhand-tasche	Erfolg, Karriere, es geschafft haben, Geld	»Behalte ich als Erinnerung, ich trage sie nie. Wichtiger als Prestige ist mir, etwas Gutes zu schaffen, was Bestand hat.«

Um Sie dabei zu unterstützen, zusammenfassend Ihren hauptsächlichen Werten nun den letzten Schliff zu geben, stellen wir Ihnen noch ein paar Fragen:

- *Wofür möchten Sie stehen? Wofür stehen Sie (ein)?*
- *Wofür lohnt es sich Ihrer Meinung nach zu kämpfen?*
- *Wenn Sie ein »Leitbild« für Ihr Leben formulieren sollten, was würden Sie dann schreiben?*[90]
- *Wenn ich Ihre engsten Freunde bäte, mir zu erzählen, wofür Sie leben und was Ihnen am meisten bedeutet, was, glauben Sie, würden sie mir sagen?*[91]
- *Welche Augenblicke in Ihrem Leben würden Sie am liebsten »einrahmen«, weil sie so schön waren? Was macht diese Momente aus, und was haben sie gemeinsam?*

Manchmal lassen sich solche Fragen auch leichter im Gespräch mit anderen klären. Vielleicht wollen Sie sich mit Ihrem besten Freund oder der besten Freundin darüber austauschen? Ihre Freundschaft würde es jedenfalls vertiefen.

Fassen Sie nun also noch mal für sich zusammen, was Ihre Hauptwerte sind, bevor Sie sie im nächsten Kapitel einer Überprüfung unterziehen. Schauen Sie dabei auch wiederholt auf die Visualisierung Ihrer inneren Anteile. Welcher Ihrer Anteile vertritt für Sie welchen Wert? Gibt es Werte, die sich ergänzen, oder welche, die sich eher ausschließen? Lena zum Beispiel wird vor der Herausforderung stehen, ihre berufliche Entwicklung zu verfolgen und gleichzeitig Ihren Freundeskreis besser zu pflegen. Der Beruf als Prestigeprojekt ist ihr jetzt nicht mehr so wichtig. Allerdings legt sie auf mehr Handlungsspielraum wert, um ihre Ideen leichter umzusetzen und sich die Kunden auszusuchen.

Hut ab! Wenn Sie sich die vorherigen Fragen gestellt oder vielleicht sogar in einem Gespräch mit einem guten Freund vertieft haben, dann sind Sie ganz schön ans Eingemachte gegangen. Sicherlich werden Sie bereits ein Gespür dafür haben, ob die Werte, die Sie für sich entdeckt haben, auch stimmig und authentisch sind. Da wir aber oft wie in einem Netz in die gesellschaftlichen und familiären Prägungen eingewoben sind, übersehen wir leicht »Gefahren« der Fremdbestimmung. Lassen Sie uns also den Versuch starten zu überprüfen, ob Ihre bisher gefundenen Werte auch wirklich Ihre sind. Natürlich wird sich nie eine ganz klare Antwort finden lassen. Bedenken Sie außerdem, dass sich Ihre Werte über das Leben verändern dürfen, können und auch sollen. Dadurch werden Sie nicht zum Fähnchen im Wind, sondern Sie lernen und entwickeln sich. Man kann diesen Prozess auch als »erwachsen und weise werden« bezeichnen. Dazu ist es gut, wenn Sie genauer hinschauen und auch in Kauf nehmen, dass Sie Aspekte Ihres bisherigen Lebens infrage stellen. Belohnt werden Sie mit Klarheit und Wahrhaftigkeit.

SIND DAS WIRKLICH IHRE WERTE?

Oft passiert es, dass wir nur glauben, etwas sei besonders wichtig beziehungsweise von Wert für uns. Tatsächlich entsprechen wir damit vielfach dem Wertesystem unseres Umfelds, gesellschaftlichen und familiären Einflüssen, nicht zuletzt, weil wir dazugehören wollen. Sie wissen ja, eines unserer Grundbedürfnisse ist Zugehörigkeit.

***Toni** beispielsweise ist vor allem den Werten »Leistung«, »Familie« und »Eigentum aufbauen« gefolgt. Er hatte bisher nie darüber nachgedacht, ob das wirklich »seine« Werte sind. Bei näherer Betrachtung musste er feststellen, dass er sich stark von den Werten, die in unserer westlichen Gesellschaft und in unserem kapitalistischen System besonders über die (sozialen) Medien und die Werbung propagiert werden, hat leiten lassen.*

*Auch **Lena** fand durch die Ausarbeitung ihres Lebenssterns, dass sie die Werte »berufliche Karriere« und »finanzielle Sicherheit« über die Werte »Familie, Freunde« und »Gesundheit« gestellt hat. Auf Nachfrage gibt sie zu, dass sie sich darüber noch nie Gedanken gemacht und noch nie bewusst entschieden habe, nach welchen Werten sie ihr Leben eigentlich ausrichten will. Sie sei sich nicht mal sicher, ob sie nicht vielmehr den Wünschen ihrer Eltern oder den Erwartungen der Gesellschaft folge.*

Was, schätzen Sie, ist die wichtigste Zutat für ein gelingendes, gesundes Leben? Vorgelebt und propagiert werden uns Stereotypen wie »Geiz ist geil«, »Fortschritt ist besser als Stillstand«, »Mehr ist besser als weniger«, »Erfolg bedeutet, Geld zu haben, also ist Reichtum erstrebenswert«, »Berühmt zu sein (auch im Sinne von vielen Followern in den sozialen Netzwerken) bedeutet, ›es geschafft zu haben‹«, »Leistung ist zentral, denn nur wenn ich leiste, trage ich zur Gesellschaft bei, wobei Leistung in Zahlen, also monetär gemessen wird, ›Care‹-Arbeiten hingegen haben deutlich weniger Wert«, »Individualismus steht über Gemeinschaftsgefühl«, »Macht steht über Frieden«, »Beschäftigt zu sein ist wertvoller als entspannt zu sein«, »Tun ist tugendhafter als Sein«, und »›Unangenehme Gefühle‹ haben gegenüber ›positiven Gefühlen‹ keine Berechtigung«.

Solche Bilder und Werte umgeben uns ständig, und zwar mehr oder weniger unterschwellig. Aber halten sie auch einer psychologischen, medizinischen und philosophischen Überprüfung stand? Fragen wir zunächst die Philosophie und Psychologie, an was wir uns (auch im Zusammenleben mit anderen) tatsächlich orientieren sollen, bekommen wir folgende Antwort: Es gibt bestimmte Tugenden, also universell gültige Werte, die für das Zusammenleben über Gesellschaften, Religionen, Ethnien und Gruppen hinweg gelten und über die Zeit recht stabil bleiben. In der gegenwärtigen Psychologie wurden sie aufgegriffen, beforscht und belegt.

Folgenden Kerntugenden entsprechend zu leben ist assoziiert mit größerem Wohlbefinden und einer höheren Authentizität im Leben:[92] Weisheit und Wissen, Mut, Liebe und Humanität, Gerechtigkeit, Mäßigung, Spiritualität und Transzendenz beziehungsweise Glauben. So was aber auch: Mäßigung. Das passt nun gar nicht mehr in unsere Zeit, wo (Mittel)maß doch eher als Schimpfwort gilt.

In eine ähnliche Kerbe schlagen auch medizinisch-psychologische Studienergebnisse, die belegen, dass genügsamere Menschen, die sich mit Situationen und Dingen zufrieden geben können, ein höheres Wohlbefinden haben als die Menschen, die ständig weiter optimieren, perfektionieren und »maximieren« wollen.[93] Und Menschen, die sich nach ihren Bedürfnissen und Grenzen ausrichten, die Schlaf, Regenerationszeiten und ihre Chronobiologie berücksichtigen, bleiben gesünder und zeichnen sich durch stärkere Widerstandsfähigkeit aus.[94]

Auch machen finanzieller Reichtum und Konsum nicht nachhaltig glücklich oder tragen zur Sinnhaftigkeit bei. Viele Menschen verhungern gar seelisch mitten im Überfluss, wie Martin Seligman, der Begründer der positiven Psychologie, eindrücklich darlegte.[95] Sie haben objektiv betrachtet »alles«, fühlen sich aber innerlich leer. So ähnlich empfindet auch Toni: »Ich habe eigentlich alles erreicht, eine Familie, ein Haus, eine Führungsposition. Aber ich fühle mich nicht danach. Ganz im Gegenteil.«

Und was, würden Sie jetzt sagen, ist die wichtigste Zutat für ein gelingendes, gesundes Leben? Wir sind sicher, dass Sie bei Ihren persönlichen Hauptwerten auch schon darauf gekommen sind: gute Beziehungen!

Groß angelegte Studien, die Menschen teils über etliche Jahrzehnte beobachteten, kommen zum Ergebnis, dass gute Beziehungen zu pflegen die Hauptzutat für ein gelingendes und gesundes Leben ist.[96] Darauf kommt es also an: in Resonanz zu treten, soziale Kontakte zu generieren, zu hüten und zu pflegen. Dabei sind es die intensiven, realen (also nicht die Facebook- oder Instagram-) Kontakte, die zu zuträglichen Beziehungen führen. Diejenigen, in denen Sie getragen werden, wenn es Ihnen schlecht geht, in denen Sie aufblühen, wenn es Ihnen gut geht, in denen Sie Ihren Freunden helfen und da sind, wenn sie Sie brauchen, in denen Sie starke Verbundenheit und Zugehörigkeit fühlen. In denen Sie so sein können, wie Sie sind: autonom und frei in Resonanz mit anderen. Klingelt da was? Das hatten wir schon ganz am Anfang: Gute Beziehungen basieren auf Autonomie. So schließt sich der Kreis.

Wenn wir also dieses Wissen als hilfreiche Orientierung annehmen, sehen wir, wie konträr die Botschaften unserer Gesellschaft oftmals sind. Wir wollen Sie dazu ermutigen, auf Ihre Werte zu hören, auch wenn sie in Kontrast oder Konflikt mit den propagierten Ideen der westlichen Welt stehen. Durch Ihre bisherige Selbstreflexion haben Sie nun auch bereits das nötige Selbstverständnis dazu. Vielleicht haben Ihre Werte ja viel mehr zu bieten?

Nicht nur die Medien und die Gesellschaft prägen die Annahme über unsere Werte. Auch unsere Eltern beziehungsweise Bezugspersonen geben uns wie bereits dargelegt Anleitung, was richtig und was falsch ist, wie wir zu sein haben. Oftmals mit den besten Intentionen. Dennoch können diese Prägungen als Glaubenssätze verinnerlicht in uns wirken, obwohl sie gar nicht (mehr) zu uns und unserer Persönlichkeit passen.

***Lena** beispielsweise setzt »ihren« Wert »Produktivität«, den sie aber eigentlich von ihrem Großvater übernommen hatte, so hoch und absolut, dass sie darüber Erholung oder Regeneration beziehungsweise Freizeit, um Freunde zu treffen, nur schlecht zulassen konnte und sich immer mehr erschöpft.*

***Toni** richtet sein Leben stark auf die Werte »Familie« und »Eigentum« aus und übersieht, dass es sich dabei eigentlich um den Wert beziehungsweise Wunsch des Vaters und weniger um sein eigenes Glücksempfinden handelt. Er vernachläs-*

sigt so seine eigene Selbstfürsorge und seine Hobbys (= Werte: Naturverbundenheit, »Zeit für mich«).

Manchmal rebellieren wir stattdessen aber auch unbewusst gegen die Werte unserer Familie und sabotieren uns damit selbst: Eine Studentin schaffte es nicht, ihr Jurastudium zu beenden. Sie verschob wichtige Prüfungen und war kurz vor der Exmatrikulation. Es stellte sich über etliche Coaching-Gespräche heraus, dass sie selbst nie Jura studieren wollte, weil ihr der Wert »Kreativität« viel wichtiger gewesen wäre. Allerdings hatte ihre Mutter selbst das Jurastudium aufgrund der Kinder nie abgeschlossen und die Erfüllung ihres Wunsches auf die Tochter übertragen. Diese hatte aus Überanpassung heraus die Werte der Mutter übernommen und rebellierte nun unbewusst durch »Aufschieberitis« (Prokrastination).

Selbstverständlich dürfen Sie den Werten Ihrer Eltern völlig zustimmen und diese auch als gut und richtig für Ihre persönliche Lebensgestaltung finden. Das wird oft vorkommen; und wenn es bewusst geschieht, ist es auch selbstbestimmt. Dazu lohnt es sich, mit einer gewissen Distanz *Ihre* Werte von denen Ihrer engen Bezugspersonen im Kindesalter abzugrenzen und neu zu be*wert*en.

Schauen Sie nun nochmals auf Ihre Werte, die Sie in den Übungen weiter vorne entdeckt haben, und hinterfragen Sie kritisch, ob diese Werte mit Ihnen stimmig sind oder vor allem von den (sozialen) Medien, der Werbung oder Ihrem Elternhaus sprichwörtlich auf Sie »übergestülpt« wurden. Markieren Sie diejenigen, die sich am stimmigsten anfühlen.

Für den Fall, dass Sie auch nach der Überprüfung mehr als drei bis fünf Kernwerte gefunden haben, überlegen Sie nun für jeden der Werte, wie stark Sie mit diesem in Resonanz gehen, und zwar auf einer Skala von 0 (gar nicht) bis 10 (sehr stark), und bringen Sie damit Ihre Werte in eine Rangfolge. Sie können sie auch gegeneinander abwägen: »Welcher Wert ist mir wichtiger als der andere?« Die Frage »Worauf könnte ich in keinem Fall, unter keinen Umständen verzichten?« mag Ihnen abschließend dabei helfen, die am höchsten bewerteten drei Werte aufzuschreiben oder durch selbst gemalte Bilder, Fotos oder Symbole zu visualisieren. In Ihrem Sichtfeld platziert, helfen sie so gleich als Erinnerungsstützen bei der täglichen Umsetzung.

Wenn Sie mit Blick auf Ihre Werte auf Ihr Selbstbestimmungsprojekt sehen: Müssen Sie da noch mal was verändern, oder passt es zu Ihren tatsächlichen Werten? Korrespondieren Ihre Werte auf Ihrem Lebensstern mit dem »Soll-Zustand«, oder sind nun neue Lebensbereiche aufgetaucht, die Sie noch ergänzen wollen?

***Toni** erinnerte sich beispielsweise wieder daran, wie wichtig es ihm ist, Zeit in der Natur zu verbringen und Sport zu treiben. Er möchte sich nun wieder mehr Zeit und Raum dafür nehmen. Er bemerkte außerdem, dass er noch mal genau über seinen Entwicklungswunsch in Hinblick auf seine Karriere nachdenken musste. Bei der Arbeit mit seinen Talenten und Fähigkeiten hatte er bereits herausgefunden, dass er gern Wissen weiterge-*

ben und andere Kollegen trainieren würde. Beim Blick auf seine Werte ist ihm klar geworden, dass das stimmig ist, er aber auf keinen Fall weiter Vollzeit arbeiten möchte. Denn er will mehr Raum für sein Hobby (in der Natur sein) haben, gerade jetzt, wo seine Kinder weniger Aufmerksamkeit von ihm benötigen. Dafür braucht er sicher noch eine Portion Mut.

Dieser Mut zahlt sich aber insofern aus, als dass unser Körper erkennt, wenn wir in Dissonanz zu unseren Werten leben. Er gibt uns darüber Rückmeldungen und zeigt uns auf, dass ihm etwas fehlt, er etwas braucht oder im Stress ist, weil das Leben im Außen nicht mit dem Inneren übereinstimmt. Wir fühlen uns fremdbestimmt, gereizt, gehetzt, sind unzufrieden, auch wenn wir uns eigentlich über nichts beschweren können; wir sind innerlich unruhig oder aus »unerklärlichen« Gründen ständig angespannt, schlafen schlecht oder grübeln. Gehen wir über diese körperlichen Warnzeichen längerfristig hinweg, können sich sogar psychosomatische Beschwerden bis hin zu Erkrankungen entwickeln (zum Beispiel Schmerzen ohne körperliche Ursache, Veränderungen des Immunsystems, Depression oder Angststörungen). Unsere Bedürfnisse und Werte brauchen also einen Resonanzraum in unserem Leben und in der Interaktion mit der Außenwelt.

Aber Achtung: Sind Sie *wirklich* fremdbestimmt?

Es gibt auch das Phänomen der gefühlten Fremdbestimmung: »Ständig muss ich mich um alles kümmern«, »Ich muss arbeiten«, »Ich muss für die Kinder sorgen«, »Ich muss Sport machen« … Kennen Sie dieses »ständige Müssen«? »Müssen« impliziert Fremdbestimmung, Zwang und Druck. Viele Menschen interpretieren beispielsweise »zu arbeiten« immer automatisch als »fremdbestimmt sein«. Das mag dadurch entstehen, dass wir, wenn wir arbeiten, oft das Gefühl haben, einer Pflicht nachzukommen, und eigentlich lieber woanders wären. Damit wären wir den Großteil unserer Lebenszeit da, wo wir eigentlich gar nicht sein wollen, also fremdbestimmt und unter Zwängen. Wir hätten viele Ideen, wo wir lieber wären, und trotzdem »müssen« wir jetzt z. B. am Schreibtisch sitzen. Hier lohnt es sich, genau hinzuschauen und zu analysieren, was Gewinn und Preis sind, beziehungsweise auf unsere Wortwahl zu achten. Der Psychologe Albert Ellis empfiehlt, das »Müssen« eher in ein »Sollen« oder »Wollen« zu übersetzen und weniger apodiktisch sich selbst gegenüber zu denken, statt mit dem »Müssen« einen Zwang zu erzeugen, der keinen Widerspruch duldet.[97]

Müssen, wollen oder möchten Sie? Stehen Sie unter Zwang, oder haben Sie sich selbst entschieden? Was ist der Preis (Aufwand, Investition, Entbehrungen), den Sie dafür zahlen, genau diese Arbeit oder Aufgabe zu haben, und was ist der Gewinn (Nutzen, Vorteile)? Was würden Sie stattdessen konkret lieber tun?

Wenn Sie also beispielsweise viermal pro Woche Ihren demenzkranken Vater im Pflegeheim besuchen, aber eigentlich lieber Zeit mit Ihren Freunden oder allein verbrächten, warum tun Sie es dann nicht? Vielleicht, weil Sie einen hohen Wert im sozialen Bereich haben und Ihnen Familie wichtig ist? Oder weil Ihnen Gerechtigkeit wichtig ist und Sie Ihrem Vater zurückgeben möchten, was er Ihnen in seinem Leben gegeben hat? Vielleicht ist Ihnen

Verlässlichkeit auch sehr wichtig? Sicherlich zahlen Sie dafür auch einen großen Preis. In welchem Verhältnis steht dieser zu Ihrem Gewinn? Wer hat denn die Entscheidung getroffen, Ihren Vater so oft zu besuchen, und wer hat Sie dazu gebracht, mindestens vierzig Stunden pro Woche zu arbeiten?

Wie Sie bereits wissen, gibt es immer Gründe für unser Handeln. Manche sind stärker fremd-, manche stärker selbstbestimmt. Aber nie liegt die Verantwortung für Ihr Tun ausschließlich bei anderen oder in der Vergangenheit – nach dem Motto: »Die anderen/meine Kindheit ist an allem schuld.« Und so befinden wir uns automatisch auch oft in Spannungszuständen, in sogenannten Wertekonflikten mit anderen, aber auch mit uns selbst.

WERTEKONFLIKTE MIT ANDEREN

Es wird im Alltag häufig vorkommen, dass es zu Diskrepanzen zwischen unserem Wertesystem und dem unseres Umfelds kommt. Dies ist einerseits völlig normal und menschlich. Andererseits kann es zu Konflikten führen, wenn wir glauben, dass unsere Werte allgemeingültig sind und wir sie im Sinne von Normen auf andere übertragen und anwenden wollen, zum Beispiel, dass alle Menschen pünktlich sein müssen oder »Ordnung« wichtiger und richtiger als »kreatives Chaos« sei. Der Psychologe und Begründer der rational-emotionalen Verhaltenstherapie Albert Ellis prägte den Begriff der »Musturbation« (von englisch *must* = müssen), womit er meint, dass wir uns sehr oft damit aufhalten, was wir glauben, das andere tun müssen, und darüber schlechte Laune bekommen, weil unsere Forderungen natürlich nicht immer erfüllt werden: »Man muss in der S-Bahn Platz machen«,

»Man muss höflich fragen«, »Man muss ›Bitte‹ und ›Danke‹ sagen« und so weiter werden von anderen nicht unbedingt geteilt und eingehalten.

Was ist die Lösung? Wir sollten unsere starken Wünsche, Werte und Vorlieben beibehalten, aber die Tendenzen abschwächen, sie in arroganten, beharrlichen Forderungen und einem »Müssen« zu formulieren.[98] Die zuträglichste Weise, mit unterschiedlichen Werten umzugehen, ist, die Haltung anzunehmen, dass jeder seine eigenen, individuellen Werte hat beziehungsweise deren Ausprägungen, dass dies in Ordnung ist und dass man sie auch zulassen darf. Nicht »recht« haben zu wollen und den anderen nicht von seinen eigenen Werten überzeugen zu wollen ist die Kür.

So ähnlich haben Sie dies auch schon bei der Äußerung Ihrer Bedürfnisse als Wünsche anstelle von Forderungen gelesen. Abgesehen von der gültigen Gesetzgebung gibt es nämlich keine absoluten oder einzig richtigen Werte beziehungsweise Normen. Kommen zwei oder mehr Menschen zusammen, dürfen alle in ihrer Autonomie bleiben und für sich und gemeinsam gute, freiwillige Lösungen in Form von Kompromissen finden. Der Unpünktliche kann sich beispielsweise bewusst dazu entscheiden, pünktlich zu sein, weil er jemandem den Gefallen tun will oder weil er selbst Vorteile der Pünktlichkeit sieht, er »muss« dies aber nicht. Es obliegt ihm, dies frei und selbstbestimmt zu entscheiden. Sein Gegenüber, der Pünktliche, wird an der Unpünktlichkeit des anderen keinen nachhaltigen Schaden nehmen. Er kann ebenso für sich entscheiden, ob er das Verhalten des anderen akzeptieren möchte oder den Kontakt lieber reduziert. Er kann herausfinden, wie er mit seinen eigenen inneren Anspannungszuständen wie Ärger, Ohnmacht oder Trauer umgeht. Außerdem hat er die Option, die Situation zu verändern, indem er die Treffen anders terminiert. Vielleicht nimmt er sich ja sogar die Freiheit, beim nächsten Treffen selbst zu spät zu kommen.

Dies gibt Ihnen Freiheit auf zweierlei Ebene: erstens, indem Sie sich anderen und deren Werten gegenüber frei verhalten können und sich nicht (ständig) über sie ärgern müssen. Sie brauchen nicht ständig deren Verhalten zu bewerten und auf sich zu beziehen. Zweitens, indem Sie sich im Kontakt mit anderen selbst treu bleiben und selbstbestimmt entscheiden, welche Verhaltensweisen Sie anpassen möchten. Wollen Sie als Unpünktlicher wirklich pünktlich werden? Wollen Sie als Unordentliche Ihr Chaos aufgeben, um dem Wert »Struktur« Ihres Freundes nachzukommen? Sie dürfen entscheiden. Sie müssen sich nicht für jemand anderen in Ihren Werten verbiegen, genauso wenig, wie jemand anderes dies für Sie tun sollte. Auch nicht aus Liebe. Nur aus freiem Willen, der idealerweise in einer bewussten Entscheidung aufgrund einer Abwägung von Gewinn und Preis sowie der Berücksichtigung der Konsequenzen auch für andere mündet.

Letztlich sind Sie genauso wie jeder andere für sich verantwortlich. Denn nicht nur Sie, sondern auch alle übrigen Menschen können und dürfen es aushalten, mit anderen Wertvorstellungen und dementsprechenden Entscheidungen und Verhaltensweisen umzugehen. So halten Sie vielleicht die Unpünktlichkeit Ihres Partners aus, dafür akzeptiert er Ihren Perfektionismus.

Eine Klientin beschrieb, dass sie und ihr Ehemann ausgemacht hatten, sich zu Weihnachten nur eine Kleinigkeit zu schenken. Die pflichtbewusste Klientin hielt sich daran, der Mann jedoch nicht und schenkte ihr teuren Schmuck. Sie ärgerte sich so darüber, dass der Mann sich nicht an die Abmachung (die Regel) hielt, dass sie das Geschenk gar nicht mehr annehmen wollte. Erst im Coaching-Gespräch fiel ihr auf, dass hier unterschiedliche Werte kollidierten:

ihr starker Wert nach Verlässlichkeit (sich an die Abmachung zu halten) und sein Wert nach Autonomie (das zu machen, worauf er spontan Lust hatte). Sie erkannte, dass sie die Freiheit gehabt hätte, entweder selbst mehr zu schenken, wenn sie dies gewollt hätte, oder ohne Ärger und aus freien Stücken sich an die Abmachung zu halten, unabhängig davon, was ihr Mann macht.

Oft »triggern« uns gerade Menschen, die einen »Gegenwert« zu den unseren aufweisen, und wir würden uns insgeheim sogar wünschen, ein wenig mehr davon zu haben. Im Beispiel der genannten Klientin war der Wert ihres Ehemannes gegenläufig zu ihrem eigenen. Daher ist ihr sein Verhalten besonders »aufgestoßen«. Gleichzeitig würde sie sich selbst aber wünschen, ihren »Lockerheit«-Anteil etwas zu verstärken. Ihr Entwicklungspotenzial geht also in Richtung Freiheit und Gelassenheit. Sie könnte lernen, ihre mutigen und selbstbestimmteren Anteile etwas »lauter« und die angepassten und »Rechtmacher«-Anteile dafür etwas leiser werden zu lassen.

WERTEKONFLIKTE IN UNS

Nicht nur im Kontext mit anderen Menschen, sondern sogar innerhalb von uns selbst können Werte in Konflikt geraten. Als Sie Ihre inneren Anteile aufgeschrieben oder gemalt haben, konnten Sie sicher schon feststellen, dass diese sehr verschieden sind und darin unterschiedliche Interessen, Kompetenzen, Bedürfnisse und Werte zum Ausdruck kommen. Das ist die Vielstimmigkeit in uns, die wir bereits beschrieben haben. Sich daraus ergebende innere Ambivalenzen sind völlig normal: Unsere eigenen Werte können gegensätzlich sein und in Konkurrenz zueinander stehen. Oftmals ist uns dies nicht bewusst. Gleichzeitig hat unser Unbewusstes ja einen enormen Einfluss auf uns. Sie kennen das bestimmt: »Das Herz sagt Ja, der Verstand sagt Nein« – oder poetischer: »Zwei Seelen wohnen, ach! in meiner Brust.«[99] Das Ergebnis beziehungsweise eine Entscheidung lässt dann oftmals auf sich warten. Stattdessen sind wir mit kreisenden Gedanken, inneren Widerständen oder Anspannungen beschäftigt.

Bei Lena gibt es den einen Teil, der freiheitsliebend und mutig ist, und den anderen, der ängstlich und zurückhaltend auf Sicherheit pocht. Sicherheit versus Freiheit – da kann es schon mal innere Spannungen geben. Oft haben wir genau aus dieser inneren Werteambivalenz heraus Schwierigkeiten, Entscheidungen zu treffen. Sie kennen das sicher von sich selbst. Ich kenne es jedenfalls von mir: Eigentlich möchte ich meinem Wert »Hedonismus« mehr entsprechen und mehr mit Freunden unterwegs sein und feiern, finde mich dann aber doch immer wieder monatelang recht zurückgezogen am Schreibtisch und erfülle dabei meinen ebenso starken Wert nach Lernen und persönlicher Weiterentwicklung (und, ich gebe es zu, auch nach Produktivität). Trotzdem spüre ich diese gegenläufigen Pole in mir und hadere manchmal mit meinen Entscheidungen. Nehmen wir beispielsweise die 65-jährige Hanna, die sich eigentlich seit Jahren von ihrem Mann trennen möchte, es aber nicht in die Tat umsetzt (Verbundenheit versus Autonomie). Oder schauen wir zu Anna, eine 25 Jahre alte Auszubildende aus »gutbürgerlichem« Hause, die weiß, dass sie homosexuell ist, aber nicht danach lebt (Tradition versus Fortschritt oder gar Revolution).

Wem soll man folgen, welchem Wert soll man Vortritt lassen? Bei den inneren Ambivalenzen kommen Ihre inneren Anteile mit deren unterschiedlichen Bedürfnissen und Werten in Konflikt. Dafür können Sie nun den »Team-Manager« hinzurufen, der die verschiedenen Sichtweisen Ihrer inneren Anteile integrieren kann. Welcher Wert »siegt«, hängt stark von unserer Prägung, unseren Lernerfahrungen und der jeweiligen Situation ab. Grundsätzlich entscheiden wir uns dafür, wovon wir uns ein höheres Wohlbefinden und Glück erwarten. Gleichzeitig wollen wir unangenehme Gefühle wie Angst, Scham, Wut oder Frustration vermeiden. Wir wägen automatisch und oft auch unbewusst nach Kosten und Nutzen beziehungsweise Preis und Gewinn ab. So kann es sein, dass wir mal unserer Freiheitsliebe und an anderer Stelle unserer Beständigkeit nachgeben.

Den Strukturierten unter Ihnen bieten wir hier in der Tabelle nun noch eine Vorlage zur Kosten-Nutzen-Abwägung bei inneren Werteambivalenzen.

__Lena__ und __Toni__ haben ihre Wertekonflikte hier zusammengefasst:

Welche meiner Werte (beziehungsweise Anteile) stehen in Konflikt?	**Der Preis, den ich zahlen müsste?**	**Der Gewinn, mit dem ich rechnen dürfte?**	**Bin ich bereit, den Preis zu bezahlen?**
Zum Beispiel **Lena:** Freiheit, sich selbstständig zu machen, versus Sicherheit (repräsentiert durch die Anteile Festhalter und Angsthase)	Kein festes Einkommen mehr Noch keine Kunden	Autonomer sein, gestalten können, eventuell in ein paar Jahren sogar mehr verdienen …	»Nur wenn es realistisch ist, also jetzt so noch nicht.«

Welche meiner Werte (beziehungsweise Anteile) stehen in Konflikt?	**Der Preis, den ich zahlen müsste?**	**Der Gewinn, mit dem ich rechnen dürfte?**	**Bin ich bereit, den Preis zu bezahlen?**
Zum Beispiel **Toni:** Weiterentwicklung und Trainer werden versus Beständigkeit (repräsentiert durch die Anteile Ideenhaber und Verantwortung)	Weniger Ansehen im Job	Meinen Talenten nachgehen, mich freier fühlen, weniger Verantwortung haben	»Ja!«

Statt harsch mit den eigenen Entscheidungsschwierigkeiten oder den inneren Unruhen umzugehen, denken Sie besser darüber nach, welche Ihrer Werte oder inneren Anteile gerade wohl in Konflikt zueinander stehen. Ergründen Sie, was Ihnen in den jeweiligen Positionen wichtig ist und was davon in der aktuellen Situation eine höhere Priorität hat. Oft können Gegensätze auch zusammengeführt werden und so ein Kompromiss gefunden werden, währenddessen die Qualitäten der Werte (also welchen Nutzen sie für mich haben) erhalten bleiben.

***Lena** würde es vielleicht sogar in ein Unglück stürzen, wenn sie Hals über Kopf kündigte und noch nicht wüsste, was dann kommt. So plötzlich vogelfrei zu sein wird den Angsthasen in ihr wahrscheinlich sogar wieder stärker machen. Sie braucht also einen guten Plan, wie sie das, was ihr Sicherheit gibt, auch in einer Selbstständigkeit verwirklichen kann, zum Beispiel durch* *eine Finanzplanung, ein gutes Konzept, erste Kunden und so weiter. All diese Dinge kann sie vorbereiten, auch wenn sie noch angestellt ist. Das wird ihr vermutlich erst den Halt geben, den sie braucht, um kreativ und selbstständig werden zu können.*

Sie können diese Fragen auch auf Ihr Selbstbestimmungsprojekt anwenden. Gibt es bei Ihrem Veränderungswunsch ein »Ja schon, aber …« oder »Eigentlich würde ich gern, doch …«? Oft sind dies Hinweise auf Ambivalenzen der inneren Anteile (oder auch der äußeren Erwartungen). Schauen Sie gern noch mal auf die Übersicht Ihrer inneren Anteile, und reflektieren Sie, welche in Bezug auf Ihren Veränderungswunsch eventuell in Konflikt stehen.

So erreichen Sie mehr Klarheit darüber, weshalb Sie manchmal einen Ihrer Werte vernachlässigen, nämlich um einem anderen Wert mehr Raum zu geben. Das ist völlig in Ordnung, solange der »Team-Manager« ausgleicht, also zum Beispiel nicht nur die inneren Anteile »Leistung« oder »Produktivität« nach vorn gehen lässt.

Herzlichen Glückwunsch! Sie haben sich eingelassen, tief zu graben, Werte und Ansichten Ihrer Eltern und der Gesellschaft infrage zu stellen, und sich Ihr eigenes Fundament vergegenwärtigt. Doch statt es als »fertig« und »abgeschlossen« zu betrachten, sehen Sie sich lieber im besten Sinne als *work in progress*. Was haben Sie neben Klarheit und einem inneren Navigationssystem noch gewonnen? Sinn und Bedeutsamkeit!

Sinn und Bedeutsamkeit als Schlüssel zur Authentizität

Das, was wir als sinnhaft erleben, basiert auf unseren Werten, die wir durch verantwortliches Handeln zum Ausdruck bringen.[100] Andersherum kann man es auch so wenden: Aus dem Sinn ergeben sich die Werte. Wenn wir entsprechend unseren Werten und unseren Stärken leben, ergibt sich automatisch ein für uns authentisches, bedeutsames und damit sinnvolles Leben.[101] In der besten Bedeutung dieses Wortes werden wir »eigensinnig«.

Auch hier ist wichtig, dass sich dies für jeden unterschiedlich gestalten kann. Der eine hilft gern Menschen, weil er Hilfsbereitschaft als für sich wichtig einschätzt, der andere löst lieber mathematische Aufgaben, weil er damit dazu beiträgt, eine neue Maschine zu konstruieren, die den Bauern die Arbeit auf dem Feld erleichtert.

Wer den Wert »Familie« stark ausgeprägt empfindet, kann Sinn im Aufziehen von Kindern oder der Pflege von Angehörigen finden. Wer den Wert Freiheit auf seine Fahne geschriebene hat, findet Bedeutsamkeit im Alleinsein und in kontemplativer »Arbeit«. Und für denjenigen, der »Spiritualität« für einen wichtigen Wert hält, fühlt sich das Leben umso bedeutungsvoller an, je mehr Raum er der Ausübung seiner Religion oder Spiritualität gibt.

Ergebnisse aus Studien in der westlichen Welt zeigen die Top-Ten-Werte, die am stärksten mit Sinnerfüllung im Zusammenhang stehen: Generativität (Tun oder Erschaffen von Dingen mit bleibendem Wert), Fürsorge (Fürsorglichkeit und Hilfsbereitschaft), Religiosität beziehungsweise Spiritualität, Harmonie (mit sich selbst und anderen), Entwicklung (Wachstum), soziales Engagement (Eintreten für Gemeinwohl und Menschenrechte), bewusstes Erleben (Achtsamkeit und Rituale), Naturverbundenheit, Kreativität sowie Gemeinschaft (Nähe und Freundschaft).[102]

Sinnerfüllung ist die grundlegende Erfahrung, dass das eigene Leben sinnhaft und wertvoll ist, dass es sich lohnt zu leben.[103] Sinnerfüllte Menschen bewerten ihr Leben als bedeutsam (»Mein Handeln hat Bedeutung, ich bin nicht irrelevant«), kohärent (»Meine Werte und das, was ich tatsächlich tue, sind stimmig«), orientiert (»Ich habe ein inneres Navigationssystem, eine Richtung im Leben, die mir besonders bei Entscheidungen hilft«) und zugehörig (»Ich habe einen Platz auf dieser Welt, ich bin nicht isoliert, sondern sehe mich als Teil eines größeren Ganzen«).[104]

Ein selbstbestimmtes Leben ist also ein sinnhaftes. Haben wir hingegen den Eindruck, fremdbestimmt zu sein, verlieren wir das Gefühl der Kontrolle und damit unserer Bedeutsamkeit, Orientierung und Kohärenz, also unser Sinnerleben.

Dabei ist das Verständnis von »Sinnhaftigkeit« nicht zu hoch anzusetzen. Wir müssen nicht alle einen Job haben, der ausschließlich sinnvoll ist, oder ständig nur sinnvolle Tätigkeiten ausüben. Dies könnte erneut zu einer Überforderung und zum Wunsch der Optimierung führen, die ja gerade nicht unbedingt authentisch ist. Der Job kann auch einfach nur dazu da sein, Geld zu verdienen, um das Bedürfnis nach Sicherheit zu befriedigen. Da muss kein übergeordneter Sinn dahinterstehen. Schön, wenn es so wäre, aber es muss nicht sein. Das wird sich auch daran bemessen, ob der Beruf einen Ihnen hohen Wert abdeckt. Gleichzeitig geht es immer um die subjektive Be*wert*ung der Situation oder der Beschäftigung. Eine Putzfrau kann großen Sinn in ihrer Tätigkeit finden, wenn sie bemerkt, wie wertvoll es ist, einen schönen, angenehmen Raum für andere zu schaffen. Ähnlich kann eine Kassenkraft sehr zufrieden damit sein, Menschen mit lebensnotwendigem Essen zu versorgen.

So stellen sich »Sinnkrisen« vor allem dann ein, wenn wir die bedeutenden, wertvollen Momente im Leben nicht mehr sehen und spüren können.

So ähnlich geht es unserem Klienten ***Toni****. Er hat Probleme, in seinen aktuellen beruflichen Aufgaben seine Talente und Interessen einzubringen. Er vermisst den »alten Toni« und hat sinnbildlich das Gefühl zu »verhungern«. Seine Werte setzt er nicht ausreichend um, und ihm fehlt das Gefühl von Stimmigkeit, sich im »richtigen« Leben zu befinden. Nach der intensiven Familienphase, die ihm viel Sinn und Eingebundensein geschenkt hat, muss er erst wieder entdecken, wer er als Toni (und nicht nur als Vater und Ehemann) ist.*

Folgende simple Übung können Sie täglich einmal machen, um Ihre persönliche Sinnhaftigkeit jedes einzelnen Tages festzuhalten und aufzufrischen:

»Schreiben Sie sich jeden Abend nur eine einzige Sache auf, die Ihnen am Tag sinnvoll erschien.«[105]
Es dürfen auch vermeintlich unbedeutende und kleine Dinge genannt werden (zum Beispiel für einen Kollegen eine Mail beantwortet, für die Partnerin eingekauft, jemandem aufmerksam zugehört, Blumen gegossen, das Kind in die Schule gebracht zu haben …). Der Blick darauf lässt das Gefühl von Sinnhaftigkeit steigen. Gerade in schwierigen Phasen des Lebens können wir uns mit Sinnhaftigkeit über Wasser halten.

Inwiefern ist dies nun wichtig für Sie und Ihre Lebensgestaltung im Hinblick auf ein selbstbestimmtes Leben und Ihr konkretes Selbstbestimmungsprojekt?

Wenn Sie sich autonom und selbstbestimmt fühlen, haben Sie eine höhere Wahrscheinlichkeit, auch Sinn und Bedeutsamkeit in Ihrem Leben zu sehen. Ebenso haben Sie automatisch höhere Chancen, Sinn und Bedeutsamkeit zu empfinden, wenn Sie nach Ihren Werten leben und ein inneres Navigationssystem haben. Dabei gibt es Werte, die stärker Sinn stiften als andere, wie beispielsweise soziale Beziehungen, an denen Sie sich orientieren können. Verspüren Sie Sinn und Bedeutsamkeit in Ihrem Leben, haben Sie eine höhere Wahrscheinlichkeit, dass es Ihnen trotz Stress und Herausforderungen gut geht und Sie gesund bleiben. Sinnhaftigkeit wirkt als Stresspuffer. Es mögen die Umstände noch so schwer sein, Sie noch so viel Stress und Belastungen ausgesetzt sein, wenn Sie das »Warum« und »Wozu« in Ihrem Leben kennen, lässt sich dies alles leichter ertragen, aber vor allem konstruktiv bewältigen.[106]

Blicken Sie nun nochmals auf Ihren Lebensstern und auf Ihr Selbstbestimmungsprojekt:

In welchen Situationen und Bereichen erleben Sie Sinnhaftigkeit und Bedeutsamkeit bereits jetzt? Wo können Sie Sinnempfinden stärken oder Bedeutsamkeit generieren, auch in Bezug auf Ihre Talente, Fähigkeiten und Werte?

Authentisch zu leben bedeutet also, sich und seinen Werten treu zu bleiben beziehungsweise diese über den Verlauf der Zeit und situationsentsprechend anzupassen, aber immer stimmig mit sich selbst. Dabei werden Sie automatisch bestimmte Erwartungen an Ihr Leben, an andere Menschen und an sich selbst richten sowie im Spannungsfeld zu den Ansprüchen der anderen und der Gesellschaft stehen.

Kennen Sie die folgenden Gedanken? »Da hab ich mir aber mehr erwartet!«, »Was denken wohl die anderen?«, »O nein, ich mag niemanden enttäuschen!«, »Wie steh ich dann vor mir selbst da?« – Konflikte über Konflikte, die sich da in uns und im Kontext unseres Umfelds ergeben. Manchmal wagen wir es nicht mal, unsere eigenen Wünsche zu denken, geschweige denn, sie zu formulieren, weil wir sie durch antizipierte Enttäuschungen anderer bereits vor dem Sprießen begraben. Als soziale Wesen findet Selbstbestimmung immer im Kontext von anderen statt. Und würden wir uns isolieren und als Eremiten in Alaska leben, wären wir dennoch nicht automatisch frei. Denn in unserem Kopf werden unsere fordernden inneren und verinnerlichten Stimmen weiterhin laut, vielleicht sogar besonders, wenn wir allein sind. Deshalb wenden wir uns nun dem Erwartungsmanagement zu.

Mit eigenen und fremden Erwartungen umgehen

Bevor Sie falsche Erwartungen haben, stellen wir lieber gleich klar, dass es keine einfache, allgemeingültige Lösung geben wird. Das haben Sie sich aber wahrscheinlich bereits gedacht, wenn Sie es mit der Lektüre des Buches bis hierher geschafft haben. Insofern wird Ihre Enttäuschung jetzt nicht zu groß sein. Und um für ein realistisches Erwartungsmanagement bezüglich der Inhalte zu sorgen, sagen wir Ihnen einleitend, was Sie in diesem Kapitel erhoffen dürfen (und was auch nicht). Lassen Sie aber Raum für Überraschungen, denn dann – das versprechen wir Ihnen – werden Sie sich besonders gut fühlen. Weshalb, erfahren Sie gleich.

Um Folgendes wird es gehen:

- wie *Erwartungen* mit *Zufriedenheit* und *Enttäuschung* zusammenhängen und wie sie sich in unserem Gehirn repräsentieren,
- wie Sie mit Ihren *eigenen Erwartungen* an sich selbst und anderen gegenüber umgehen,
- wie Sie sich *von Erwartungen von außen*, insbesondere von Ihren Eltern, unabhängiger machen und
- wie Sie es schaffen, *andere zu enttäuschen*. Wenn es um Erwartungsmanagement geht, muss es auch um Enttäuschungen und den Umgang mit »negativen« Gefühlen gehen.

BELOHNUNG UND ENTTÄUSCHUNG

Zunächst wagen wir einen Blick ins Gehirn, um ganz vereinfacht zu verstehen, wie auf neurobiologischer Ebene Enttäuschungen und Erwartungen generiert werden, wie also unser Belohnungssystem funktioniert.[107] Dabei werden Sie an Aspekte vom Anfang des Buches erinnert, als es um die Selbstbestimmungstheorie ging.

Im Grunde geht es dem Menschen bei all seinen Handlungen darum, am Ende glücklich oder in der Minimalversion keinem

Leid ausgesetzt zu sein, wofür unser Gehirn Sorge trägt. Aus unseren inneren Anteilen mit all ihren Bedürfnissen, Trieben und Werten, die oft unbewusst sind, sowie aus bewussten rationalen Überlegungen hinsichtlich Kosten-Nutzen-Abwägungen (unserem reflexiven Selbst als Verstand) bilden sich unsere Motive, also die Gründe für unser Handeln. Diese Gründe liegen auf einem Spektrum zwischen selbst- und fremdbestimmt.

Wir sind dann motiviert, wenn die angenommenen (kurzfristigen) Konsequenzen positiv, attraktiv und glückverheißend sind. Besonders stark spüren wir dies zum Beispiel, wenn wir verliebt sind, Vorfreude auf einen Urlaub spüren oder unbedingt die Schokolade vor uns essen wollen. Dann setzen wir Dopamin frei, das Verlangen auslöst. Wir haben bildlich gesprochen Appetit. Zudem schenken uns dann andere »positive Botenstoffe« zusätzlich noch Glücksgefühle, also Belohnungen. Dazu zählen beispielsweise Endorphine, die zu den körpereigenen Opioiden zählen. Unser Verlangen nach etwas und die Erwartung auf Belohnung treiben uns also zum Handeln an und lassen uns dementsprechend Entscheidungen treffen.

Die zweite Möglichkeit und Richtung für unser Handeln ergibt sich, wenn wir von irgendwas weg möchten und etwas nicht wollen (Aversion). Vereinfacht gesagt, gibt es also nur zwei wesentliche Richtungen unseres Handelns: entweder den Lustgewinn steigern oder Unlust vermeiden und unangenehmen Gefühlen ausweichen. Vermeiden wir »negative« Situationen beziehungsweise Gefühle, indem wir uns Ängsten, Ungewohntem oder Konflikten nicht aussetzen, werden wir ebenso durch die Ausschüttung der »positiven« Botenstoffe belohnt. Das ist der Grund, warum wir uns manchmal so schwer tun, aus unseren Gewohnheiten oder Komfortzonen auszubrechen. Mit dem Nachlassen von Ängsten beziehungsweise Anspannungszuständen stellt sich nämlich ein wohliges Gefühl ein.

Beide Handlungsrichtungen (»hin zu« und »weg von«) werden durch Dopamin und die anderen Botenstoffe vermittelt. Eine hohe Dopaminkonzentration bedeutet eine hohe Erwartung auf die Belohnung (im Sinne von »Das wird sich gut anfühlen«). Die Botschaft lautet dann: »Richtige Richtung! Mehr davon!« Unser Gehirn gleicht blitzschnell ab: Hat sich der Aufwand im Verhältnis zum erzielten Wohlgefühl, zur Belohnung auch gelohnt? Haben wir genug Endorphine und andere positive Botenstoffe (von uns selbst, also intrinsisch, durch die guten Gefühle oder von außen, extrinsisch, durch Lob, Anerkennung, Geld, Aufstieg, Macht und so weiter) für unsere Anstrengung »bekommen«? Wenn ja, dann sind wir »glücklich« und motiviert, wenn nein, dann sind wir »enttäuscht« und demotiviert: »Mein Einsatz hat sich nicht wirklich gelohnt, meine Handlungen konnten kein ausreichend gutes Gefühl generieren, ich bin frustriert.«

Dies sind alles recht kurzfristige Prozesse. Der Hintergrund ist der, dass wir evolutionsbiologisch Energie sparen müssen und anhand dieses inneren Systems entscheiden, wo sich der Einsatz unserer Energie lohnt und wo eben nicht. Und so kommen wir zu den Erwartungen. Denn es werden nicht nur unsere tatsächlichen Handlungen oder reales Engagement belohnt oder enttäuscht. Es geht manchmal nur um unsere Annahmen und unsere Vorstellungen darüber, wie wir glauben, dass die erwartete Belohnung zu sein hätte.

Man könnte nun denken, dass wohlige Zufriedenheit entsteht, wenn Erwartung und Realität übereinstimmen. Dem ist aber nicht so. Denn neben den »Belohnungs-« gibt es sogenannte »Enttäuschungsneuronen«,[108] die interessanterweise auch dann aktiv sind, wenn unsere Erwartungen deckungsgleich erfüllt werden, es also keinen Überraschungseffekt gibt. Wüssten Sie im Vorhinein, wann Sie am Roulettetisch gewinnen, oder bekämen Sie jedes Mal dieselbe Summe, verlören Sie das Interesse am Spiel. Es wird vorhersagbar, Sie verlieren die Lust, weil es keinen »Kitzel« mehr gibt. Die Dopaminausschüttung (das Verlangen) sowie die Ausschüttung der »Belohnungshormone« erschöpfen sich.

Dieses Phänomen kennen Sie vielleicht auch von Prüfungen: Sie haben lange für eine Prüfung gelernt und den Tag ersehnt, wenn es endlich geschafft ist. Nun haben Sie die Prüfung erwartungsgemäß bestanden, und es tritt kein besonders großartiges Gefühl auf. Sie sind fast ein bisschen enttäuscht, denn Sie hätten sich ein größeres »High« erwartet. Oder nehmen wir ein Beispiel aus dem Berufsleben: wenn klar ist, dass Sie jedes Jahr eine Gehaltserhöhung von fünf Prozent bekommen, werden sich dadurch keine besonders großartigen Gefühle einstellen, sie bleiben eher neutral. Es ist selbstverständlich geworden, dass Sie eine Gehaltserhöhung erhalten. Sie entwickeln eine sogenannte Toleranz. Wenn etwas zur Selbstverständlichkeit wird, werden die »Belohnungsneuronen« leiser und die »Enttäuschungsneuronen« lauter. Fällt die Belohnung niedriger aus als erwartet, feuern die »Enttäuschungsneuronen« besonders stark, und es kommt nicht nur zu faden oder neutralen, sondern zu deutlich unangenehmeren Gefühlen wie Unzufriedenheit, Frustration, Trauer und eben Enttäuschung. Der Neurowissenschaftler Robert Sapolsky fasst dieses Phänomen folgendermaßen zusammen: »Was gestern ein unerwartetes Vergnügen war, empfinden wir heute als unser Recht und morgen als zu wenig.«[109]

Angenommen, Sie gehen davon aus, dass Sie jedes Jahr eine Gehaltserhöhung von fünf Prozent erhalten, aber dieses Jahr bekommen Sie nur ein Prozent: Klar sind Sie enttäuscht. Erhalten Sie dieses Jahr aber überraschenderweise einen Bonus von zehn Prozent, springen Sie vielleicht vor Freude. Sie sind total motiviert, denn Ihre Erwartungen wurden übertroffen! Dass das dann nicht wirklich eine autonome Motivation darstellt, interessiert Ihr dopamin- und endorphinhungriges Gehirn erst mal nicht.

Es ist also ein ziemlich schwieriges Unterfangen, einen anhaltenden Zustand des »Nichtswollens« – also entspannt, zufrieden und »wunschlos glücklich« zu sein – herzustellen. Dieser tritt meist nur kurzfristig ein, wenn für einen Moment all unsere Bedürfnisse erfüllt und unsere Erwartungen ein bisschen übertroffen sind. Dieser Zustand ist allerdings recht erstrebenswert, denn dann tritt innere Ruhe ein. Man fühlt sich im richtigen Leben, am richtigen Ort mit den richtigen Beschäftigungen und mit den richtigen Menschen in seiner Umgebung. In diesem sehr selbstbestimmten Zustand wird vor allem das sogenannte »Kuschel- und Bindungshormon« Oxytocin ausgeschüttet, das zu diesen wohligen und warmen Gefühlen führt. Oxytocin wiederum führt zu prosozialem Verhalten.[110] Das bedeutet, dass wir gerade dann, wenn wir ausgeglichen und zufrieden sind, uns stimmig mit uns und der Welt fühlen, mehr Mitgefühl mit anderen haben und wohlwollender sowie unterstützender anderen gegenüber sind. So können wir sogar auf Botenstoffebene sehen, dass Selbstbestimmung nicht egoistisch ist. Im Gegensatz dazu wird unser Mitgefühl automatisch weniger, wenn wir uns im Stress befinden, also in Dissonanz leben. Dann ist unser Kampf-und-Flucht-System aktiviert und wir müssen uns zuerst um uns selbst kümmern beziehungsweise sind mit uns und unseren unangenehmen Gefühlen beschäftigt. Mit sich im »Unreinen« zu sein ist also tendenziell mit egoistischerem Verhalten verbunden.[111]

DER UMGANG MIT DEN EIGENEN ERWARTUNGEN

Vom Blick ins Gehirn gehen wir nun weiter zur Psychologie und schauen uns an, von welchen Erwartungen wir selbst Urheber sind und wie wir mit ihnen förderlich umgehen. Wie viel »dürfen« Sie also von sich und anderen erwarten?

Was sind Erwartungen?

Unsere Erwartungshaltung kann sich darauf beziehen, was wir mit unserem eigenen Handeln bewirken. Dies wird auch *»Selbstwirksamkeitserwartung«* genannt und meint die Fähigkeit, realistisch in die Zukunft zu blicken, die eigenen Fähigkeiten wirklichkeitsnah einzuschätzen und auch zu wissen, ab wann wir externe Unterstützung brauchen. Angenommen, wir sind mit einem Problem konfrontiert: Wir gehen blitzschnell und oft auch unbewusst unsere bisherigen Erfahrungen und Kompetenzen durch und geben uns selbst eine Voraussage darüber, ob wir diese Herausforderung meistern werden. Je stärker wir erwarten, das Problem zu lösen, desto zuversichtlicher und motivierter sind wir auch. Erwarten wir allerdings zu viel von unserer Selbstwirksamkeit, überschätzen wir uns und unsere Fähigkeiten oder haben wir zu hohe und unrealistische Ansprüche an unsere Leistungsfähigkeit, erschöpfen wir uns gegebenenfalls oder werden frustriert, weil wir unsere eigene Messlatte ständig reißen. Unser Selbstwertgefühl nimmt ab.

Unsere Erwartungen beziehen sich auch darauf, von wem oder was das Eintreten eines gewünschten Ergebnisses oder Ereignisses abhängt. Sind wir selbst in der Lage, Einfluss zu nehmen und aktiv zu einer Problemlösung beizutragen, haben wir eine starke *Kontrollüberzeugung*. Wir verstehen dann, dass eine bestimmte Erwartung zu erfüllen großenteils unter unserer eigenen Kontrolle liegt. Eine hohe Selbstwirksamkeitserwartung sowie Kontrollüberzeugung zu haben ist positiv mit psychischer Gesundheit und Widerstandsfähigkeit assoziiert.[112]

Eine überwiegend negative Erwartungshaltung wird auch als »pessimistisch« bezeichnet: »Ich glaube, es wird schiefgehen«, »Ich werde sicher (mal wieder) enttäuscht«, »Ich bekomme das eh nicht hin« … Im Gegensatz zu dieser Hoffnungslosigkeit ist der Optimist zuversichtlich, dass seine Erwartung an ihn selbst und an andere auch eintreten werden. Dabei bleibt er aber realistisch. So sind wir eher handlungsfähig und lösungsorientiert. Übertriebener Optimismus würde zu überhöhten, unrealistischen Erwartungen an sich selbst und andere führen, die enttäuscht werden müssen. Außerdem würde es uns zu unvorsichtigem Verhalten verleiten. Realistische Vorhersagen helfen uns auch, gut mit Herausforderungen oder Konflikten umzugehen, weil wir bereits vorausschen, was uns erwartet.[113]

Unsere Erwartungen können sich außerdem auf Objekte, andere Menschen oder Umweltbedingungen beziehen. Wenn ich einen Tacker nutze, erwarte ich, dass er meine ausgedruckten Blätter zusammenheftet. Im Gegensatz übrigens zu meinem Mann, der mittlerweile aufgrund realistischer Erfahrungen grundsätzlich erwartet, dass keine Klammern mehr drin sind oder sich diese verbiegen beziehungsweise klemmen. Er macht sich glücklich mit Loseblattsammlungen. Kaufe ich ein Auto, erwarte ich aber schon, dass es fährt. Diese Erwartungen sind leicht auf ihren Realismusgehalt hin zu überprüfen. Die Betriebsanleitungen und Verkaufsverträge bieten eine gute Grundlage. Schwieriger wird es schon mit dem geplanten Ausflug am Wochenende bei erwartetem schönem Wetter – und dann regnet es doch. Und am schwierigsten ist es, wenn sich unsere Erwartungen auf das Verhalten anderer Menschen beziehen oder gleich auf das gesamte Leben.

Jetzt könnten Sie fragen: »Na gut, hab ich verstanden, aber ist das jetzt so wichtig für meinen Alltag?« Ja, ist es, denn unsere eigene Erwartungshaltung hat massive Konsequenzen vor allem für uns selbst, und wir wissen davon meist nichts. Haben Sie schon mal von der selbsterfüllenden Prophezeiung *(self-fulfilling prophecy)* gehört, die besagt, dass das eintritt, was wir vorhersagen? Falls Sie bisher dachten, dass das esoterischer Hokuspokus ist, werden wir Sie jetzt überraschen. Die *self-fulfilling prophecy* können wir auch »Placebo-Effekt« nennen, und von diesem haben Sie bestimmt schon gehört. Placebos (lat. *placebo* = ich werde gefallen) sind vor allem in Studien verabreichte Medikamente oder Behandlungen, die keinen Wirkstoff oder keine echte Therapie enthalten, um den Effekt des tatsächlichen Medikaments beziehungsweise der realen Behandlung im Vergleich messen zu können. Zeigt die echte Therapie keine über die Scheintherapie hinausgehenden Effekte, kann ihre Wirksamkeit nicht belegt werden. Ob aber ein Placebo oder das Verum, also das echte Medikament, verabreicht wird, wissen innerhalb des Studienverlaufes weder Patient noch Arzt.

Große Übersichtsarbeiten zeigen nun, dass beispielsweise depressive Menschen in Studien stark auf das Placebo ansprechen. So stark, dass der Unterschied in der Reduktion der Symptome zwischen Placebo und Verum zum Beispiel bei Depressiven nur circa 25 Prozent beträgt.[114] Das bedeutet nun nicht, dass die Medikamente nicht dennoch sehr wirksam wären. Aber erstaunlich ist doch, dass Menschen auf Zuckerpillen so stark reagieren, dass sich handfeste Krankheitssymptome reduzieren. Dies ist übrigens nicht nur bei psychischen Erkrankungen der Fall, sondern beispielsweise auch bei Schmerzen oder der Parkinson Krankheit.

Woran liegt das? Vor allem an den Erwartungen der Patienten. Allein die positive Erwartung, ein Medikament zu bekommen, das wirkt, hat zu einer tatsächlichen Reduktion der Beschwerden geführt. Denselben Effekt sehen wir auch, wenn es um echte Medikamente geht. Zum Beispiel beim Einsatz eines hochwirksamen Schmerzmittels: Eine positive Erwartung konnte die schmerzlindernde Wirkung verdoppeln, eine negative hingegen die Effektivität des Schmerzmittels stark reduzieren. Die Ergebnisse wurden in dieser Studie nicht nur auf die Aussagen der Patienten gestützt, sondern in Hirnscans belegt. Das Gehirn zeigt also aufgrund der unterschiedlichen Erwartungen verschiedene Schmerzverarbeitungen.[115] Zu stark idealisierte Vorstellungen oder Fantasien und damit überzogene Erwartungen hinsichtlich des Therapieerfolgs sind allerdings auch nicht förderlich.[116]

Andersherum können auch negative Effekte durch unsere Überzeugungen ausgelöst werden. Erwarte ich bestimmte Nebenwirkungen, werden diese auch häufiger tatsächlich eintreten; das ist der sogenannte Nocebo-Effekt (lat. *nocebo* = ich werde schaden). Wurden zum Beispiel Patienten darüber aufgeklärt, dass sie nach einer bestimmten Untersuchung Kopfschmerzen bekommen können, trat diese Nebenwirkung bei 47 Prozent von ihnen ein; erfolgte keine Aufklärung, hatten nur acht Prozent Kopfweh.[117]

Dies alles soll zeigen, dass unsere Erwartungen an den Erfolg oder Misserfolg einer Sache eine entscheidende Rolle spielen und wir über ein realistisches Erwartungsmanagement den Ausgang eines Unterfangens durch unsere Erwartungshaltung dazu durchaus beeinflussen. Eine Tür also, die in beide Richtungen schwingt. Ob positiv oder negativ, unsere »Prophezeiungen« erfüllen sich. Wir können dies für uns nutzen und dementsprechend unsere

Erwartungen, also unsere Gedanken, formulieren und uns positiv verstärken. Dass diese Phänomene nicht »eingebildet« sind, zeigen uns Studien, die tatsächliche Veränderungen im Körper und im Gehirn belegen, vor allem im Belohnungssystem. Die Überzeugung, dass ein Problem gelöst werden wird oder der Schmerz nachlässt, ist beispielsweise mit Stressreduktion und der Aktivierung des Belohnungssystems beziehungsweise der Ausschüttung körpereigener Opioide verknüpft, was anhand von Messungen der Botenstoffkonzentrationen objektiviert werden kann. Hingegen führt die Annahme, dass etwas schlecht ausgehen wird, zu erhöhter Anspannung und Angst. Werden die Placebos ohne Erwartung eingesetzt, also als das, was sie sind, wirkungslose Zuckerpillen, oder »glaubt« der Patient nicht an deren Wirkung, haben sie weder einen psychologischen noch einen körperlichen Effekt. Die Wirkung ist an die Überzeugung, den Glauben daran geknüpft.[118]

Die beschriebenen Phänomene beziehen sich hier vor allem auf Patienten, weil sie in diesem Kontext besonders gut untersucht sind. Sie finden sich aber auf exakt dieselbe Weise in jeder anderen Situation: Erwarten Sie, dass Sie sich verändern können, dass Sie selbstbestimmter leben werden, haben Sie tatsächlich höhere Chancen. Auch das ist in Studien belegt worden.[119]

Zusammenfassend können wir festhalten:

- Überhöhte Erwartungen (an sich und andere) werden immer enttäuscht und gehen mit unangenehmen Gefühlen einher.
- Ganz realistische Erwartungen, die dann auch vorhersehbar erfüllt werden, fühlen sich meist nur neutral an. Realistische Erwartungen, die sich wiederholt erfüllen und damit

selbstverständlich werden, können sogar fad und langweilig werden.
- Niedrigere Erwartungen können leichter überraschend übertroffen werden, was zu besonders angenehmen Gefühlen führt.
- Unsere eigenen Erwartungen haben großen Einfluss auf den tatsächlichen Ausgang bestimmter Ereignisse oder Situationen *(self-fulfilling prophecy)*.

Der Umgang mit Enttäuschungen sagt viel über uns und unsere Sichtweisen und Einstellungen aus. Die Auseinandersetzung mit Ihren eigenen Enttäuschungen kann Ihnen noch mal klarer machen, welches Bild Sie von sich haben, was vielleicht Ihre blinden Flecken sind, wo Ihre Verletzbarkeiten und (kindlichen) inneren Anteile liegen, aber auch, was Ihnen wichtig ist und am Herzen liegt.

Der Vergleich mit anderen

Die Mechanismen des Belohnungssystems und die Psychologie unserer Erwartungen kommen auch zum Tragen, wenn wir uns mit anderen Menschen vergleichen, was uns als sozialen Wesen immanent ist. Je nachdem, wie wir im Vergleich abschneiden, feuern unsere »Belohnungsneuronen«, wenn wir gut davonkommen, oder unsere »Enttäuschungsneuronen«, wenn wir anderen unterlegen sind. Allerdings spielt auch da die eigene Haltung eine wichtige Rolle. Die Studienlage zeigt, dass wir uns deutlich häufiger »aufwärts«, also mit Menschen, die uns in irgendeiner Weise überlegen sind, als »abwärts« vergleichen und wir uns selbst vornehmlich »schlechter« als andere einschätzen.[120] Dies ist nachweislich ungünstig fürs Selbstwertgefühl und mit einer tendenziell verschlechterten Stimmung und niedrigerer Selbstwirksamkeit verknüpft.[121] Die »Enttäuschungsneuronen« feuern, weil wir gefühlt unter unseren Erwartungen an uns selbst und denen der anderen bleiben: »Da wäre mehr drin gewesen. Ich genüge nicht. Und das, wo ich doch gefallen will!« Egal, wie »hoch« wir uns einordnen, wir finden immer noch jemanden, der besser dasteht. Wir verlieren sprichwörtlich den Wettbewerb mit den anderen.

Gerade die sozialen Medien verstärken diese Automatismen, da uns zum einen nun Menschen und deren Leben sichtbar und zugänglich gemacht werden, die sonst unerreichbar für uns wären, und zum anderen ihre Präsentation durch Inszenierung und Filter so perfekt ist, dass sie noch viel »erstrebenswerter«, weil »besser« wirken. Je perfekter, schöner, trainierter, fitter, belastbarer, produktiver, glücklicher und so weiter aber die Darstellungen der anderen ist, desto schlechter müssen wir im Vergleich abschneiden.

Laut einer aktuellen Studie führt die Nutzung der sozialen Medien zu massiver auftretenden Vergleichen und damit zu einem stärkeren Selbstwertverlust als der Vergleich in der analogen Welt. Gerade diejenigen, die sowieso schon unsicherer sind, vergleichen sich besonders intensiv und leiden dementsprechend auch mehr darunter. Lebenszufriedenheit, Stimmung und Wohlbefinden sinken.[122] Ein negativer Kreislauf beginnt, denn mit schlechterem Selbstwertgefühl und größerer innerer Unsicherheit vergleichen wir uns umso intensiver mit den Unerreichbaren.

Aus anderen Studien wissen wir, dass vor allem Frauen ihre eigenen Verhaltensweisen ständig in einen Bezug zu anderen setzen und danach ausrichten. Im Durchschnitt checken Frauen alle dreißig Sekunden ihr Aussehen.[123] Ist mein Bauchspeck kaschiert? Sitzt das Make-up? Aber ganz ehrlich: Wen interessiert das eigentlich?

Durch den Vergleich mit anderen identifizieren wir uns aber auch mit dem Leben der anderen, suchen Inspiration und Motivation. Leider passiert es dabei häufig, dass wir dann auch so sein oder Dinge besitzen wollen wie die anderen. Schmecken Nachbars Kirschen nicht immer süßer? Letztlich sind wir neidisch auf die Dopamin- und Endorphinausschüttung von oftmals Fremden.

Das Gefühl, im Mangel zu sein, lenkt uns aber von unserer authentischen Lebensweise ab, denn wir kümmern uns eventuell an falscher Stelle, »auch etwas vom Kuchen« abzubekommen, und werden zu einer falschen Abzweigung verlockt, die für uns nicht stimmig ist. Vergleichen Sie sich beispielsweise mit der Instagram-Influencerin, die 100 000 Followers hat und anpreist, wie Sie online richtig Geld machen können, stellen Sie sich vielleicht auch die Frage, ob Sie sich nicht in diese Richtung orientieren sollten. Nicht, weil es das ist, was Sie wirklich wollen oder zu Ihnen passen würde, sondern weil Ihre Neuronen Sie verlocken: »Bau dir auch dein Online-Business auf, dann kannst du mehr Geld und Ansehen gewinnen. Buche jetzt den Kurs ›Wie Sie in zehn Wochen zum Millionär und endlich glücklich sein werden‹, dann gibt es bestimmt mehr Dopaminausschüttung …«

*Oder wie es **Toni** geht: Er beobachtete, dass ein Bekannter, der sich als Schreiner selbstständig gemacht hatte, damit gut verdiente, und bedauert, dass er selbst seinem handwerklichen Talent nicht nachgegangen war und jetzt als Projektmanager vor allem am Schreibtisch sitzt.*
Er denkt: »Mist, das hätte ich auch mal machen sollen.«
Bei genauerem Hinsehen gibt es aber genügend Gründe, weshalb Toni sich damals nicht dazu entschieden hat, Schreiner zu

werden, und nach realistischer Betrachtung wäre es auch aktuell nicht wirklich das, was er im Hier und Jetzt wollen würde.

Warum vergleichen wir uns denn überhaupt? Der Hintergrund ist, dass wir als soziale Wesen Zugehörigkeit suchen und den Ausschluss aus einer Gemeinschaft um (fast) jeden Preis verhindern wollen. Unser guter Ruf, die Reputation ist uns extrem wichtig und evolutionsbiologisch auch lebensnotwendig: »Gehöre ich dazu? Was muss ich tun, um von den anderen angenommen zu werden?«, das sind die zentralen Fragen.

Ein zweiter Faktor, der den Vergleich antreibt, ist das kapitalistische System, das auf Wettbewerb, Optimierung sowie Beschleunigung ausgerichtet ist. Dieser fällt auf sehr fruchtbaren neurobiologischen Boden. Würde unser Gehirn mit seinem Belohnungssystem nicht so funktionieren, wie es funktioniert, hätte der Kapitalismus viel weniger Erfolg.

Vergleich ist aber nicht nur schlecht, denn wir lernen auch von Vorbildern, gerade indem wir uns vergleichen. Wir können uns durch die Beobachtung von anderen inspirieren und motivieren lassen, stärken unsere Handlungsoptionen und bekommen Mut und die Zuversicht, Ähnliches erreichen zu können. Wenn wir uns »nach unten« vergleichen, können wir sogar dankbare und tröstende Gefühle entwickeln: »Wie froh ich bin, dass ich so eine schöne Wohnung habe, dass ich im Frieden lebe, dass ich ein großes soziales Netz habe im Vergleich zu vielen, die dies nicht genießen können.« Die Gefahr beim Abwärtsvergleich ist allerdings eine Überhöhung der eigenen Person und die Abwertung der anderen.

Was also tun, wenn es darum geht, selbstbestimmter zu sein? Sich weniger nach oben vergleichen und nicht so sehr von der

Ansicht der anderen abhängig machen. Leichter gesagt als getan! Ein guter Start ist, sich die grundsätzlichen zugrunde liegenden Mechanismen bewusst zu machen und sich immer mal wieder, gerade dann, wenn man sich von sich selbst enttäuscht fühlt, zu hinterfragen: »Mit wem vergleiche ich mich gerade?«, »Wem ›folge‹ ich in den sozialen Medien?«, »Was ist mein Bezugssystem?« ... Und sich dann darauf zu besinnen, was uns persönlich wichtig ist, was unsere eigenen Werte sind und was der für uns stimmige Weg ist.

Der innere Kompass, den Sie sich im vorletzten Kapitel aufgebaut haben, ist hier richtungweisend: »Will ich das wirklich? Entspricht das meinem Selbstbestimmungsprojekt? Entspricht das mir?« Statt sich mit den anderen Menschen zu vergleichen, könnten wir uns eher mit uns selbst vergleichen, wie wir schon waren, wie wir uns bereits entwickelt haben, wer wir früher waren, wer wir sein wollen. Das macht uns unabhängiger von anderen und stärkt auch unseren Selbstwert, weil wir uns auf unsere Werte und Fähigkeiten besinnen.

Dass dies nicht immer leicht ist, kennen wir alle. Dopamin ist eine schlecht kontrollierbare, manchmal aggressive Verlockung, die der Selbstbestimmung oft entgegengerichtet ist. Das wissen diejenigen am besten, die süchtig sind (nach Zigaretten, Kaffee, Zucker, Computerspielen, dem Internet, dem Smartphone, Alkohol oder Ähnlichem) oder je mit Süchtigen zu tun hatten.

»Richtige« Erwartungen an sich und andere

»Ich habe mir mehr erwartet … von mir, von anderen, vom Leben«: der verbalisierte Ausdruck hochaktiver »Enttäuschungsneuronen«. Weihnachten ist ein gutes Beispiel für vorprogrammierte Eskalation und Krisen aufgrund überfrachteter Erwartungen unterschiedlichster Protagonisten. Nicht umsonst erscheint Weihnachten auf der Liste der stressreichsten Life-Events.[124]

Aber auch sonst haben wir in vielen Bereichen überhöhte, romantisierte Erwartungen von A wie Arbeit bis W wie Wochenbett. (Haben Sie sich noch ein Z erwartet? Ha, enttäuscht!) Das Wochenbett ist ein gutes Beispiel, da hier oftmals Wunsch und Realität stark auseinanderdriften, wie ich etwa auf einem Instagram-Post entdeckt habe: »Ich dachte nach der Geburt meines Kindes an ein kuscheliges, romantisches und gemütliches Kennenlernen – so, wie es überall steht, dass es sein sollte. Ich habe es mir so wunderschön vorgestellt – und dann: zack, das Leben.«

Auch zu niedrige Erwartungen, die uns das Leben schwer machen, kennen wir alle: Ein pauschales »Das werde ich nicht schaffen«, obwohl Sie sich gar nicht sicher sein können und es bisher nie ausprobiert haben, oder »Mein Mann wird es nicht hinbekommen, sich heute Abend allein um die Kinder zu kümmern« sind tiefstapelnde Prophezeiungen, aber eben nur Ihre Annahmen, die nicht der Realität entsprechen müssen.

Was darf (besser: sollte) man sich nun erwarten mit der Intention, dass es zuträglich für ein gutes, authentisches Leben ist, und wie kann das funktionieren?

Ziel kann nicht sein, sich generell vor Enttäuschungen zu bewahren, denn das ist unmöglich und auch nicht nötig, weil wir durchaus unangenehme Gefühle bewältigen können. Es geht darum zu erkennen, welche Ihrer Erwartungen sinnvoll, förderlich und vor allem authentisch sind und welche nicht. Es geht nicht darum, ein wahnsinnig besonderes Leben zu führen (mit überhöhten Ansprüchen), sondern ein stimmiges. Also braucht es eine realistische Einschätzung zwischen der imaginierten Zukunft (Erwartung) und ihrem tatsächlichen Eintreten.

Der Soziologe Jens Beckert schreibt dazu nüchtern: »Erwartungen unter Bedingungen von Ungewissheit sind ihrem Wesen nach fiktional.«[125] Kann es also nie realistische Erwartungen geben? Nein, denn wir können nicht in die Zukunft blicken und haben oft auch einen verstellten Blick auf die Dinge und uns selbst. Da das Leben grundsätzlich unsicher und nicht vorhersehbar ist, da es meist anders kommt als gedacht, haben Erwartungen an die Zukunft nur einen begrenzten Sinn. Dies gibt uns einerseits Raum für positive Überraschungen. Andererseits könnte man sich jetzt dazu verleiten lassen, besser gar keine Erwartungen mehr an sich und das Leben zu haben. Klar, ein genialer Schutz, um nicht enttäuscht sein zu müssen, und vielleicht manchmal auch genau die richtige Strategie. Allerdings kommen wir ganz ohne Erwartungen nicht mehr ins Handeln, weil wir keinerlei Motivation hätten. Nur durch die Antizipation der Belohnung setzen wir uns ja in Bewegung und zeigen Einsatz. Dabei können wir unsere Ansprüche aber bewusst sowohl ein wenig herunterschrauben, um Raum für Überraschungen und damit die Aktivierung unseres Belohnungssystems zuzulassen, als auch heraufschrauben, um bei Bedarf ein wenig mehr Motivation zu generieren. Diesen Spielraum haben wir meist.

Eine Möglichkeit ist es, die Dinge, über die ich sowieso keine Kontrolle habe, einfach auf mich zukommen zu lassen, nachdem ich überprüft habe, worauf ich tatsächlich Einfluss nehmen kann. Das hat den Vorteil, dass es leichter fällt, sich auf den Augenblick einzulassen, diesen offen wahrzunehmen und im besten Fall zu genießen. Und eben nicht seine Erwartungen nur auf Vollständigkeit zu prüfen und abzuhaken. Denn lenke ich meine Aufmerksamkeit nur darauf, werde ich übersehen, was sich so am Wegesrand auch noch Lehrreiches und Schönes findet – was mich ja positiv überraschen könnte.

Überhaupt bietet es sich an, nicht andauernd Bekanntes zu wiederholen und damit sich selbst zu langweilen, sondern sich immer mal wieder in kleinen Schritten, Sie haben es schon gelesen, aus der Komfortzone herauszuwagen, um positiv davon überrascht zu werden, was Sie alles entdecken und lernen können. So stärken Sie Ihr Selbstwertgefühl und Ihre Selbstwirksamkeit, weil Sie Ihre Erwartungen hinsichtlich Ihrer eigenen Fähigkeiten übertreffen.

Um den Druck der Erwartungen an sich und an andere ein wenig herauszunehmen, gibt es einen Trick: Wünschen oder hoffen Sie – beides bleibt ergebnisoffen.

Und um wieder mehr Freude und Leichtigkeit im Alltäglichen und im vermeintlich Selbstverständlichen zu finden, können Sie die Haltung der *Dankbarkeit* einnehmen. Schon sechs Wochen lang nur einmal pro Woche zu formulieren, wofür man dankbar ist, lässt das Glücksgefühl ansteigen,[126] weil vermeintlich Selbstverständliches wieder besonders wird. Ihr Gehirn schüttet mehr Dopamin und vor allem Oxytocin aus, da die »Belohnungsneuronen« aktiver sind und die »Enttäuschungsneuronen« ruhiger. Sie werden zufriedener mit sich und anderen. Zusätzlich fördert Dankbarkeit den Optimismus und die Zuversicht, bringt also unsere Erwartungen in die richtige Richtung.

Mit Blick auf Ihren Lebensstern und Ihr Selbstbestimmungsprojekt: Was haben Sie bereits alles, was zu einem zufriedenen und guten Leben beiträgt? Wofür sind Sie sich dankbar, besonders hinsichtlich Situationen, in denen Sie bereits selbstbestimmte Entscheidungen getroffen haben? Und für welche Ihrer (auch vermeintlich ungeliebten) inneren Anteile sind Sie dankbar? Wofür ist es gut, genau diese Anteile in Ihrem Leben zu haben?

Woran aber liegt es, wenn man tatsächlich ständig enttäuscht wird? Einerseits kann es an Ihren allgemein zu hohen Erwartungen an Menschen oder Situationen liegen. Andererseits könnte es auch sein, dass Sie die Überzeugung verinnerlicht haben, Sie würden sowieso enttäuscht werden – vom Leben, von bestimmten Personen …

Sie kennen dieses Phänomen: die sich selbst erfüllende Prophezeiung beziehungsweise der Nocebo-Effekt. Weil Sie davon ausgehen, dass Sie enttäuscht werden, wird es auch meist so kommen. Weil Sie Ihre Wahrnehmung genau in diese Richtung lenken und sich auch dementsprechend verhalten, zum Beispiel anders mit den Menschen kommunizieren, sich auf eine bestimmte Art und Weise denjenigen gegenüber, von denen Sie sowieso enttäuscht zu werden glauben, verhalten.

Vielleicht sind Ihre zu hohen Ansprüche an andere aber auch ein Schutzmechanismus und gleichzeitig Selbstsabotage? Singles haben manchmal aus Angst vor Ablehnung oder Verletzung unbewusst so hohe Erwartungen an potenzielle Partner, dass niemand gut genug sein kann und sie daher allein bleiben (müssen).

So schützen sie sich indirekt vor Enttäuschungen und sabotieren sich gleichzeitig selbst.

Letztendlich dürfen Sie selbstverantwortlich für sich entscheiden, wie Sie mit Vorfreude, Hoffnung, Erwartungen und Enttäuschungen umgehen. Gar nichts zu erwarten und andauernden Gleichmut zu empfinden kann dem einen gefallen, geht aber auch ein wenig mit dem Preis der reduzierten Vorfreude einher. Der andere wünscht sich hingegen ein bisschen mehr Turbulenzen im Leben mit größeren Ausschlägen an Emotionen, mit mehr Höhepunkten, aber auch mehr Drama. Wichtig: Wir haben es in der Hand – je nachdem, wie wir unser Erwartungsmanagement gestalten, werden wir gleichmütiger oder turbulenter durchs Leben gehen. Dabei kommt es auch ein wenig auf Ihren Persönlichkeitstyp und darauf an, wo Sie aktuell stehen. Für den Fall, dass Sie eher pessimistisch denken, würden etwas positivere Erwartungen zu mehr Motivation und günstigeren Ausgängen führen. Für den Fall, dass Sie mit der rosaroten Brille oder überhöhten Erwartungen ins Leben schauen, dürften Sie Ihre Erwartungen ein wenig dämpfen, um nicht zu hart auf den Boden der Tatsachen zurückzufallen.

Ausrichten können Sie Ihre Erwartungen an Ihren Werten, wesentlichen Bedürfnissen, Interessen und auch Fähigkeiten. Dabei gilt es zu berücksichtigen, was Sie können, was Sie aber auch nicht können, wer Sie sein wollen, wer Sie aber auch nicht sein wollen, was Sie leisten möchten, was aber auch nicht. Je mehr Sie Ihre Grenzen und Schwächen, blinde Flecken und Trigger kennen und diesen mit Selbstmitgefühl begegnen, desto authentischer werden Sie in Ihren Ansprüchen werden.

Authentische Erwartungen sich selbst gegenüber führen zugleich zu einer größeren inneren Freiheit auch anderen gegenüber. Ich weiß, was meine persönlichen, wirklich wichtigen Maßstäbe entsprechend meinen Werten sind: Ich kenne mich, meine Fähigkeiten und auch meine Grenzen und Verletzlichkeiten. Ich akzeptiere mich, nehme mich so an, wie ich bin, und kann mich auf mich beziehen. Dadurch habe ich die innere Freiheit, andere Menschen so zu lassen, wie sie sind, und erkenne, dass es normal ist, wenn auch sie Fehler machen. Indem wir uns auf unseren eigenen Weg konzentrieren und ihn annehmen, können wir eher akzeptieren, dass andere Menschen andere Wege gehen und jeder, genau wie wir auch, das Recht dazu hat. Es ist nicht besser, nicht schlechter, nur anders. Wir werden geduldiger und nachsichtiger mit uns und anderen.

Bei der Arbeit an ihren Werten hat ***Lena*** *herausgefunden, dass es für sie erst mal eine gute Lösung ist, sich aktuell noch nicht voll selbstständig zu machen. Wenn sie sich nun mit anderen Selbstständigen vergleicht, kommt sie nicht mehr so stark in ein defizitäres Gefühl (»Ich hab es noch nicht geschafft, warum bin ich nur so viel langsamer und schlechter als die anderen?«), sondern ist mit sich selbst im Reinen (»Ich möchte mich gern selbstständig machen, aber jetzt ist noch nicht der richtige Zeitpunkt, jetzt bin ich noch nicht bereit dafür, den Aufwand in Kauf zu nehmen«). Sie verlangt nicht mehr von sich, jetzt schon komplett autark zu sein, und hat damit ihre Ansprüche an ihre Realität beziehungsweise an die Bedürfnisse und Werte ihrer inneren Anteile angepasst.*

Toni *hatte seinen Anspruch an die Art und Weise, wie sein Chef ihn kritisieren oder eben nicht kritisieren dürfte, verändert und den realistischen Gegebenheiten angepasst. Als er feststellte, dass das Bedürfnis nach Zugehörigkeit beziehungsweise Wert-*

schätzung und die daraus entstehende Erwartung, der Chef dürfe ihn nie kritisieren, überhöht sind, konnte er seine daraus entstehenden unrealistischen Erwartungen, die ja zur Enttäuschung führen mussten, reduzieren. Sich selbst gegenüber ist er mittlerweile auch nachsichtiger, was seine Perfektionsansprüche betrifft. Er hat entsprechend dem Pareto-Prinzip[127] erkannt, dass die Anstrengungen für die letzten 20 Prozent Perfektion 80 Prozent zusätzlichen zeitlichen und energetischen Aufwand bedeuten, die er lieber in sich und seine persönlichen Interessen investieren möchte.

Erwartungen loslassen

Möchten Sie, dass wir Ihnen noch ein paar typische überzogene Erwartungen auflisten, die pauschal gesagt immer zu Enttäuschung und auch zu vielen Konflikten beziehungsweise zu eigener Erschöpfung führen? Machen wir gern. Da können Sie sich vielleicht gleich selbst ertappen und diese Erwartungen endlich loslassen, denn sie sind so unrealistisch, dass sie unglücklich machen müssen:

- Da ist einmal die Erwartung, von unseren Partnern, der Familie und Freunden oder Kollegen immer Bestätigung, Zustimmung und Verständnis zu bekommen. (Das ist unmöglich, denn jeder hat andere Werte, Meinungen und darf diese auch haben. Menschen dürfen mich auch nicht mögen.)
- Dann ist da die Erwartung, von bestimmten Menschen geliebt zu werden. (Liebe lässt sich nicht erzwingen.)
- Die Erwartung, dass andere uns glücklich machen sollen. (Andere können uns dabei unterstützen, aber letztlich

braucht es zum Glücklichsein so viele Faktoren, die wir nicht auf andere abladen können. Die bessere Frage wäre: »Was kann ich dazu beitragen, mich selbst glücklicher zu machen?«)

- Die Erwartung, dass andere unsere unausgesprochenen Wünsche oder Grenzen erfüllen, also Gedanken lesen können. (Es liegt an Ihnen, Ihre Wünsche und Grenzen klar und ohne Vorwurf zu kommunizieren.)
- Die Erwartung, dass andere Menschen genau so sind und sich so verhalten, wie wir uns das vorstellen. (Dann können wir auch an den Weihnachtsmann glauben, oder? Spaß beiseite: Das wäre doch sehr langweilig, denn Farbe ins Leben kommt ja erst durch die Vielfältigkeit.)
- Die Erwartung, dass sich die Vergangenheit noch mal ändern ließe. (Wir wissen, dass Sie das wissen: Leben bedeutet, ohne Radiergummi zu zeichnen. Aber trotzdem halten wir so oft an verpassten Chancen, der vergangenen Jugend, nicht gelebten Möglichkeiten fest. Hilft nichts. Vorbei ist vorbei. »Loslassen und akzeptieren« lautet die befreiende Alternative.)
- Oder die Erwartung an uns selbst, dass wir alles (allein) schaffen können, dass der Mail-Eingang auf null abgearbeitet sein wird und sich dieser Zustand über länger als eine Sekunde hält, dass wir andere glücklich machen oder vor schwierigen Gefühlen bewahren können, dass wir es anderen recht machen können oder dass wir perfekt und fehlerfrei sind beziehungsweise immer für Harmonie sorgen könnten. (Es gibt hier sicher noch viel mehr. Sie kennen sich besser als wir. Sammeln Sie gern selbst weiter.)

Keine dieser Erwartungen ist realistisch und damit erfüllbar. Entdecken Sie die Überschneidungen zu überhöhten Bedürfnissen und der Formulierung von Forderungen anstatt von Wünschen?

Überhöhte Ansprüche an sich selbst

Zu hohe Erwartungen führen, wie Sie bereits wissen, generell zu Enttäuschung. Da wir aber häufig überhöhte Ansprüche an uns selbst haben, scheitern wir unweigerlich. Wir bleiben in unserem eigenen Bezugssystem oft hinter dem zurück, was wir uns von uns selbst erhoffen: Perfektion, Attraktivität, Leistung, Kreativität.

Woher kommen unsere hohen Ansprüche an uns selbst, und wie können wir sie reduzieren?

Neben der elterlichen Prägung, den unbegrenzten Möglichkeiten und dem Aufwärtsvergleich mit anderen werden wir auf gesellschaftlicher Ebene ständig dazu aufgefordert, uns zu optimieren, um in der beschleunigten Welt mitzuhalten. Uns wird suggeriert, dass der Platz in der Gemeinschaft nur durch stetige Aktivität und Leistung erhalten bleibt – bei gleichzeitiger Abwertung der freien Zeit. Es gibt nie den Punkt: »Es ist genug! Du bist genug!« Es gibt immer etwas zu tun, es geht immer noch besser und mehr.

Sind die Aufgaben im Beruf annähernd erledigt, geht es weiter mit der Hausaufgabenbetreuung der Kinder und dem Einkaufen sowie den Wünschen der Partner, der Freunde und nicht zuletzt mit unseren eigenen Wünschen. Es wird nie ein Ende geben. Damit steigt die Erwartung an uns selbst: »Das hätte ich eigentlich auch noch machen sollen, diese Gelegenheit habe ich verpasst, meine To-do-Liste ist noch lange nicht abgearbeitet.«

Das »Ende« dieser Liste müssen wir eigenverantwortlich setzen und damit unsere eigenen Ansprüche an uns und unsere Möglichkeiten realistisch betrachten. Weil das aber wiederum eine Herausforderung bedeutet, denn wir müssen ja dann mit den Enttäuschungen umgehen, fällt uns dies besonders schwer. Im Extremfall lassen sich Menschen, wie in Südkorea, freiwillig in Gefängniszellen einsperren, um endlich ein Gefühl von »Ich genüge«, »Ich habe Kontrolle«, »Ich kann meinen Ansprüchen und denen der anderen gerecht werden« zu haben.[128] Erst durch die Begrenzung von außen fühlen sie sich innerlich wieder freier oder erleichtert.

Wir kennen dieses Phänomen auch von Klienten oder Patienten, die sich über eine Krankschreibung »freuen«, weil ihnen dann die Last, sich selbst ohne externe »Erlaubnis« gegen die überhöhten Ansprüche abzugrenzen, erspart bleibt. Hilfreicher wäre es zu durchschauen, wo wir die Ansprüche der Gesellschaft oder der Eltern unreflektiert verinnerlicht haben, also in unserer Motivation für unser Handeln vor allem unbemerkt fremdbestimmt sind, und Selbstverantwortung zu übernehmen.

Wie das gelingen kann, haben wir bei den Kapiteln zum Selbst (Teil I) und den inneren Anteilen (Teil II) bereits beschrieben, und Glaubenssätze haben Sie auch schon kennengelernt (siehe den Abschnitt »Glaubenssätze und elterliche Prägungen« in Teil I). Wir wollen Ihnen hier noch mal zusammengefasst ein Beispiel zum Thema »Perfektionismus« geben, weil dieser, wenn es um überhöhte Ansprüche sich selbst gegenüber geht, sehr typisch ist. Sie können das Prinzip aber auf alle anderen Ihrer inneren Antreiber anwenden.

***Toni** hatte einen stark ausgeprägten Perfektionismus im Job gezeigt. Mittlerweile konnte er diesen hohen Anspruch an seine fehlerfreie Leistung reduzieren. Wie hat er das gemacht? Zu-*

nächst bemerkte er, dass er sich oft unter Druck und Stress fühlte, und identifizierte diese Situationen: Welche inneren Stimmen, welche inneren Anteile werden genau hier jedes Mal laut?

Viel wichtiger als die Frage, woher diese Antreiber kommen (meist verinnerlichte Glaubenssätze von den nächsten Bezugspersonen), ist jedoch die Frage, wie sie so reduziert werden können, dass wir durch sie nicht mehr blind angetrieben werden, sondern uns flexibler entscheiden, wann sie für uns hilfreich sind. Toni bemerkte, dass sein perfektionistischer Anteil ihm schon oft geholfen hat, zum Beispiel um gute Präsentationen zu halten. In anderen Situationen, wenn es um den Abschluss von Projekten geht, hemmt ihn der Perfektionismus aber und schadet mehr, als dass er nutzen würde.

Er reflektierte genau über solche Situationen und formulierte für sich einen Erlaubnissatz: »Jetzt ist es gut, 80 Prozent reichen«, den er sich dann jedes Mal vorsagt. Um sich daran zu erinnern, hat er sich an seinen Laptop-Bildschirm ein Post-it mit einem »Stopp-Schild« geklebt. Manchmal schafft er es aber dennoch nicht, es gut sein zu lassen. Dann beruhigt er sich verständnisvoll und legt eine kleine Pause ein, in der er sich fragt: »Was ist das Schlimmste, das passieren kann, wenn ich jetzt nicht noch mal Korrektur lese? Wie wahrscheinlich wird diese Konsequenz eintreten? Und falls sie tatsächlich eintritt, kann ich damit leben?«

In den meisten Fällen muss Toni feststellen, dass es lange nicht so wichtig und dramatisch war, wie er es sich zunächst ausgemalt hatte. Er entwickelte eine korrektive Erfahrung seiner Annahmen, nämlich dass er nicht perfekt zu sein braucht, um anerkannt und sogar beruflich erfolgreich zu sein.

Er hat viel mehr Freiheit und Selbstbestimmung gewonnen, weil er sich nicht mehr unreflektiert von seinen Ängsten (zum Beispiel vor Fehlern und der damit einhergehenden Scham) sowie den darüber entwickelten Schutzstrategien (Perfektionismus) automatisch antreiben lässt.

Toni »überlebte« sein schlechtes Gewissen, seine Schuldgefühle, die er anfänglich hatte, wenn er seinem Antreiber nicht voll entsprach. Das ist eine gute Nachricht: Für gewöhnlich stirbt man nicht am schlechten Gewissen. Man hält es aus (reguliert sich), es lässt nach und wird mit jeder Wiederholung geringer. Außerdem ist ein schlechtes Gewissen nicht nur negativ, denn es zeigt uns als unangenehmes Gefühl an, dass wir uns »Regeln« (Wünschen) auch anderer widersetzen. Ein wichtiger Mechanismus für soziales Zusammenleben. Sinnvoll ist es also, den Grund für Ihr Schuldgefühl zu überprüfen (Realitätscheck und Erkennen der eigenen Antreiber). Der Wunsch »Ich möchte Arbeit und Freizeit stärker trennen, ohne ein schlechtes Gewissen zu haben« oder »Ich möchte öfter ohne Schuldgefühle Nein sagen« ist unrealistisch. Denn das schlechte Gewissen zeigt ja gerade eben an, dass wir entgegen unseren Glaubenssätzen handeln.

Unser Team-Manager kann in diesen Situationen die Führung über unsere inneren Anteile übernehmen, doch nicht fordernd und harsch, sondern liebevoll und mit Mitgefühl. (»Schön und gut, Perfektionismus, aber gerade darfst du dich hintanstellen, denn ich lasse meinen sehr berechtigten selbstfürsorglichen Anteil in dieser Situation lauter werden. Später, für die Vorbereitung zur Präsentation, hole ich dich wieder ins Boot.«)

Manchmal ist es gut, sich selbst ein bisschen zu schubsen, auch wenn es unangenehm ist. Grundsätzlich ist es aber für die Erfolgsaussichten (mit geringeren demotivierenden Enttäuschungen) besser, in kleinen Schritten zu beginnen und sich an eher »ungefährlichen« Projekten zu üben. Mit der Wiederholung werden schlechtes Gewissen und Schuldgefühle weniger, denn Sie lernen, dass nichts Schlimmes passiert.

Stärker selbstbestimmt sind Sie also dann, wenn Sie Ihre eigenen Ansprüche, Antreiber und Glaubenssätze durchschauen, relativieren und ihnen sogar Erlaubnissätze entgegenhalten (wie zum Beispiel »Auch wenn ich Fehler mache, bin ich wertvoll«). Sie können dabei auch einen Blick auf Ihr inneres Team werfen. Welche Anteile dürften Sie stärken und lauter werden lassen, um dem aufdringlichen Antreiber Paroli zu bieten? Unsere inneren Anteile sind zudem entzückt, wenn wir sie für das loben, was sie uns Gutes getan haben, und ihnen signalisieren, aus welchem Grund wir sie behalten wollen, zum Beispiel: »Danke Perfektionismus, dass du mir hilfst, mich so gut für die Präsentation vorzubereiten, das ist viel wert, sonst würde ich es nicht so gut schaffen.«

An anderer Stelle dürfen wir sie dann aber auch freundlich in die Schranken weisen. Seien Sie jedoch nicht zu streng mit sich, wenn Ihnen Ihre Vorhaben nicht gleich gelingen. Identifizieren Sie lieber Situationen, in denen Sie beispielsweise schon gelassener oder mal nicht produktiv und leistungsorientiert waren beziehungsweise besser in Konflikte gehen konnten. Wie haben Sie das damals geschafft? In welchen Situationen fällt es Ihnen leichter, wann schwerer? Was brauchen Sie, um sich ein wenig von dem ein oder anderen Anspruch zu lösen?

DER UMGANG MIT FREMDEN ERWARTUNGEN

»Ständig will jemand was von mir!«, »Der Druck der Gesellschaft, perfekt zu sein, ist so hoch«, »Meine Chefin will mehr von mir, als ich leisten kann«, »Meine Freunde/Eltern haben ein ganz klares Bild von mir, dem ich entsprechen soll« … Kommen Ihnen solche oder ähnliche Sätze bekannt vor? Es werden sogar widersprüchliche Erwartungen an uns gestellt: Eine Frau soll die perfekte Mutter, attraktiv, gepflegt, die Managerin des »Familienunternehmens«, gleichzeitig »gut im Bett«, sozial engagiert, aber karriereorientiert, also bloß kein »Heimchen am Herd« sein. Männer sollen über ihre Gefühle sprechen und soziale Kontakte pflegen, gleichzeitig vor allem im Job tough verhandeln und erfolgsorientiert sein, also bitte keine »Waschlappen«, sondern körperbewusst und sportlich, fürsorglich als Ehemann und Vater sowie gleichzeitig initiativ als Sexpartner, der das Prickeln aufrechterhält.

Es werden also viele unterschiedliche Rollen vorgegeben, denen wir entsprechen sollen oder auch, gefühlt, entsprechen »müssen«. Versuchen wir dies tatsächlich und nehmen wir uns gleichzeitig die Beurteilung von außen zu Herzen, erschöpfen wir uns und leben mehr rollenkonform als selbstbestimmt.

Hinzu kommt, dass wir unweigerlich in Konflikte zwischen den Erwartungen unterschiedlicher Menschen unseres Umfelds geraten: Erfülle ich die Erwartung meiner Frau, am Wochenende nicht zu arbeiten, enttäusche ich womöglich die Erwartung meines Chefs, das Projekt fertigzubekommen. Gebe ich dem Wunsch meines Freundes nach, auf ein Fußballspiel mitzukommen, verärgere ich einen anderen Freund, der mit mir zeitgleich lieber ein Bier trinken gegangen wäre. Koche ich Pasta, freut sich das eine Kind, während das andere lieber Pommes hätte. Sosehr wir auch versuchen, uns von den Erwartungen anderer zu befreien, wird uns das leider nie ganz gelingen. Sorry, dass wir Sie hier enttäuschen müssen.

Einen wichtigen Lichtblick gibt es dabei dennoch: Dass Erwartungen an Sie gestellt werden, hat auch Vorteile. Wenn überhaupt keiner mehr etwas von Ihnen wollte, hieße dies, dass sich niemand für Sie interessierte. Sie würden nicht als kompetent für eine Problemlösung erachtet, und man würde Ihnen nicht zutrauen oder zumuten, sich mit anderen Themen, Menschen oder Problemen auseinanderzusetzen. Man ließe Sie zwar in Ruhe, aber Sie hätten dann auch das Gefühl, »nicht mehr gebraucht« zu werden und keine Bedeutung mehr zu haben. Erwartungen oder auch Inspirationen anderer müssen also auf keinen Fall nur schlecht sein. Es geht mal wieder um das Maß.

Der springende Punkt beim Umgang mit äußeren Erwartungen ist, dass diese oft automatisch und unbewusst Einfluss auf uns nehmen. Dies zu durchschauen ist zentral und der Beginn der »Befreiung«. Ein Beispiel zur Veranschaulichung unbewusster Erwartungsprozesse: Ist unser Arzt von der Behandlung, die er uns angedeihen lässt, überzeugt, haben wir tatsächlich eine höhere Chance, von der Therapie zu profitieren: »Ich bin zuversichtlich« versus »Da mach ich mir keine Hoffnungen«. Positive Erwartungen der Ärzte an den Therapieerfolg übertragen sich auf ihre Patienten.[129] Nicht selten brechen Patienten wichtige Therapien ab oder fangen sie gar nicht erst an, weil der behandelnde Arzt aufgrund eigener Unkenntnis oder irrationaler Befürchtungen selbst nicht motiviert ist. Dabei müssen wir die Erwartungen der anderen nicht mal kennen, und trotzdem haben sie Einfluss auf uns. Dies beschreibt der sogenannte »Rosenthal-Effekt«. Er wurde von Robert Rosenthal und Lenore F. Jacobson experimentell bei Schüler-Lehrer-Beziehungen nachgewiesen,[130] lässt sich aber auf alle anderen Konstellationen übertragen: Wenn ein Lehrer die Erwartung hat, dass bestimmte Schüler besonders intelligent sind (obwohl sie vielleicht nur eine durchschnittliche Begabung aufweisen), werden diese mit höherer Wahrscheinlichkeit mit sehr guten Leistungen abschneiden. Umgekehrt färben negative Erwartungen genauso ab: Denkt eine Führungskraft, dass ein Mitarbeiter sein Projekt bestimmt nicht gut abschließen wird, sinken die Chancen, dass dieser es dennoch schafft (obwohl er durchaus dazu in der Lage wäre).

Wie kommt es dazu? Es handelt sich auch hier um die selbsterfüllende Prophezeiung, diesmal nicht sich selbst, sondern anderen gegenüber. Auch wenn Eltern, Lehrer oder Führungskräfte dem Gegenüber nicht offen sagen, was sie denken beziehungsweise erwarten, haben ihre Erwartungen, Überzeugungen oder Vorurteile automatisch Einfluss auf die Art und Weise, wie sie sich dem anderen gegenüber verhalten (zum Beispiel Zuwendung, Lob oder Zeit), wie sie mit ihm kommunizieren (verbal und nonverbal) und auch wie ihre Körperhaltung dem anderen gegenüber ist (zum Beispiel freundlich oder abweisend). Dies wiederum hat vor allem auch unbewusst Einfluss auf das Gegenüber.[131] Wir verinnerlichen also automatisch Erwartungen von anderen. Reflektieren wir sie nicht, haben wir ihnen nur wenig entgegenzusetzen.

Wenn ich mich kenne und weiß, wer ich sein will, verwechsle ich die Erwartungen anderer nicht so leicht mit meinen eigenen Vorstellungen. Durch das Wissen um meine Werte kann ich mich leichter von äußeren Erwartungen abgrenzen. Gleichzeitig geht es nicht darum, dass mir völlig egal ist, welche Konsequenzen mein Handeln hat, ob und welche Wünsche ich erfülle und wie andere Menschen auf meine Handlungen reagieren. Dennoch wird uns, wenn wir uns selbst treu bleiben möchten, nichts anderes übrigbleiben, als andere Menschen zu enttäuschen und womöglich sogar zu verletzten, zum Beispiel indem wir eine Beziehung beenden oder unsere Meinung ehrlich sagen.

Beim Umgang mit Erwartungen von außen gilt es, folgende Kompetenzen zu erlernen oder zu verstärken:

- tatsächliche Erwartungen von angenommenen Erwartungen zu unterscheiden,
- zu analysieren, welchen Erwartungen Sie entsprechen wollen und welchen nicht, und
- dementsprechend gegebenenfalls andere zu enttäuschen.

Sind Erwartungen wirklich wahr?

Viele Erwartungen, von denen wir glauben, dass sie an uns gerichtet sind, existieren tatsächlich nur in unserem Kopf. Wir nehmen oft an, dass der Mann, die Kinder, die Nachbarn, Freunde oder Kollegen, die Eltern, Geschwister oder Großeltern ein bestimmtes Verhalten von uns erwarten. Wir wissen es aber nicht.

Manchmal sind wir so fest davon überzeugt, dass wir »wissen« mit »vermuten« verwechseln. Dann handeln wir im vorauseilenden Gehorsam, übernehmen ungefragt Verantwortung, schränken uns vorsorglich ein oder halten uns lieber zurück, um bloß niemandem zu nahe zu treten. In umsichtiger Gefügigkeit warten wir den ganzen Abend zu Hause, weil der neue Flirt sich ja eigentlich noch melden wollte. Wir entsagen dem Abendessen mit der Freundin und finden dann heraus, dass der Flirt doch was ganz anderes vorhat, ohne uns. Wir denken darüber nach, was andere von uns denken (wissen aber nicht mal, ob die anderen tatsächlich über uns denken), und richten unser Verhalten nach dem angenommenen Gewünschten oder Erwarteten aus. Wir ordnen uns sehr häufig unreflektiert unter oder wir warten sogar auf die Zustimmung oder Erlaubnis von anderen, zum Beispiel eine Pause zu machen oder ein Projekt abzulehnen.

Wenn ich mich ständig anpasse an das, was andere vermeintlich von mir wollen oder denken, nehme ich mich einerseits sehr wichtig, weil ich glaube, dass alle sich ständig mit mir beschäftigen, und degradiere mich gleichzeitig zum Opfer ihrer Bewertung und Meinung. Sogar völlig Unbekannte können so Macht über mein Handeln haben, ohne es zu wissen: »Habe ich eine blöde Frage gestellt?«, »Was denkt der Dozent jetzt über mich?«, »Was denkt die Verkäuferin, wenn ich nach der Anprobe dann doch nichts kaufe?« … Wir antizipieren quasi hellseherisch und oft fantasievoll, welches Verhalten von uns erwartet wird, was sich ziemt, was sich schickt. Gut zu erkennen durch den Gedanken: »Was denken/denkt dann wohl die anderen/der andere …«

Der Norm zu entsprechen, bloß nicht aufzufallen oder aus der Reihe zu tanzen scheint oft das Wichtigste zu sein. Dieser Trend nimmt sogar zu, wie die Studie »Wie ticken Jugendliche 2016?« zeigt, welche die Lebenswelten von Jugendlichen im Alter von vierzehn bis siebzehn Jahren in Deutschland untersucht.[132] Der Begriff »Mainstream« wird heute weitgehend positiv konnotiert. Junge Menschen wollen noch mehr als vor relativ wenigen Jahren so sein »wie alle«. Sie haben in einer Welt, die immer komplexer und mehrdeutig wird, eine starke Sehnsucht nach »Normalität«, was mit einer großen Anpassungsbereitschaft einhergeht. Das sind massive Ketten, die sich die Jugendlichen und wir uns da um den Leib legen.

Viele von unseren gefühlten Einschränkungen und Fremdbestimmungen passieren nur in unserem Kopf und nicht in der Realität. Aus der Philosophie und der Psychologie wissen wir, dass uns weniger die Tatsachen selbst beunruhigen als vielmehr unsere Gedanken, die wir uns zusammenreimen. Die meisten Katastrophen finden nur in unserem (Reptilien)gehirn statt. Wir verlieren oft die Distanz zu unseren Annahmen und Ideen und glauben unseren Gedanken, die zu unserer einzigen Wirklichkeit werden. Sie kennen es vielleicht, dass nachts die Probleme meist viel unlösbarer und komplexer erscheinen als tagsüber oder dass Sie vor etwas Angst hatten, was sich dann als gar nicht so schlimm herausstellte. All dies passiert in unserem Kopf. Wir konstruieren also unsere eigene Wirklichkeit und rezipieren nicht eine objektive Realität. Um sich von vermeintlichen äußeren Erwartungen zu befreien, ist es daher der erste Schritt, zu unterscheiden, welche Erwartungen in unserer Fantasie entstehen und welche real an uns herangetragen werden.

Das Gehirn hat neben der Fähigkeit, Gebilde aus Sorgen, Annahmen und Fantasien aufzubauen, auch die Möglichkeit, Perspektiven zu wechseln, die eigenen Gedanken zu hinterfragen und sich von ihnen zu distanzieren. Der »Verstand« oder das »Bewusstsein« sitzt im Frontalhirn der Großhirnrinde. Und genau dieses Areal, das Sie bereits als »Ort« der verbindenden Instanz bei den inneren Anteilen kennengelernt haben, können Sie gezielt nutzen. Hier »sitzt« auch Ihr Team-Manager, der durch Selbstreflexion den Überblick behält, besonders dann, wenn die Katastrophenfantasien und Angstgefühle mit Ihnen durchzugehen drohen, wenn also Ihr Reptiliengehirn hyperaktiv ist.

Die Fähigkeit, (gedankliche) Selbstgespräche zu führen, ist evolutionsbiologisch notwendig, damit wir unsere Flucht-oder-Kampf-Tendenzen auch noch mal hinterfragen können: »Bin ich tatsächlich stark genug, um mit dem Wolf zu kämpfen?«, »Bin ich wirklich schnell genug, um vorm Geparden zu fliehen?« … Und auf unser Beispiel übertragen: »Erwarten die das wirklich von mir, oder ist mein Angstzentrum gerade mal wieder besonders kreativ?«

Erwartungs-Realitätscheck

Um sich selbst besser auf die Schliche zu kommen, schlagen wir Ihnen eine Selbstbeobachtungsaufgabe vor. Machen Sie sich über einen Tag lang Notizen dazu, wann Sie Ihr Verhalten von den vermeintlichen Erwartungen anderer abhängig machen – obwohl Sie gar nicht wissen, ob diese Erwartungen wirklich bestehen. Beobachten Sie außerdem, in welchen Situationen Sie sich fremdbestimmt fühlen. Wer, glauben Sie, erwartet genau was von Ihnen? Seien Sie ganz präzise: Wer ist der Urheber der Erwartung, und was ganz exakt wird tatsächlich von Ihnen gefordert? Unterziehen Sie diese Annahmen nun einem Realitätscheck: Auf einer Skala von 0 bis 10, wie sicher sind Sie, dass dieser Mensch tatsächlich exakt diese Erwartung an Sie hat? Welche anderen Erklärungen gäbe es? Durch diese Übung können Sie auch im Alltag, wenn Sie sich unter Druck oder fremdbestimmt fühlen, leichter einen distanzierten und damit klaren Blick auf (gefühlte) Erwartungen bekommen (siehe die folgende Tabelle).

Lena *und* ***Toni*** *haben ihre Ergebnisse wie folgt zusammengefasst:*

Gefühlte Erwartung	**Wer, glauben Sie, erwartet etwas von Ihnen?**	**Was exakt, glauben Sie, wird erwartet?**	**Wie sicher sind Sie sich, und welche alternativen Erklärungen gibt es?**
Zum Beispiel **Toni:** »Die Arbeitszeit darf ich nicht auf dreißig Stunden reduzieren, sonst verdiene ich nicht genug Geld.«	Vor allem die Kinder	»Dass ich für die beiden Kinder genug Geld zurücklege, damit sie studieren können.«	»5/10. Bei näherer Betrachtung weiß ich gar nicht, ob meine Kinder das erwarten und ob sie überhaupt studieren werden, ich könnte ja auch eine kleinere Geldmenge zurücklegen. Eigentlich erwarte *ich* von mir, dass ich meinen Kindern das Studieren finanziere.«
Zum Beispiel **Lena:** »Die Kollegin will im August in Urlaub, weil sie Kinder hat, ich will da aber auch und trau mich das nicht zu sagen.«	Die Kollegin und ihr Mann	»Dass ich als Kinderlose schon im Juli in Urlaub gehe.«	»2/10. Ich habe die Kollegin nicht gefragt, und sie hat auch nichts konkret dazu gesagt. Ich weiß es also nicht, ob sie das von mir erwartet. Es könnte auch anders sein.«

Beim Blick auf Ihr Selbstbestimmungsprojekt, gibt es da eventuell auch Bereiche, in denen Sie eher den gefühlten Erwartungen anderer entsprechen oder die Sie eventuell davon abhalten, Ihr Projekt umzusetzen? Unterziehen Sie diese gefühlten Erwartungen, die Sie antreiben oder hemmen, ebenfalls dem Realitätscheck.

Sie werden durch die Analyse der Situationen, in denen Sie sich fremdbestimmt fühlen, zum einen merken, dass Sie sich oft nicht sicher sein können, ob es tatsächliche Erwartungen an Sie gibt. Zum anderen werden Sie feststellen, dass Sie nicht selten selbst Urheber der Erwartungen sind.

Manchmal ist man sich nicht sicher, was genau von einem gewollt wird. Anstatt darüber zu fantasieren, fragen Sie nach! Fragen Sie Ihren Partner, die Kinder, die Chefin und so fort, was sie genau von Ihnen in der spezifischen Situation erwarten, zum Beispiel: »Was genau erwartet ihr hinsichtlich der Finanzierung eures Studiums von mir?«, »Wie möchtest du das dieses Jahr mit dem Urlaub machen und was genau wünschst du dir von mir diesbezüglich?«, »Wie genau möchten Sie, dass ich dieses Projekt abschließe, und bis wann konkret?«, »Was wünschst du dir hinsichtlich der Gestaltung der anstehenden Feiertage genau von mir?« usw.

Die Nachfragen helfen nicht nur Ihnen, die Erwartungen besser einzuschätzen, sondern auch Ihrem Gegenüber, selbst darüber nachzudenken, was es eigentlich von Ihnen will. Statt von Vermutungen und vermeintlich unausgesprochenen Wünschen auszugehen, werden die Dinge transparent gemacht und besprochen. So kann vielen Missverständnissen und Konflikten vorgebeugt werden. Kennen Sie das nicht auch, dass man über etwas streitet und der andere dann sagt: »Aber das hab ich doch gar nicht von dir erwartet!«

***Toni** hat mit seiner Frau und seinen Kindern gesprochen und seinen Wunsch nach Stundenreduktion, aber auch seine Befürchtungen über die Reaktionen und Enttäuschungen seiner Familie mitgeteilt. Die Kinder konnten seine Sorge gar nicht verstehen und ermutigten ihn, »sein Ding durchzuziehen«. Die Ehefrau erzählte ihm, dass sie schon länger darüber nachdenke, ihre Stunden als Steuerfachangestellte aufzustocken, da die Kinder ja nun »aus dem Gröbsten raus« wären. So konnte Toni seine Befürchtungen mit der Realität abgleichen, und gleichzeitig entwickelten sich sogar neue Ideen. Jedenfalls ist sich die Familie über dieses ehrliche Gespräch, in dem man sich hat ausreden lassen und Wünsche sowie Sorgen ernst nahm, nähergekommen.*

Sie werden erstaunt sein, wie viele Ihrer Annahmen nicht auf solidem Boden stehen. Allein dadurch werden Sie etliche Ihrer Ketten sprengen.

Sie fragen sich, was passiert, wenn sich Ihre Befürchtungen bestätigen? Nun, was meinen Sie, nachdem Sie dieses Buch bis hierhin gelesen haben? Wir ermuntern Sie dringend dazu, Ihre Bedürfnisse und Wünsche offenzulegen und damit in Verhandlung zu treten. Nur so können Sie sich selbst treu bleiben. Aber dazu noch mehr im folgenden Abschnitt.

Welchen Erwartungen wollen Sie entsprechen?

Nachdem Sie überprüft haben, ob andere tatsächlich etwas Konkretes von Ihnen erwarten, ist es nun wichtig zu entscheiden, welchen Ansprüchen Sie genügen wollen und welchen nicht. Bei Wünschen können Sie leichter Ja oder Nein sagen, denn Ihre Ablehnung wird wahrscheinlich eher akzeptiert und führt nicht zum Konflikt, weil Ihr Gegenüber die Ablehnung als Option womöglich schon mitbedacht hat. Darüber haben wir bereits bei der Bedürfnisbefriedigung gesprochen, als es darum ging, wie Sie Ihre Bedürfnisse am besten artikulieren, nämlich als Wünsche.

Erwartungen oder gar Forderungen gehen meist damit einher, dass das Gegenüber eine Ablehnung durch Sie nicht in Betracht zieht, eventuell sogar nicht akzeptieren möchte und bei der Nichterfüllung durch Sie enttäuscht, beleidigt oder gar ärgerlich ist. Erinnern Sie sich an die »Enttäuschungsneuronen«? Die feuern da ganz gewaltig. Dafür können Sie aber nichts, denn der andere hat ja die (unrealistische, überhöhte) Erwartung an Sie gestellt. Oftmals werden Erwartungen auch als Wünsche getarnt vorgebracht, die unser Schuldgefühl besonders triggern.

Erwartungen als Forderungen mit unterschwelligen Vorwürfen oder Drohungen lauten etwa: »Das wirst du mir doch nicht antun, in eine andere Stadt zu ziehen und mich allein zu lassen«, »Ich habe schon so viel für dich getan, da ist das doch selbstverständlich, dass du mir das Geld leihst«, »Nur Idioten legen ihr Geld so an; und du bist doch kein Idiot, oder?«, »Sie wollen befördert werden? Dann liefern Sie!« und so fort.

Wie können Sie damit nun geschickt umgehen? Bemerken Sie zunächst, ob Sie durch eine Forderung und den mehr oder weniger unterschwelligen Vorwurf »getriggert« werden: Welche Ihrer inneren Anteile treten schlagartig in den Vordergrund? Wenn Sie diesen reflektorischen Umweg nicht nehmen, laufen Sie Gefahr, den Erwartungen automatisch zu entsprechen. Besser ist es, zunächst aus einer gewissen Distanz (aus der Sicht des Team-Managers) die Situation zu überblicken.

Erinnern Sie sich daran, dass es kein Recht darauf gibt, dass Wünsche, Erwartungen oder Forderungen erfüllt werden, hingegen Sie aber das Recht haben, Wünsche und Erwartungen abzulehnen. Und holen Sie sich ins Gedächtnis, dass Sie andere überhaupt nur enttäuschen können, weil deren Erwartungen an Sie falsch, unstimmig, unrealistisch oder überhöht waren. Das hat also viel mehr mit den anderen zu tun als mit Ihnen. Es sei denn natürlich, Sie entdecken im Grund für die Enttäuschung der anderen ein Fünkchen Wahrheit, dann können Sie sich um Ihren Beitrag daran kümmern.

Im weiteren Prozess des Erwartungsmanagements berufen Sie sich auf Ihre Werte und auf die authentische Version Ihrer selbst. In den vorangegangenen Kapiteln haben Sie dazu Klarheit finden können. Handelt es sich um einen Wunsch beziehungsweise um eine Erwartung, der Sie entsprechen wollen, weil es zu Ihnen, Ihren Werten und dem, wie und wer Sie sein wollen, passt? Berücksichtigen Sie im nächsten Schritt, ob die aktuellen Umstände es Ihnen erlauben, dem Wunsch realistischerweise zu entsprechen, und wie die Konsequenzen für Sie abzuschätzen sind. Wenn dies auch im Beziehungskontext zum anderen stimmig für Sie ist, entscheiden Sie frei und selbstbestimmt, ob Sie einer Erwartung entsprechen wollen, wozu Sie Ja oder lieber doch Nein sagen.

- *Um welche reale Erwartung handelt es sich genau? (Zum Beispiel Lena: »Erwartung der Freundin: am Freitagabend auf die Kinder aufpassen.«)*
- *Ist eine Erfüllung dieser Erwartung passend zu meinen Werten? (Lena: »Ja, ich helfe gern.«)*
- *Ist die Erfüllung der Erwartung in der Situation/unter den aktuellen Gegebenheiten für Sie machbar? (Lena: »Schwierig, weil ich Freitagabend eine Verabredung habe, die ich einhalten möchte.«)*
- *Sind die Konsequenzen für mich tragbar? (Lena: »Ich würde es sehr bereuen, wenn ich nicht zu der Verabredung ginge, und die Beziehung zu meiner Freundin wird auch nicht geschädigt, wenn ich die Bitte ablehne.«)*
- *Will ich also die Erwartung erfüllen? (Lena: »Nein, lieber nicht.«)*

Ganz bewusst wollen wir die Frage danach, ob die Konsequenzen auch für den anderen tragbar sind, erst später stellen. Denn sonst laufen Sie Gefahr, Erwartungen zu erfüllen, nur weil Sie jemand anderem das Gefühl der Enttäuschung nicht zumuten wollen.

Wichtig zu betonen ist: Wenn es für Sie und zu Ihnen passt, können Sie sehr selbstbestimmt Erwartungen anderer Menschen vollumfänglich erfüllen! Selbstbestimmung bedeutet nicht, alle Erwartungen unreflektiert abzuschmettern. Das wäre eher Rebellion aus einem inneren Anteil heraus, der sich unberücksichtigt fühlt und automatisch in den Widerstand geht.

Ein paar allgemeingültige Regeln gibt es allerdings auch: Überlegen Sie sich, welchen und wie vielen Erwartungen Sie sich gleichzeitig aussetzen möchten. Nehmen Sie jedes Projekt an, und haben Sie am Ende gar nicht mehr die realistische Chance, dass Sie die Aufgaben erfüllen können? Besuchen Sie jedes Wochenende Ihre Eltern, obwohl Sie wissen, dass Sie sich danach nur schlechter fühlen, weil Sie immer wieder in Wertekonflikte mit ihnen kommen? Kommunizieren Sie klar und transparent mit den anderen darüber, welche Erwartungen Sie zu erfüllen bereit sind? Gibt es also einen Erwartungsabgleich? Versprechen Sie nichts, was Sie nicht realistischerweise auch halten können oder wollen. Sich hinterher zu befreien ist oft viel mühsamer.

Kompromisse eingehen

Ist man nur dann wirklich frei, wenn man allein lebt, weil man sich sonst immer mit den Ansprüchen anderer auseinandersetzen muss? Na ja. Für denjenigen, der ein so hohes Bedürfnis nach Autonomie hat, mag das stimmen. Dieses Einzelgängerdasein wird aber nur für wenige Menschen eine Option darstellen. Gewöhnlich sind wir eher die »Steppenwölfe«, im Spannungsfeld zwischen den Erwartungen, die auf uns einprasseln, und dem Alleinsein. Insofern wird es im gesellschaftlichen Zusammenleben nicht nur darum gehen, ob Sie entweder einer Erwartung entsprechen oder sie ablehnen, viel häufiger wird man Kompromisse finden müssen.

Hier kommen uns mitunter die gesellschaftlich propagierten Werte »Individualismus« und »Leistung beziehungsweise Wettbewerb untereinander« in die Quere. Denn wenn der Maßstab und die Orientierung für Entscheidungen ausschließlich auf Basis des subjektiven Wohlbefindens geschieht (»Wie kann es mir gut gehen?«, »Wie steigere ich mein Glück?« oder »Wie werde ich noch besser und produktiver?«), verlieren wir unsere Verbindung zu anderen aus den Augen und vereinzeln beziehungsweise entfremden uns. Zu wenig Kompromissbereitschaft beispielsweise in Beziehungen bedeutet, dass man lieber den Partner wechselt, statt sich darum zu bemühen, einen gemeinsamen Nenner zu finden. Ein Zuviel an Kompromissbereitschaft könnte bedeuten, dass man in den allermeisten Fällen (objektiv betrachtet!) mehr gibt oder einsteckt als das, wozu man eigentlich bereit wäre oder als einem guttun würde.

Wir hatten ja schon festgestellt, dass bei fairen Kompromissen alle Beteiligten autonom bleiben dürfen und gute Beziehungen auf Freiwilligkeit beruhen. So gibt es beim Finden von Kompromissen Grenzen, die für alle Beteiligten zutreffen: unter anderem dann, wenn wir unseren Werten nicht treu bleiben, unsere Bedürfnisse dauerhaft vernachlässigen und unserer Persönlichkeit entgegenwirken (und selbstverständlich, wenn wir Schaden nehmen würden). Ihr Partner ist vielleicht der Extravertierte, der wahnsinnig gern auf Partys geht. Sie fühlen sich da aber einfach nicht wohl, egal, wie oft Sie es schon ausprobiert haben. Sie wissen aus Erfahrung, nicht nur aus Annahmen (!), dass es Ihnen nicht guttut, zu Stehempfängen oder großen Festen zu gehen. Sie treffen sich lieber in kleinerem Rahmen. Wenn Sie hier ständig Kompromisse eingehen, tun Sie niemandem einen Gefallen. Im ungünstigsten Fall werden Sie auf der Party richtig grantig, weil Sie eigentlich lieber gar nicht da wären, und »sprengen« das Fest. Im besten Fall äußern Sie Ihr Bedürfnis, und Ihr Partner versteht Sie und findet einen Weg, sich allein auf der Party zu vergnügen. (Nur weil Sie nicht auf die Party wollen, heißt das nicht, dass er nicht gehen darf!) Zu Verabredungen im kleineren Kreis gehen Sie dann wieder gemeinsam.

Um ernste und ehrliche Beziehungen einzugehen, sind gute und für alle einigermaßen stimmige Kompromisse zuträglich. Vielleicht gibt es deshalb zurzeit so viele Singles, weil man annimmt, dass ein Kompromiss dem Individualismus oder der Selbstbestimmung entgegenstehen würde, dass Kompromisse Einschnitte der Autonomie bedeuten würden. Dem ist nicht so. Denn wenn Sie einen Kompromiss bewusst und freiwillig eingehen, weil er mit Ihren Werten und Bedürfnissen vereinbar ist, dann bleiben Sie auch im Kompromiss selbstbestimmt. Es ist ein großer Unterschied, ob Sie einen Kompromiss überlegt und bewusst schließen, weil Sie ihn für richtig halten, oder weil andere es von Ihnen erwarten und Sie Schuldgefühle, Trauer oder Enttäuschung vermeiden wollen.

Erwartungen enttäuschen

In dem Moment, in dem wir auf die Welt kommen, beginnen wir, andere Menschen zu enttäuschen. Als Baby nicht süß oder hübsch genug, als Kleinkind zu viel weinend, im Kindergarten nicht groß oder nicht schlau genug. Als Schüler sind die Noten zu schlecht, als Jugendliche ist vielleicht zu viel Speck auf den Hüften, und die Wahl des Partners ist wirklich gar nicht gut. Die sexuelle Orientierung ist auch nicht stimmig, und wieso ist da gar nichts von der musischen oder handwerklichen Begabung der Eltern auf das Kind übergegangen? Und dann studiert der Sohn auch noch im Ausland und hat nur wenig Zeit für seine Eltern.

Später im Leben sind wir nicht engagiert genug für den Umweltschutz oder im Job, sind nicht die perfekte Partnerin oder die sich ausreichend sorgende Mutter, im Sport nicht sonderlich gut, können keine fünf Sprachen fließend oder ein Instrument – ach, was sag ich – drei Instrumente orchesterreif spielen. Der resignierte Blick des Gegenübers, die Mimik, die förmlich entgleist, auch wenn versucht wird, ein Lächeln über die Lippen zu pressen, bekümmerte Augen und das Schulterzucken oder der erstickte Seufzer »Ach, wie schade« lassen uns unsere Unzulänglichkeit spüren. Wir sind ständige Enttäuschungen.

Ja stimmt, das ist etwas heftig formuliert und in unterschiedlichen Familien und Kontexten unterschiedlich stark ausgeprägt, aber es ist so: In dem Moment, in dem wir etwas tun oder sind, werden wir nicht den Geschmack aller treffen und einige damit immer auch enttäuschen. Wenn wir sowieso frustrieren und es gar nicht anders geht, müssten wir uns aber auch nicht so schwer damit tun. Die Voraussetzung für ein selbstbestimmtes Leben ist es, die Bereitschaft und den Mut aufzubringen, andere Menschen (und ebenso die eigenen Ansprüche) auch bewusst zu enttäuschen. Je wichtiger uns eine Beziehung zu einem Menschen ist, je mehr von der Beziehung abhängt, desto schwerer wird es sein, den anderen zu enttäuschen, zu verärgern oder zu verletzen. Enttäuschung ist mit einem unangenehmen Gefühl verbunden, das wir uns und anderen lieber ersparen würden. Allerdings gehören Enttäuschungen, wie gesagt, schon aus neurobiologischer Sicht (Enttäuschungsneuronen) zum Leben dazu und können gar nicht vermieden werden. Vor allem können wir nicht steuern, ob andere Menschen von unserem Verhalten beleidigt oder verletzt sein werden, weil wir ja kaum Einfluss auf ihre Erwartungen und Annahmen haben und schon gar nicht auf ihren Hirnstoffwechsel. Wie sollen wir Einfluss darauf nehmen, wie viel Dopamin und Endorphine andere ausschütten, wie stark ihre »Belohnungs-« versus »Enttäuschungsneuronen« aktiviert sind? Das findet ja in *deren* Gehirnen statt.

Und trotzdem haben wir die romantische Vorstellung, dass wir andere (und uns) vor Enttäuschungen bewahren könnten. Gleichzeitig nehmen wir es fälschlicherweise persönlich, wenn andere über unsere Entscheidungen oder unser Verhalten unglücklich sind. »Wieso kann ich ihm oder ihr es einfach nicht recht machen? Was mache ich falsch? Was ist an mir falsch?«, fragen wir uns dann.

Es gibt immer wieder Stimmen, die behaupten, es wäre eine Bestätigung für Egoismus, wenn man durch sein Handeln andere verletze oder eben enttäusche. Selbstverständlich gibt es Grenzen, wenn es um körperliche und psychische Unversehrtheit beziehungsweise Gewalt geht, keine Frage. Aber soll ich mich nicht aus einer für mich schädlichen oder frustrierenden Beziehung lösen, auch auf die Gefahr hin, meine Kinder und meinen (Noch)partner zu verletzen, zu kränken, zu enttäuschen oder zu verärgern – wenn ich für das Aufrechterhalten der Beziehung viel versucht habe, ich aber gescheitert bin und so nicht weiterleben möchte?

Die Scheidungsraten sprechen dafür, dass sehr viele Menschen sich gegenseitig enttäuschen. Ist das egoistisch? Ist es eigensüchtig, Freunde möglicherweise traurig zu machen, weil ich weit wegziehe, um einen Traumjob anzunehmen, und weil ich sonst den Rest meines Lebens die Reue, diese Chance nicht ergriffen zu haben, mit mir im Wohnzimmer sitzen hätte? Währenddessen dann die Freunde ihrerseits schon ganz woanders hingezogen wären? Bin ich egozentrisch, wenn ich allen Erwartungen meiner Eltern zum Trotz einen ganz anderen beruflichen Weg einschlage, dadurch meine Eltern kränke, mich aber aus meiner Depression befreie? Bevor Sie sich selbst enttäuschen, enttäuschen Sie lieber andere. Denn am Ende der Tage sind Sie nur sich selbst gegenüber Rechenschaft schuldig.

Und ist es nicht auch unfair, aus Angst vor Konflikten beziehungsweise den Reaktionen der anderen mit unserer Wahrheit hinterm Berg zu halten und so zu tun, als ob? Wie sollen denn wahrhaftige Beziehungen stattfinden, wenn wir nicht klar und transparent unsere Wünsche und Grenzen sowie Werte und Ansichten formulieren und damit dem Gegenüber ein ehrliches und verlässliches Beziehungsangebot machen? Wäre es nicht manchmal besser, das Visavis klipp und klar zu enttäuschen, als seine nebulöse, aber vergebliche Hoffnung weiter zu nähren?

Fast jeder kennt die Situation, dass er einer Einladung zusagte, aus Gefälligkeit oder weil er den Freund nicht enttäuschen wollte, wohl wissend, dass es eigentlich zu viel für ihn ist, oder obwohl er einfach keine Lust dazu hatte. Man zögert die Absage bis zum Schluss heraus, lässt sich dann eine mehr oder weniger plausible Notlüge einfallen (oft müssen kranke Kinder, Großeltern oder in der Pandemie Risikokontakte für eine potenzielle Infektion) herhalten, um aus der Nummer wieder rauszukommen. Würde es den Freund in Wirklichkeit nicht sogar mehr enttäuschen, wenn er herausfände, dass man ihm gegenüber nicht ehrlich war?

Selbstverständlich hat unser Verhalten Einfluss auf andere und bringt bestimmte Konsequenzen mit sich. Wichtig ist, für sein Verhalten Verantwortung zu übernehmen und sich darüber bewusst zu sein, dass man in einem System agiert und jede Entscheidung auch Auswirkungen auf andere (zum Beispiel Kinder, Partner, Eltern, Kollegen) und die Umwelt hat. Wie wir uns entscheiden, obliegt uns. Indem wir über die lang- und kurzfristigen Konsequenzen unseres Handelns für uns und andere nachdenken, wägen wir ab, welche Konsequenzen wir in Kauf nehmen können und möchten, auch wie unser Verhalten in der Folge auf uns zurückkommen wird.

Die Kant'sche Maxime beziehungsweise die »Goldene Regel« könnte hier Leitlinie sein: »Handle nur nach derjenigen Maxime, durch die du zugleich wollen kannst, dass sie ein allgemeines Gesetz werde.« Beziehungsweise: »Was du nicht willst, dass man dir tu, das füg auch keinem anderen zu.« Dabei sollten Sie aber gerade nicht aus den Augen verlieren, dass Ihr Verhalten oder die Unterlassung einer Veränderung oft die stärksten Konsequenzen für Sie selbst bedeuten. Es geht also um die ehrliche Beantwortung der Frage: »Was sind die lang- und kurzfristigen Konsequenzen für die anderen und für mich, wenn ich mein Vorhaben umsetze beziehungsweise nicht umsetze.« Statt sich überanzupassen, dürfen Sie gern ein Stück mutiger sein, sich und Ihre Ideen anderen zuzumuten. Und wenn Sie immer schon »nur Ihr Ding« durchzögen, würden Sie dieses Buch bestimmt nicht in Ihren Händen halten.

Wir sind sicher, dass auch Sie in Ihrem Leben schon das eine oder andere Mal enttäuscht, verletzt und verärgert worden sind. Manchmal hat es sich schlimmer angefühlt, und manchmal war der Schmerz nur klein und ging schnell vorbei. Aber immer haben Sie es überstanden und überlebt. Im besten Fall konnten Sie mit der Zeit akzeptieren, vergeben und loslassen, statt mit Verbitterung in der Vergangenheit verhaftet zu bleiben und damit alles andere als frei zu sein. So wie Sie können das andere mindestens genauso gut. Sie dürfen also Ihren Kollegen, Freunden, Familienmitgliedern oder Vorgesetzten durchaus zutrauen, dass auch sie Enttäuschungen aushalten, und ihnen Ihre andere Meinung oder Ihre Abgrenzung zumuten.

Der Umgang mit den Erwartungen der Eltern

Besonders schwer fällt es uns, die Erwartungen unserer Eltern zu enttäuschen. Wir haben bereits über Glaubenssätze und übertriebene Bedürfnisse gesprochen, die oft im Kontext unserer ersten Bindungserfahrungen und während unserer Kindheit und Jugend von unseren Eltern oder anderen nahen Bezugspersonen (wir bleiben im Folgenden beim Begriff »Eltern«) maßgeblich beeinflusst und geprägt werden. Manchmal sind die Eltern schon verstorben, und das erwachsene Kind lebt immer noch nach ihrem Drehbuch. Eine 85-jährige Nachbarin erzählte mir, dass sie nach wie vor die rügende Stimme ihrer vor Jahrzehnten verstorbenen Mutter hören würde, wenn sie ein Glas oder einen Teller fallen lasse. Und ein 35-jähriger Klient ist mir besonders gut im Gedächtnis geblieben: Er kam aus sehr reichem Hause, seine Eltern waren wirklich großzügig hinsichtlich seiner finanziellen Unterstützung, und gleichzeitig ließen sie ihm viele Freiheiten, was seine persönliche Lebensgestaltung betraf. Er hätte eigentlich machen können, was er wollte. Trotzdem erlaubte er es sich nicht, seine (finanziellen) Freiheiten zu genießen und beispielsweise in den Urlaub zu fahren oder das zu studieren, was er wirklich wollte. Er sah sich ständig in der Verpflichtung seinen Eltern gegenüber und hatte das Gefühl, er müsse in die Fußstapfen des Vaters treten. Die Erwartung an ihn, das Familienunternehmen zu übernehmen, war nie laut ausgesprochen worden. Er hatte sie aber so stark verinnerlicht, dass er sich völlig unfrei und fremdbestimmt einem Lebensskript unterworfen hatte, das nicht das seine war.

Die Krux an der Geschichte ist, dass auch hier das meiste wieder nur in unseren Köpfen passiert – entweder weil unsere Eltern ein bestimmtes Verhalten gar nicht wirklich von uns erwarten (fragen Sie doch mal nach, wenn Sie noch die Gelegenheit dazu haben) oder weil wir als Erwachsene ja definitiv nicht mehr so wie früher tatsächlich von unseren Eltern eingeschränkt werden (können). Schließlich sind diese auch mitgewachsen und haben uns gegenüber jetzt, sollten sie noch leben, eine andere Rolle als früher.

Sie sind als Kind nicht für das Glück Ihrer Eltern zuständig.[133] Sie sind als Kind nicht dazu da, Ihre Eltern zufrieden zu stellen. Am Ende sind Sie nur sich selbst gegenüber verpflichtet. Es bringt

Ihren Eltern nichts, wenn Sie zwar angepasst an deren Wünsche, aber unzufrieden und verbittert sterben.

Ein *erster Schritt* in Richtung Loslösung von den Prägungen der Eltern ist getan, wenn Sie unterscheiden, welche Ihrer Werte, Interessen und Bedürfnisse Sie heute noch mit Ihren Eltern gemeinsam haben und gern mit ihnen teilen, worin Sie aber auch unterschiedlich sind.

Betrachten Sie Ihre Werte, Bedürfnisse und Interessen, und gleichen Sie sie ab mit denjenigen Ihrer prägenden Bezugspersonen aus der Kindheit. Wo spüren Sie große Diskrepanzen zwischen Ihren Ansichten und denen Ihrer Eltern? Was sind aber auch Gemeinsamkeiten? Welche Interessen werden geteilt und welche nicht? Was haben Sie gerade durch die Unterschiedlichkeit von Ihren Eltern gelernt? Was konnten Sie dadurch für Ihr Leben entwickeln oder erfahren?
Mit Blick auf Ihren Lebensstern und Ihr Selbstbestimmungsprojekt: Auf wen oder was beziehen Sie Ihre Entscheidungen? Eher auf sich selbst oder eher auf Ihre Eltern?

Bei den Werten, Interessen und Aspekten Ihres Selbstbestimmungsprojekts, die in großer Diskrepanz zu denen Ihrer Eltern stehen, egal, ob Ihre Eltern noch leben oder nicht, werden Sie besonders viel Mut, Kraft und Strategie aufbringen müssen, um sich selbst treu zu bleiben und gleichzeitig Ihre Eltern zu ent*täuschen*. Denn darum geht es, eine Täuschung zu enttarnen und die damit verbundenen Erwartungen selbstverantwortlich zu aktualisieren und dabei Unstimmigkeiten, Konflikte und Schuldgefühle zulassen zu können, auch wenn dies mit einem Unbehagen oder Ängsten einhergeht. In der »Ent-täuschung« steckt nicht nur eine Befreiung, sondern ebenso die Chance, dass Neues entstehen kann – auch in der Beziehung zu den Eltern.

Der *zweite Schritt* ist also, Ihre Eltern (zum Wohle aller) zu enttäuschen. Wie kann Ihnen das leichter gelingen? Je stärker Sie sich selbst mit Ihren eigenen Grenzen, Unzulänglichkeiten, Ihren eigenen Enttäuschungen, aber auch Werten und Wünschen akzeptieren, je klarer Sie sich hinsichtlich Ihres Selbstbestimmungsprojekts oder jedes anderen Veränderungswunschs sind, desto eher können Sie aushalten und standhalten, wenn Ihre Eltern anderer Meinung sind. Wir müssen dann nichts verbergen und brauchen keine Angst davor zu haben, dass unsere Eltern unseren wunden Punkt aufdecken könnten, wenn wir selbst Frieden damit gefunden haben und voll und ganz hinter uns stehen.

Hilfreich ist es außerdem, wenn Sie von Ihrer Seite aus mit Ihren Eltern Frieden schließen und die eigenen verletzten Anteile, die enttäuschten Wünsche aus der kindlichen Vergangenheit ansehen und sie betrauern. Akzeptanz und Loslassen ist die Devise: Realistisch betrachtet, werden Sie nie mehr die Kindheit oder Jugend beziehungsweise die Eltern haben, die Sie sich vielleicht gewünscht hätten. Ihre Eltern werden sich – diese Prognose trauen wir uns abzugeben – nicht mehr verändern, sollten sie noch leben. Es heißt also Abschied nehmen von Ihren eigenen Erwartungen und Wünschen gegenüber Ihren Eltern, dass Sie zum Beispiel von ihnen so akzeptiert werden, wie Sie sind. Nehmen Sie die Vergangenheit als gegeben an, um mit Ihrem eigenen Lebensentwurf Frieden zu schließen.

Der Philosoph und Jesuit Michael Bordt fasst die Abhängigkeit von der Meinung der Eltern zur Selbstbestimmung folgendermaßen zusammen: »Nur wer mit seinen Eltern seinen Frieden gefunden hat, kann ein innerlich freier Mensch werden. Frei, indem er das, was er fühlt, tut und denkt, nicht mehr auf seine Eltern beziehen muss.«[134] Wir sind also erst dann unabhängig, wenn wir die Meinung und Beurteilung der uns am stärksten prägenden Menschen nicht (mehr) als für die individuelle Gestaltung unseres Lebens bindend erachten. Egal, ob diese Meinungen real oder nur in unseren Gehirnen produzierte fixe Ideen sind.

Erteilen Sie sich schließlich bewusst selbst die Erlaubnis, Ihr Leben zu leben. Dies kann auch in einer kleinen Zeremonie erfolgen, in der Sie sich bewusst auf Ihre Ideen und Wünsche zur Verwirklichung Ihres Lebens »committen«, symbolisch den Pakt vielleicht mit einem Ring oder einer Urkunde mit sich selbst besiegeln. Unterstützende Zeugen wären für die Verbindlichkeit auch nicht schlecht.

Für den Fall, dass Sie persönlich Kinder wollen oder bereits haben, tun Sie auch diesen viel Gutes, gerade indem Sie die Werte und Erwartungen Ihrer Eltern hinterfragen. So übernehmen Sie nicht unüberlegt schlechte Eigenschaften und Erwartungshaltungen, die sonst über Generationen hinweg weitergegeben werden würden.

Der Umgang mit Erwartungen, zusammengefasst

1. Erwartungen an sich selbst und andere hinsichtlich deren Realitätsbezug, also die faktische Chance auf Erfüllung, überprüfen.
2. Unrealistische, überhöhte Erwartungen und Ansprüche an sich selbst und andere loslassen.
3. Sich von äußeren Erwartungen unabhängiger machen:

- erkennen, dass es sich um eine Erwartung handelt;
- tatsächliche von angenommenen Erwartungen unterscheiden;
- sich fragen, welchen Erwartungen man entsprechen will und warum; prüfen, ob die Erfüllung der Erwartungen mit dem, wie man sein möchte (inklusive Werte, Interessen, Fähigkeit, Bedürfnisse und Grenzen …), übereinstimmt; abschätzen, ob es aktuell überhaupt machbar ist, einer konkreten Erwartung zu entsprechen, und was dabei die Konsequenzen für sich und andere wären;
- gegebenenfalls faire Kompromisse eingehen.

4. Sich nicht von antizipierten schlechten Gefühlen (zum Beispiel schlechtem Gewissen, Trauer, Wut oder Angst) steuern lassen, sondern gegebenenfalls andere enttäuschen.
5. Dabei entstehende unangenehme Gefühle regulieren.

Das Wichtigste zum Schluss: Wir haben so oft darüber gesprochen, dass es darum geht, seine unangenehmen Gefühle wie Enttäuschungen auszuhalten und mit ihnen umzugehen, um wirklich innerlich frei zu sein. Diese Kompetenz wird »Selbstregulationsfähigkeit« genannt. Wie das ganz praktisch funktioniert, kommt nun gegen Ende dieses Buches. Nicht ohne Grund haben wir Sie so lange auf die Folter gespannt: erstens, weil Ihnen besser im Gedächtnis bleibt, was Sie zum »Finale« hin lesen, und zweitens, weil es damit einhergeht, Ihr Selbstbestimmungsprojekt nun tatsächlich und nachhaltig auf die Straße zu bringen. In der Selbstregulation und bei der Umsetzung Ihres Projekts geht nämlich Ihr »Selbst« in Führung.

Teil III
Selbst in Führung gehen

Bei all den Übungen und Selbstreflexionen, die Sie bisher gemacht haben, sprachen wir vor allem Ihren inneren »Team-Manager« oder »Kapitän« an. Man könnte nun meinen, dieses Reflexions- beziehungsweise Steuerzentrum sei rein rational, beruhe also ausschließlich auf unserem kognitiven Verstand. Tatsächlich ist es so, dass wir uns der »rationalen Seele«, wie es Daniel Goleman in seinem Buch *Emotionale Intelligenz* schreibt, viel stärker bewusst sind. Daneben gibt es aber auch die »emotionale Seele«, die aus dem »Herzen« weiß, dass etwas richtig ist, »[…] eine andere Art von Überzeugung – irgendwie eine tiefere Art von Gewissheit«.[135] Diese Gewissheit wird oft auch als »Intuition« bezeichnet. Emotional intelligent ist derjenige, der es vermag, »Herz und Verstand« zusammenzubringen. Deswegen haben wir Sie auch oft nach Ihren Gefühlen, Assoziationen, aufkommenden inneren Bildern und Ihrem Körperbefinden gefragt (»Da zieht es mich hin«, »Da will ich weg«). Diese geben Ihnen eben Auskunft genau über die eher unbewussten Anteile, Triebe, Wünsche und Leidenschaften. Bei der Entschlüsselung Ihrer Bedürfnisse sind die Gefühle beispielsweise ausschlaggebend.

Wenn wir nun also davon sprechen, dass das »Selbst« die Führung übernimmt, meinen wir ausdrücklich nicht, dass Sie rein rational entscheiden sollen und dabei womöglich alle Gefühle und Wünsche unterdrücken, die nicht in Ihr Konzept passen. Der Team-Manager ist eine ausgewogene und umsichtige Führungspersönlichkeit. Statt eigene Vorstellungen ohne Rücksicht auf Verluste nach unten zu delegieren, hört er seinem inneren Team mit Interesse und Wertschätzung zu und bezieht damit unterschiedliche Sichtweisen und Anliegen ein, die in eine gemeinsame Entscheidung münden. Das ist das, was uns authentisch werden lässt: wenn wir in einem guten Kontakt mit unserer vielfältigen Innenwelt stehen und flexibel darin bleiben, welchen inneren Anteilen wir in welcher Situation den Vortritt lassen.

Es geht also nicht um eine rationale Selbstkontrolle.[136] Sich ausschließlich zu kontrollieren kostet nämlich sehr viel Energie und funktioniert nur, wenn ausreichend Kraftreserven übrig sind. Wir kennen das alle: Solange wir relaxt sind, können wir der Tafel Schokolade widerstehen; kommen wir aber in Stress, sind unsere Vorsätze schnell passé. Wir können uns von unseren inneren Diktatoren durch den Tag hetzen lassen und alle Bedürfnisse, Gefühle und abweichenden Wünsche unterdrücken. Aber irgendwann ist auch ein Diktator müde, und dann kehren Sie abends heim, »völlig am Ende« von der ganzen Selbstkontrolle, und öffnen die Wohnungstür: Sie sehen, die Küche ist nicht aufgeräumt, treten auf dem Weg ins Bad auf ein rumliegendes Spielzeugauto, die Kinder streiten, und dann kommt Ihr Partner um die Ecke und fragt: »Wann gibt's endlich was zu essen?« Sie explodieren. Ihre Selbstkontrollfähigkeit ist erschöpft.

Viel hilfreicher hingegen ist die Selbstregulation, indem Sie statt eines ungnädigen Diktators den Team-Manager einschalten, der sowohl den Verstand als auch das »Herz« oder den »Bauch« integriert und der, um beim Beispiel zu bleiben, auch tagsüber oder mindestens beim Öffnen der Wohnungstür berücksichtigt, wie es Ihnen geht, und dementsprechend Ihre Bedürfnisse befriedigt (»Der Bauch knurrt«, »Ich brauche grad mal fünf Minuten nur für mich«).

Spätestens dann allerdings sollte der Team-Manager in Erscheinung treten, sobald Sie die Wut aufsteigen spüren: »Halt, stopp, was brauch ich grade? Jetzt erst mal kurz durchatmen.« Und falls Sie es sogar schaffen, bereits tagsüber zu essen, wenn Sie Hunger haben, eine Pause einzulegen und auch mal eine Aufgabe zu verschieben oder abzulehnen, weil es sonst zu viel würde, ein paar Minuten Achtsamkeit zu praktizieren (damit stärken Sie nämlich Ihren Team-Manager und Ihre Selbstregulationsfähigkeit) und sich nicht für alles und jeden verantwortlich zu fühlen, dann bleibt der Akkustand immer schön im grün-orangen Bereich. Eine wohlwollende Selbstführung befähigt Sie dazu, weder allen aufkommenden Impulsen gleich nachzugehen noch sich dauerhaft zu sehr zu kontrollieren.

Die Selbstregulationsfähigkeit im Sinne des Team-Managers ist also zum einen für die Selbstfürsorge und zum anderen für die Integration Ihrer inneren Anteile beziehungsweise Gefühle, Bedürfnisse, Leidenschaften, Triebe und Ihres intuitiven Wissens nötig. Sie ist aber auch die Kompetenz, die Sie frei und selbstbestimmt leben lässt. Wir stellen Ihnen nun vor, wie Sie Ihre Selbstregulationsfähigkeit aufbauen und wofür Sie sie einsetzen können.

Wie Sie sich selbst gut regulieren

Die Selbstregulationsfähigkeit hilft Ihnen insbesondere dann, wenn Sie in ein inneres Chaos geraten und Stress und unangenehme Gefühle erleben (die von außen oder auch durch eigene, zum Beispiel sorgenvolle Gedanken ausgelöst werden). Zur Unterstützung eines selbstbestimmten und authentischen Lebens hat die Fähigkeit zur Selbstregulation gleich mehrere Vorteile:

1. Wenn Sie Ihren Gefühlen gewachsen sind und Sie zu Ihren Bedürfnissen stehen, wird es Ihnen leichterfallen, Konflikte mit anderen in Kauf zu nehmen und diese standfest zu überstehen, also ohne wieder einzuknicken, sich selbst zurückzustellen und es den anderen recht zu machen, nur um keine quälenden Gewissenbisse oder Schuldgefühle haben zu müssen.
2. Auch Ihre eigenen Wünsche und Bedürfnisse können Sie ausbalancieren, indem Sie unterscheiden, was wirklich wichtig für Sie ist und bald erfüllt werden sollte, und dem, was einen Aufschub duldet. So haben Sie neben der sogenannten Impulskontrolle auch eine erhöhte Frustrationstoleranz.
3. Sie können sich selbst in unangenehmen Zuständen aushalten und müssen nicht vor sich selbst »wegrennen«.[137] Es wird für Sie leichter sein, Stille auszuhalten, mit sich selbst allein zu sein, innezuhalten, Ruhe zu geben und mal nichts zu tun. Sie brauchen sich nicht abzulenken, um eine innere Leere, Unruhe oder Langeweile zu umgehen. Stattdessen werden Sie neugierig in sich hineinhorchen und abwarten, was sich auftut. Innezuhalten und Ruhe zu geben ist

eine Basiskompetenz, um Selbstreflexion überhaupt zu ermöglichen.

4. Sie können sich besser auf Ihr authentisches Leben einlassen und sich lebendig fühlen. Sie müssen nicht aus Vorsicht heraus in sicherer Distanz bloßer Zuschauer sein und dabei Ihr Leben verpassen. Sie können sich einlassen, in Resonanz mit anderen Menschen, der Natur, Musik oder anderem kommen und Ihre Schutzmauern abbauen. Genau diese emotionalen Berührungen machen ja das Leben erst lebendig und wahrhaftig. So werden Sie sich auch mutig auf Ihre Projekte einlassen und »was riskieren«, denn Sie werden mit all den dazugehörigen Gefühlen (auch Angst vor dem Scheitern et cetera) umgehen können.
5. Sie müssen nicht mehr auf jeden Reiz (Trigger) automatisch anspringen, sondern können zwischen Reiz (zum Beispiel unaufgeräumte Küche, kritisierender Chef) und Reaktion (zum Beispiel wütend, laut, beleidigt werden, wegrennen) eine bewusste Pause einlegen, in der Sie Ihr Handeln überlegen und dementsprechend regulieren. Sie kommen aus dem fremdbestimmten »Automatik-Fernsteuer-Modus« zum freien, willentlichen Handeln.
6. Last, but not least: Sie können andere so sein lassen, wie sie sind, und ihre Autonomie akzeptieren und sogar respektieren. Weil Sie mit Ihrem Frust darüber, dass andere nicht so sind, wie Sie es sich wünschen, umgehen können.

Klingt doch recht gut, oder, was meinen Sie? Sind Sie neugierig darauf, wie Ihnen das konkret gelingen kann?

Erinnern Sie sich zunächst daran, dass alle Gefühle berechtigt sind und Ihnen Informationen über Ihr Befinden sowie Ihre Bedürfnisbefriedigung, Ihre Leidenschaften, Grenzen und Wünsche geben. Gefühle sind also nicht schlecht. Wenn Sie unangenehme Gefühle spüren, geht es gerade nicht darum, sie weghaben zu wollen oder sich darüber zu ärgern, dass man jetzt wütend oder traurig ist, sondern zunächst einfach nur darum wahrzunehmen, was man fühlt. Das haben Sie im Kapitel »Das brauche ich« bereits geübt: »Was fühle ich gerade?« Durch das Benennen der Gefühle distanzieren Sie sich automatisch von ihnen, weil Sie mit ein bisschen mehr Abstand draufschauen können.

Nun geht es darum, sich selbst gegenüber freundlich zu bleiben und diese Gefühle anzunehmen. Denn wenn Sie gegen sie kämpfen, generieren Sie nur noch mehr Leid. Die Gleichung »Leiden = Schmerz × Widerstand«[138] verdeutlicht diesen Zusammenhang. Seien Sie also nicht so kritisch und streng mit sich selbst und stattdessen lieber mitfühlend und akzeptierend: »Es ist okay, dass ich mich wütend/traurig/ängstlich/besorgt fühle, das ist in der Situation auch verständlich.« Oder: »Ich fühle mich enttäuscht. Kein Wunder, ich habe mir ja auch was anderes gewünscht. Das ist in Ordnung, mich jetzt so zu fühlen.« Allein durch diese Akzeptanz erfahren Sie eine Entspannung und damit eine Reduktion der Intensität des Gefühls. Die Freundlichkeit, die Sie sich selbst gegenüber aufbringen, hilft Ihnen, sich gleich besser zu fühlen, sich selbst mit all den Empfindungen, die Sie haben, anzunehmen. Und das können ganz unterschiedliche und gegensätzliche Gefühle sein.

Wenn Sie keine freundlichen und liebevollen Worte finden (was im Übrigen vielen schwerfällt!), stellen Sie sich vor, wie ein Ihnen zugewandter sehr liebevoller Mensch Sie trösten würde. Was würde eine gute Freundin Ihnen sagen? Welche Worte und Gesten wären jetzt hilfreich und trostspendend? Legen Sie zusätzlich

Ihre Hand auf Ihre Herzregion oder auf Ihren Bauch. Mit dieser liebevollen Geste wird sich auch Ihr Körper beruhigen. Gefühle gehen vorbei, meist viel schneller, wenn man sie kommen und gehen lässt. Man stirbt nicht an Gefühlen. Nach dem Regen kommt wieder der Sonnenschein. Das ist ein verlässliches Prinzip, dem Sie vertrauen können.

Gedanken und Gefühle durch den weißen Raum ziehen lassen

Sie können sich Ihr Gehirn als einen großen weißen Raum vorstellen, der zwei gegenüberliegende Türen hat.[139] Blicken Sie wie ein Zuschauer auf diesen ruhigen, leeren Raum. Auf der einen Seite öffnen Sie nun die Tür und lassen das drängende Gefühl herein, in der Mitte des Raums benennen Sie es, und auf der anderen Seite lassen Sie es auch wieder hinaus. Immer wieder, solange dieses oder auch andere Gefühle an der Tür anklopfen. Aber immer entscheiden Sie, dass Sie die Türe öffnen und nur ein Gefühl einlassen, wie lange sich dieses in Ihrem weißen Raum aufhalten darf und wann Sie es auf der anderen Seite wieder hinauskomplementieren.

Sie können diese Übung auch mit Ihren Gedanken machen und die Gedanken, die in Ihnen aufkommen, zur einen Tür hereinlassen, im Raum benennen oder auch in Kategorien packen (zum Beispiel »Ah, ein Gedanke an die Zukunft«, »Ein Gedanke über die Vergangenheit«) und auf der anderen Seite wieder hinauslassen. Sie sind weder Ihren Gefühlen noch Ihren Gedanken, die ja häufig Anlass für Ihre Gefühle sind, ausgeliefert.

Der erste Schritt ist also, die Gefühle wahrzunehmen und zu benennen und dann mitfühlend damit zu sein, sie zu spüren. Sie werden dadurch, statt in Gefühlen zu versinken, automatisch eine Distanz zu Ihrem Gefühl entwickeln, ohne dass Sie es wegdrücken oder verbergen müssten. Auch zu weinen und laut wütend zu sein ist erlaubt. Aber Sie sollen nicht von Ihren Gefühlen handlungsunfähig oder fremdbestimmt werden. Ihr innerer Team-Manager behält den Überblick, damit nicht ein Anteil die Führung gänzlich übernimmt und Sie mit unguten Gefühlen überschwemmt.

Sie sehen, mit Ihrem Team-Manager (oder wie auch immer Sie ihn selbst genannt haben) wissen Sie einen starken und verlässlichen Partner an Ihrer Seite, um sich aus einer passiven Opferrolle zu befreien.

Sie können aber auch aktiv dazu beitragen, unangenehme Gefühle in eine angenehme Richtung zu wandeln. Dazu müssen Sie wissen, dass unsere Gefühle, Gedanken, Körperempfindungen sowie unser Verhalten in Abhängigkeit zueinander stehen und sich gegenseitig beeinflussen beziehungsweise sich gegenseitig abstimmen. Dieser Prozess der »Synchronisation« läuft automatisch ab. Die Gedanken »passen« immer zu den Gefühlen und diese wiederum zu den Körperempfindungen und zum Körperverhalten. Sind Sie beispielsweise traurig, ist Ihre Körperhaltung gedrückt, und Sie fühlen sich körperlich schwer, die Mundwinkel sind nach unten gezogen, und die Gedanken lauten etwa: »Ich bin untröstlich über den Verlust/über die verlorene Zeit; wieso ist mir das nur passiert? Die anderen haben es besser als ich; die Welt ist so ungerecht …« Daraus entwickelt sich dann ein entsprechendes Verhalten.

Sie kennen dieses Phänomen bereits vom Placebo-Effekt beziehungsweise von der sich selbst erfüllenden Prophezeiung. Die Denkrichtung, und damit verbunden die Erwartungshaltung, hat

Einfluss auf das tatsächliche Verhalten und die Gefühle. Glaube ich daran, dass ich es schaffen werde, fühle ich mich sicherer, stärker oder selbstbewusster, und die Chancen, etwas tatsächlich zu schaffen, sind signifikant besser. Sie können sich eine Raute vorstellen, an deren vier Ecken sich jeweils die Gedanken, die Gefühle, das Verhalten und das Körperverhalten (zum Beispiel Schwitzen, Herzschlag, Blutdruck, Muskelanspannung und so weiter) inklusive Körperhaltung (zum Beispiel aufrecht, offene Brust, stabiler Stand) befinden und die sich alle gegenseitig beeinflussen, um sich abzustimmen.[140] Selbstregulation bedeutet nun, dass Sie dieses Zusammenspiel ganz bewusst nutzen.

Drei der Ecken können Sie aktiv beeinflussen, um eine Änderung zu bewirken. Folgende grundsätzliche Möglichkeiten haben Sie: Sie können Ihre Gedanken (Erwartungen und Überzeugungen) aktiv lenken, eine bestimmte Körperhaltung aktiv einnehmen und Ihr Verhalten beeinflussen. Dadurch nehmen Sie jeweils indirekt Einfluss auf Ihre Gefühle.

Sicher haben Sie in Ihrem bisherigen Leben auch schon gute Strategien entwickelt und eingesetzt, um mit »schlechten« Gefühlen umzugehen.

- *Was hat Ihnen in der Vergangenheit geholfen, um mit unangenehmen Gefühlen, wie Frustration, Trauer, Enttäuschung, Wut umzugehen, wenn zum Beispiel eines Ihrer Bedürfnisse nicht erfüllt wurde?*
- *Wie haben Sie es bisher geschafft, aus starken »negativen« Gefühlen wieder in die Neutralität oder sogar zu »guten« Gefühlen zu kommen?*

- *Was ist Ihr Geheimrezept? Was würden Sie anderen raten?*

Diese Strategien, die Sie bereits für sich kennen und nutzen, möchten wir gern ergänzen durch einige Ideen, die alle wissenschaftlich belegt sind. Ziel ist dabei, das Ruder wieder in die Hand zu nehmen unter Beachtung der gerade erlebten Gefühle und Gedanken und sich zu fragen: »Was brauche ich jetzt, damit es mir besser geht?«

GUTE GEDANKEN MACHEN GUTE GEFÜHLE

Ganz grundsätzlich hilft es, an etwas Schönes zu denken; an den letzten Urlaub oder an den kommenden, an einen inneren sicheren Ort, den Sie sich in entspannten Zeiten ausgemalt haben, an einen realen Kraftort, an den Sie sich gedanklich begeben können:

1. Lenken Sie Ihre Gedanken bewusst auf die positive Seite. Dabei geht es nicht darum, das Negative zu ignorieren oder sich alles schönzureden. Es gibt immer zwei Seiten. Und Sie können wählen, ob Sie nicht auch mal bewusst die positive, helle Seite in den Fokus rücken. Fragen Sie sich beispielsweise nach dem »Trotzdem«: »Was ist *trotzdem* gut?« Schauen Sie, wenn es Ihnen eh schon nicht so gut geht, nicht auch noch negative Nachrichten im Fernsehen oder Internet. Das zieht Sie noch mehr runter. Richten Sie Ihre Gedanken lieber in die Richtungen, auf die Sie Einfluss nehmen können, und fragen Sie sich: »Was kann ich konkret

an der Situation beeinflussen, was kann ich jetzt in meinem Umfeld tun?«

2. Unterziehen Sie negativ und generalisiert formulierte Gedanken wie »Alles ist schlecht, das wird nie wieder gut, ich schaffe das nicht, eine Katastrophe …« einem Realitätscheck: »Was spricht dafür, was dagegen? Ist es wirklich so? Bin ich mir ganz sicher? Gibt es noch alternative Ideen dazu? Inwieweit wird es in einem Jahr (oder am Ende meines Lebens) noch eine Rolle für mich spielen? Was würde ein unbeteiligter, wohlwollender Dritter dazu sagen?«
3. Ersetzen Sie negative Gedanken durch bestärkende, optimistische Sätze wie »Ich darf es in meinem Tempo machen«, »Wenn etwas nicht gleich funktioniert, ist es auch kein Drama« oder »Ich bin nicht allein, ich finde Unterstützung«.
4. Oft reicht es schon aus, die eigenen Erzählungen zu verändern. Sicher erinnern Sie sich noch an die »narrative Identität«, die wir in Teil I vorgestellt haben. Es geht darum, dass wir alle eine Geschichte über unser Leben erzählen. Wir geben dem, was passiert(e), durch unsere Beschreibungen einen Sinn, eine Nachvollziehbarkeit und eine Bedeutung. Nun haben Sie die Wahl, wie Sie Ihre Geschichte oder auch einfach nur die Geschichte eines »schlechten« Tages erzählen. Versuchen Sie mal, die Situation anders zu beschreiben und zu deuten. Welche positiven Aspekte stecken darin? Wofür ist es auch gut, dass es passiert(e)? Was werden Sie daraus lernen, oder was werden Sie beweisen können? Oft reicht es schon aus, andere Wörter zu verwenden, die positiver sind. Das betrifft auch unsere Selbstzuschreibungen

(»Ich bin unzuverlässig« versus »Ich bin flexibel«, »Ich bin angespannt« versus »Mir sind die Dinge wichtig«).

LÄCHELN!

Einfach lächeln, klingt Ihnen das zu trivial? Wir meinen auch nicht das affektierte Weglächeln von Emotionen, sondern den bewussten Einsatz Ihrer Körperhaltung und Mimik, um Ihre Gefühlslage zu beeinflussen. Und das funktioniert meistens sehr schnell – es gibt also keinen Grund, das nicht zu nutzen. Hier also drei Tipps, um Ihre Gefühle auch körperlich zu regulieren:

1. Unangenehme Gefühle (zum Beispiel Stress und Angst) gehen mit körperlicher Anspannung einher, und körperliche Anspannung begünstigt »schlechte« Gefühle. Umgekehrt führt Entspannung zur Stress- und Angstreduktion, denn Entspannung und Anspannung können nicht parallel bestehen. Sie werden es nicht schaffen, gleichzeitig entspannt und ängstlich zu sein oder gestresst und ausgeglichen. Wenn Sie sich also körperlich entspannen, werden automatisch die Ängste oder andere unangenehme Gefühle nachlassen. Dies gelingt Ihnen zum Beispiel, indem Sie nach dem Prinzip der sogenannten progressiven Muskelentspannung Muskeln erst anspannen und dann bewusst lockerlassen. Manchmal reicht es auch aus, nur eine Faust zu ballen und sie wieder zu lösen. Sie spüren dann ganz bewusst den Unterschied zwischen An- und Entspannung und finden oft sogar heraus, dass Ihr »neutraler« Zustand eher der Anspannung entspricht. Achten Sie mal auf Ihre

Nacken- oder Kiefermuskeln und darauf, welche Gefühle und Gedanken Sie haben, wenn diese angespannt sind. Auch eine kraftvolle Körperhaltung (*power posing* = zum Beispiel Hände in die Hüften, fester Stand, Blick nach vorn, Kinn nach oben) führt zu einer Reduktion der Angst- und Stresshormone und gibt Ihnen ein Gefühl von Sicherheit und Kontrolle.[141]

2. Oder Sie konzentrieren sich auf Ihren Atem: »Richtiges« Atmen ist tiefes, langsames Zwerchfellatmen. Die Bauchdecke hebt und senkt sich, die Schultern bleiben ruhig und unten. Die Ausatmung ist etwas länger als die Einatmung. Die Atemfrequenz wird langsamer. Manchmal hilft es, eine Hand auf den Bauch zu legen, um zu spüren, wie sich die Bauchdecke beim Einatmen hebt und beim Ausatmen senkt. Es gibt unterschiedliche Anleitungen bezüglich des Atemrhythmus, zum Beispiel den Rhythmus 4–6: vier Sekunden einatmen und sechs Sekunden ausatmen. So wird direkt unser »Entspannungsnerv« (Vagusnerv) angesteuert. »Richtiges« Atmen ist also alles andere als esoterisches Blendwerk.
3. Und jetzt kommt es: Lächeln Sie! Mit einem inneren Lächeln, bei dem die Mundwinkel leicht nach oben gehen, provozieren Sie über die aktivierten Lachmuskeln eine Botenstoffausschüttung, die zu entspannten, ausgeglichen, zuversichtlichen, positiven Gefühlen führt. Stellen Sie sich vor, wie sich das wohlige Gefühl in Ihrem ganzen Körper ausbreitet.

MAL WAS ANDERES MACHEN!

Sich »abzukühlen«, den Raum zu verlassen und sich aus der Situation zu entfernen zählen zu den grundsätzlichen Möglichkeiten, wie Sie sich *direkt über Ihr Verhalten* aus besonders unangenehmen Gefühlen herausziehen können. Dabei geht es vor allem darum, sich abzulenken. Ja, das ist durchaus erlaubt! Allerdings nur, wenn Sie sich damit nicht dauerhaft vor Unangenehmem abschotten. Um sich nicht in etwas hineinzusteigern, bringt es oftmals mehr, kurz auf den Balkon zu gehen, aufmunternde Fotos oder beruhigende Katzenvideos anzuschauen, vielleicht einem Hobby nachzugehen, Musik zu hören, den Lieblingsfilm zu schauen, Sport zu machen oder ein Hörbuch zu hören.

Welche Beschäftigungen lösen in Ihnen besonders angenehme Gefühle aus und bringen Freude und Genuss mit sich? Sie können sich entweder zurückziehen oder bewusst und aktiv den Kontakt mit Freunden suchen und mit jemanden darüber sprechen, wie es Ihnen geht. Eine zeitliche Begrenzung hilft, um sich wieder dem Tagesgeschäft zuzuwenden. Wichtig ist, spontan in der jeweiligen belastenden oder herausfordernden Situation Zugriff zu den Ideen zu haben. Daher bietet es sich an, dass Sie in »guten Zeiten« eine kleine Liste oder einen symbolischen »Notfallkoffer« anlegen, in dem Sie festhalten, was Ihnen Kraft gibt, Ihnen Freude bereitet, was Ihnen hilft, sich besser zu fühlen.

***Lena** beispielsweise ist immer öfter während der Arbeit frustriert, weil sie ihre Kreativität (repräsentiert durch ihren inneren Anteil Ideenhaber) nicht in dem Ausmaß ausleben kann, wie sie es sich wünscht. Das wirkt sich auf aktuelle Projekte aus, die sie*

nur halbherzig bearbeitet. Statt sich also von ihrem Frust allzu sehr »runterziehen« zu lassen und in der Qualität ihrer Arbeit schlechter zu werden, kann sie regulierend eingreifen.
In der aktuellen Situation ist es für Lena im Grunde wichtiger, konzentriert die Arbeit erledigen zu können. Und so vertröstet sie ihren Anteil Ideenhaber und handelt mit ihm aus, dass er zu einem anderen Zeitpunkt mit seiner Kreativität zum Zug kommt, zum Beispiel wenn die Vision einer Selbstständigkeit wahr wird oder auch schon früher, indem sie sich ein Konzept für einen ersten eigenen Kunden überlegt. In der akuten Situation achtet sie auf ihre Körperhaltung und ihren Atem. So kommt sie am schnellsten »runter«.

IM EIFER DES GEFECHTS

Wie funktioniert die Selbstregulation nun im Eifer des Gefechts? Viele Klienten berichten uns – und wir kennen es aus eigener Erfahrung –, dass sie gerade in stressigen Situationen oder wenn sie schlecht drauf sind beziehungsweise von anderen gereizt werden, den »Absprung« nicht schaffen und doch wieder in alte Muster geraten. Denn die Reiz-Reaktions-Schleife dieses »schlechten« Gefühls springt automatisch wieder an.

Der erste Schritt ist getan, wenn Sie bemerken, dass es Ihnen nicht gut geht, Sie frustriert oder im Stress sind beziehungsweise von anderen »getriggert« werden. Sie kennen sich und Ihre inneren Anteile mittlerweile und wissen bereits, in welchen Situationen Sie besonders leicht auf die Palme gehen beziehungsweise frustriert werden. Auch Ihr Körper gibt Ihnen direkte Informationen darüber: Was sind Ihre persönlichen körperlichen und psychischen Anzeichen, wenn Sie im Stress oder unter Druck sind oder andere unangenehme Gefühle haben? (Zum Beispiel steigt der Puls, die Atmung wird schneller, das Gesicht wird rot, der Mund trocken, Sie spüren eine Beklemmung in der Brust, der Magen zieht sich zusammen, Sie sehen rot, Sie bekommen einen »dicken Hals«, Sie spüren Hitze im Körper aufsteigen, die Muskeln spannen sich an …)

Nun gilt es, die sich anbahnende automatische Reaktion zu durchbrechen, um sich abzukühlen und zwischen Reiz und Reaktion einen Spalt zu setzen beziehungsweise diesen auszudehnen, um einen Raum zu generieren, in dem Sie Ihr Verhalten wählen. Der innere Team-Manager muss jetzt auf die Bühne kommen. Stellen Sie sich ein Stoppschild vor, das Sie daran erinnert, einen Moment innezuhalten. Wie könnten Sie sich ganz kurzfristig beruhigen, abkühlen, ablenken, um einen neutraleren Blick auf die Situation zu erhalten? (Vielleicht hilft eine der Techniken, die wir bereits vorgestellt haben, oder Sie gehen kurz aus der Situation raus, trinken ein Glas kaltes Wasser beziehungsweise zählen von zehn rückwärts bis null.)

Mit kühlerem Kopf können Sie nun die Situation aus einem größeren Abstand heraus betrachten und entscheiden, wie Sie agieren möchten. Dabei können Ihnen folgende Fragen helfen: »Was an der Situation kann ich verändern, was kann ich selbst beeinflussen?«, »Wie priorisiere ich jetzt?«, »Was brauche ich [braucht welcher Anteil von mir], um mich besser zu fühlen?« und dergleichen. Wenn Sie Ihren inneren Manager, der alles souverän im Blick hat, fragen, was würde der Ihnen raten, was jetzt zu tun ist?

Seien Sie nicht zu sehr enttäuscht, wenn es nicht gleich mit der Selbstregulation klappt. Lassen Sie uns Ihnen verraten, dass wir beide auch immer noch und wieder dran arbeiten. Vor allem in besonders aufgeladenen Situationen braucht es eine Menge Übung und Wiederholungen. Auch Analysen im Nachhinein, wie es Ihnen beim nächsten Mal besser gelingen kann, sind sinnvoll. Statt wütend auf sich zu sein, sind Sie besser … ja, richtig! Mitfühlend und freundlich!

Ihr Selbstbestimmungsprojekt

Liebe Leserin und lieber Leser, Sie dürfen wirklich stolz auf sich sein! Sich mit sich selbst und seinem Leben auseinanderzusetzen ist nicht immer nur leicht oder mit angenehmen Gefühlen verbunden. Manchmal wird man traurig über das ungelebte Leben, darüber, dass man Entscheidungen treffen muss, die zwar manche Türen öffnen, aber andere unweigerlich auch verschließen. Das Älterwerden tut sein Übriges. Hoffentlich haben Sie aber auch mehr Klarheit über sich erhalten, vielleicht sogar manchen »Aha-Moment«. Im besten Fall haben Sie bereits eine innerliche Vorfreude, ein Kribbeln im Bauch, ein innerliches Lächeln, wenn Sie an Ihre Zukunft denken, und eine Ahnung davon, wie schön es noch werden kann. Wir freuen uns, wenn die Übungen Sie bereits zu ersten Unternehmungen und Änderungen anstiften konnten, um mehr selbstbestimmte Aspekte in Ihren Alltag zu holen.

Nehmen Sie sich die Zeit, um Revue passieren zu lassen, womit Sie bereits weitergekommen sind, was sich schon geändert hat, worauf Sie jetzt schon stolz sein können und wofür Sie sich selbst oder anderen dankbar sind. Das kann man nicht oft genug machen, um die Fortschritte nicht nur zu sehen, sondern auch zu würdigen. Mit einem großen Ziel vor Augen verlieren wir oft den

Blick für die kleinen, aber wesentlichen Veränderungen, die wir bereits bewirkt haben. Feiern Sie sich also nicht erst, wenn Sie ein Endziel vollständig erreicht haben, sondern immer wieder. Das erhält auch die Motivation und Ihre Zuversicht!

Was ist nun Ihr konkretes Selbstbestimmungsprojekt, das Sie weiterverfolgen möchten? Schauen Sie sich Ihren Lebensstern, Ihr Ziel aus der Auftragsklärung, Ihre inneren Anteile sowie die anderen Aufzeichnungen noch einmal an: Wie hat sich Ihr Wunsch, selbstbestimmter zu sein, im Verlauf der Lektüre und der Bearbeitung der Aufgaben entwickelt? Wo stehen Sie jetzt, und was ist Ihre Entscheidung? Führen Sie sich vor Augen, was Sie nun also konkret anders machen wollen als vorher, um authentischer und selbstbestimmter zu leben. Und denken Sie daran, dass es nicht das alles verändernde Projekt in Ihrem Leben sein muss. Gern dürfen Sie große Pläne umsetzen, und wir freuen uns, wenn wir Sie dazu ermuntern konnten. Selbstbestimmt sind Sie aber auch dann, wenn Sie im Alltäglichen an Situationen anders herangehen, Ihre Haltung und Ihre Einstellungen zu Ihrem Besseren verändern und einen unverstellten und damit offeneren Blick auf Ihr vielseitiges Innenleben haben.

***Lena** ist deutlich geworden, dass es jetzt nicht an der Zeit ist, um sich selbstständig zu machen. Für sie ist es erst mal wichtiger, wieder mehr Zeit für sich und ihre Freunde zu haben. Ihr kleiner Angsthase und der erschöpfte Anteil sind erleichtert. Aber Lena weiß auch, dass ihr Bedürfnis nach Sicherheit überhöht ist und sie sich davon zu oft einbremsen lässt. Ihr ist klarer geworden, dass sie dringend ihren Anteilen mehr Raum geben muss, die kreativ und frei sein wollen.*

Sie hat bereits mit ihrer Chefin gesprochen und ihr gesagt, sie brauche mehr Freiraum, um ihre Ideen einbringen zu können. Sie hat außerdem mit einer Freundin gesprochen, die dabei ist, eine eigene Agentur für Selbstständige und kleine Unternehmen im Lifestyle-Bereich aufzuziehen …

Für manche von Ihnen wird es vielleicht noch ein bisschen Motivation brauchen, andere sind schon mittendrin im Selbstbestimmungstrubel. Mit den folgenden Schritten der Umsetzung erhalten Sie von uns einen konkreten Transferplan, den wir aus unterschiedlichen wissenschaftlich fundierten Therapie- und Coaching-Richtungen kombiniert und auf Alltagspraktikabilität überprüft haben.[142]

Denken Sie daran, Ihre persönlichen Erkenntnisse weiterhin in Ihren Selbstbestimmungsprojektplan einzutragen. Denn so viel können wir vorwegnehmen: Alles, was (handschriftlich) aufgeschrieben ist, hält sich besser im Gedächtnis; und da die meisten Projekte ganz banal daran scheitern, dass man sie im Alltag vergisst, ist das Aufschreiben eine erste Transfersicherung.

DA MÖCHTE ICH HIN

Konkretisieren Sie zunächst Ihr Ziel: Was genau möchten Sie erreichen? Wenn ein Ziel zu vage ist, laufen Sie Gefahr, sich zu verirren. Wenn man einfach nur so von einem Ort zum anderen tingelt oder schlicht keinen Plan hat, kommt man womöglich zwar irgendwo an, und da mag es auch ganz nett sein, aber man ist dann halt woanders als da, wo man eigentlich hinwill. In das Navi Ihres Autos müssen Sie ja auch ein präzises Ziel eingeben, sonst kann es keine Route berechnen. Ähnlich ist es bei uns: Wir brauchen eine möglichst genaue Vorstellung davon, wo wir hinwollen, und damit, worauf wir unsere Energie und Aufmerksamkeit lenken. Formulieren Sie Ihren Zielsatz positiv und aktiv in der Gegenwartsform. Achten Sie außerdem darauf, dass er zu 100 Prozent unter Ihrer eigenen Kontrolle liegt.

Lena: *»Ich pflege meine Freundschaften und gehe regelmäßig ins Yoga. Ich bringe meinen Ideenhaber aktiv ein.«*

Toni: *»Ich verbringe mehr Zeit in der Natur und für mich, reduziere dafür Stunden im Job und bilde mich als Trainer für meine Kollegen aus.«*

Sie fragen sich vielleicht, wozu es sinnvoll ist, den Satz nach diesen Vorgaben zu formulieren. Klar, eine hundertprozentige Kontrolle gibt es im Leben nie, aber Ihre Ziele dürfen nicht hauptsächlich vom Goodwill anderer oder den Umständen abhängen. Sie wollen ja gerade raus aus der Fremdbestimmungs- und Opferrolle. Bei der Gegenwartsform denken Sie vielleicht: »Aber das mache oder bin ich ja noch gar nicht. Ich verbringe ja noch nicht mehr Zeit in der Natur oder mit Freunden.«

Für die Umsetzung und die Art und Weise, wie das Gehirn funktioniert, ist es zuträglicher, so zu tun, als würden Sie Ihr Ziel schon im Hier und Jetzt leben. Dies steigert die Verbindlichkeit und Sie bringen sich im Sinne der selbsterfüllenden Prophezeiung in die »richtige Richtung«. Visionen, die mit »vielleicht«, »bei Gelegenheit«, »irgendwann in der Zukunft« formuliert werden, schwächen Ihre Motivation und bleiben oft eben ein »Irgendwann mal«.

Nicht passen würden daher Sätze wie die folgenden:

- »Ich *werde nicht* mehr so viel arbeiten.« (Liegt in der Zukunft, negative Formulierung; das Gehirn versteht das »nicht« nicht. Was möchten Sie vielmehr stattdessen mit der gewonnenen Zeit anfangen?)
- »Ich fühle mich *weniger* fremdbestimmt.« (Was möchten Sie stattdessen?)
- »Ich möchte, dass mein *Chef* mich mehr wertschätzt« (Inwieweit steht das unter Ihrer eigenen Kontrolle?)

Wie lautet also Ihr Zielsatz? Denken Sie daran, ihn in Ihrem Selbstbestimmungsfahrplan zu notieren. Vielleicht merken Sie, dass Sie unterschiedliche Ziele haben oder es ein Hauptziel gibt, unter dem Sie mehrere Teilziele fassen können. Später werden Sie sich noch einen genaueren Plan erarbeiten, mit dem Sie Ihre konkreten Todos priorisieren können.

Sie haben jetzt also Ihr inneres Navigationssystem auf ein Reiseziel festgelegt. Damit Sie gut an Ihrem Ziel ankommen, berechnet das Navi im Auto Ihnen die Reiseroute und wird Ihnen Alternativvorschläge machen, wenn dabei Hindernisse auftauchen.

Das, was die Entwickler dieser Routen im Vorfeld in das Betriebssystem eingegeben haben, müssen Sie erst noch tun. Also, was sind die konkreten Schritte, die zu Ihrem Ziel führen, und was machen Sie, wenn Hindernisse auftauchen? Was wir außerdem meistens schon haben, wenn wir ins Auto steigen, ist eine Vorstellung, wie es sein könnte, wie wir am Strand liegen, aufs Wasser schauen, am Abend durch die Altstadt bummeln und leckere Paella essen. Diese Wünsche bringen uns ja erst dazu, dass wir uns auf den Weg machen (Stichwort: Motivation). Also, bevor Sie die Strecke abstecken und Hindernisse einplanen, dürfen Sie erst noch einmal träumen und für sich festhalten, welche Gründe dafür sprechen, diese Reise anzutreten.

ICH WEISS, WOZU

Auf jeder Reise wird es Höhen und Tiefen geben. Schwierige und kräftezehrende Situationen werden Sie dazu einladen, Ihr Vorhaben anzuzweifeln und doch noch einen Rückzieher zu machen. Damit das nicht passiert, müssen Sie in diesen Momenten die Antwort auf das »Wozu?« haben. Wozu die Anstrengung ertragen, wozu durch die Unsicherheit gehen, wozu Einbußen in Kauf nehmen oder die schlechte Laune von anderen? Was sind Ihre spezifischen Gründe für die Veränderung? Was spricht für Ihr Ziel?

Stellen Sie sich also wirklich ganz konkret und detailreich vor, was in Ihrem Leben anders sein wird, wenn Sie Ihr Ziel erreicht haben. Das darf schillernd, bunt und emotional sein, damit es ein guter Motivationsbooster wird, den Sie jederzeit abrufen können. Oder Sie werden kreativ und kreieren Ihre Vision von der Zukunft in einer Collage.

Visionscollage

Überlegen Sie sich einen Titel zu Ihrer Vision. Das dürfen Sie gern einfach halten, so was wie »Mein Leben im Jahr 2030« oder »Selbstbestimmt in fünf Jahren«, oder Sie können natürlich Ihren Zielsatz nutzen. Suchen Sie aus zwei, drei Zeitschriften die Bilder aus, die Sie am meisten ansprechen und zu denen es Sie besonders hinzieht. Lassen Sie Ihr Bauchgefühl entscheiden! Stellen Sie sich den Timer für das Aus-

wählen und Ausschneiden auf zwanzig Minuten ein. Kleben Sie Ihre Auswahl nach Ablauf der Zeit auf einen Karton (circa eine halbe Stunde – wieder den Timer stellen).
Nehmen Sie sich zum Abschluss Zeit für eine Reflexion: Was sticht Ihnen sofort ins Auge? Wie geht es Ihnen mit der Collage? Was fällt Ihnen auf (Farbe, Struktur, Stimmung)? Wofür stehen die einzelnen Bilder, was verknüpfen Sie damit? Gab es Überraschungen? Welche Atmosphäre nehmen Sie wahr? Welche Sinne werden angesprochen? Was können Sie sehen, fühlen, schmecken, riechen und hören?
Das Gute an der Herangehensweise ist, dass Sie Ihre Vision noch intuitiver ausgestalten und noch mehr Ihr Herz sprechen lassen können. Behalten Sie die Collage im Auge, indem Sie sie zum Beispiel aufhängen oder als Bildschirmschoner verwenden. Die Bilder werden ein energievoller Anker zu Ihren Wünschen sein.

Sie können auch rational abwägen, welcher Nutzen der Aufwand haben wird und ob es sich am Ende also lohnt.

- *Was werden die kurz- und langfristigen Konsequenzen für mich und mein Umfeld sein, wenn ich mein Ziel verfolge?*
- *Was ist der Gewinn, wenn es so bliebe wie bisher, was ist der Preis beziehungsweise der Verlust, wenn es so bliebe wie bisher?*
- *Angenommen, ich mache so weiter wie bisher, ohne etwas zu verändern: Welche Folgen würde das haben?*

Gleich, welche Herangehensweise Sie für sich gewählt haben, um Ihr »Wozu« zu ergründen: Notieren Sie sich auf dem Selbstbestimmungsprojektplan Ihre drei Hauptgründe, weshalb Ihr Ziel wichtig für Sie ist.

Gratulation! Sie haben ein klares Ziel vor Augen, Sie sind motiviert, die Umsetzung zu starten. Um sicherzugehen, dass nicht nur ein innerer Anteil von Ihnen die Entscheidung getroffen hat, setzen Sie sich noch mal mit Ihrem gesamten inneren Selbstbestimmungsteam hin und besprechen, ob wirklich alle bereit sind mitzumachen. Manchmal sind es nämlich unsere inneren Stimmen, die uns sabotieren.

MEIN INNERES SELBSTBESTIMMUNGSTEAM

Werfen Sie in Ihrer Rolle als Team-Manager noch mal einen Blick auf Ihre Mannschaft der inneren Anteile: Sind alle bereit mitzugehen, wer wird welche Aufgabe haben, und was braucht jeder, um sich auf das Wagnis einlassen zu können? Im Verlauf des Buches haben Sie viele Informationen sammeln können, welche Interessen, Kompetenzen und Potenziale in Ihren Anteilen stecken, welche Werte sie vertreten, welche Bedürfnisse sie haben und welche Erwartungen sie erfüllen wollen. Wie muss jetzt Ihr inneres Selbstbestimmungsteam aufgestellt sein, damit Sie bei den ersten Schwierigkeiten nicht anfangen zu zweifeln und frustriert die Rückreise antreten?

Das entscheiden Sie, indem Sie die unterschiedlichen Sichtweisen und Anliegen Ihres Teams wohlwollend und umsichtig einbeziehen. Passen Sie auf, dass nicht ein Anteil zu sehr nach vorn prescht und die Richtung vorgibt. Sie wissen ja jetzt, dass es da noch andere gibt, die es vielleicht langsamer angehen lassen wollen oder denen ein anderes Ziel lieber wäre. Bleiben Sie dabei offen und zugewandt, und erkennen Sie den Wert Ihrer Anteile an. Denn alle versuchen das Bestmögliche für Sie, auch wenn manche über das Ziel hinausschießen oder bremsen. Finden Sie den Grund heraus, wofür die Anteile übertrieben reagieren, und sehen Sie, in welcher guten Absicht sie handeln.

***Lena** war am Anfang sehr genervt von ihrem inneren Kritiker. Mittlerweile haben die beiden ein gutes Arbeitsbündnis geschlossen. Lena weiß, dass ihr innerer Kritiker gut auf sie aufpassen möchte, damit sie keine »Dummheiten« begeht. Allerdings ist er mit den Jahren etwas vorlaut geworden, sodass Lena ihm stärker dabei helfen muss einzuschätzen, wann seine Kritik tatsächlich berechtigt ist und wann er anfängt, sie kleinzumachen. Sie übergeht ihn nicht, aber sie lässt ihn auch nicht, wie früher, einfach unbemerkt so walten, wie er das möchte.*

- *Welche Ihrer inneren Anteile sind wichtig auf Ihrer Reise und wofür? Was haben die jeweiligen Teammitglieder für Qualitäten, für welche Bedürfnisse und Werte sorgen sie?*
- *Welcher Anteil braucht was, um sich gut auf das Vorhaben einzulassen und bestmöglich mitzumachen?*
- *Welche Anteile sind bisher zu kurz gekommen? Welchen haben Sie nicht genug Raum gegeben? Wer darf also in Zukunft »lauter« werden?*

- *Welche Anteile durften sich aus Gewohnheit zu sehr in den Vordergrund drängen? Welche dürfen in Zukunft »leiser« werden?*

Haben Sie gemeinsam eine Lösung gefunden, mit der alle einverstanden sind? Wenn nicht, was könnte Sie noch von Ihrem Projekt abhalten? Wie könnten Sie mit diesen speziellen Hindernissen umgehen? Was brauchen Sie dafür vielleicht noch?

Ein kleiner Tipp: Erzählen Sie nicht ausgerechnet den Menschen von Ihrem Vorhaben, von denen Sie bereits erahnen, dass sie keine großen Unterstützer sein beziehungsweise kein Verständnis aufbringen werden. Angenommen, Sie haben herausgefunden, dass Ihr Veränderungswunsch die Erwartungen Ihres besten Freundes enttäuschen wird, erzählen Sie besser nicht als Erstes ihm davon. Sonst können aufkeimende Ideen sofort erstickt werden. Suchen Sie sich lieber erst mal Wohl- oder Gleichgesinnte.

VON GUTEN GRÜNDEN UND AUSREDEN

Nicht immer sind Hindernisse echte Gründe, sondern eher Ausreden, Vorwände, die wir finden, um uns weshalb auch immer nicht in Richtung unseres Zieles zu bewegen. Nun könnte dies einerseits an mangelnder Motivation liegen beziehungsweise an einem Ziel, das nicht attraktiv genug erscheint. Es kann auch sein, dass Sie die Vorwände vorschieben, um sich nicht mit den dahinterliegenden Gründen, oft unangenehmen Gefühlen oder Ambivalenzen, auseinandersetzen zu müssen. Typische Ausreden sind »Ich habe keine Zeit«, »Das geht nicht«, »Die anderen können das viel besser als ich«, »Es ist jetzt eh schon zu spät [im Leben]« und so weiter.

Bei anderen fallen Ihnen diese Ausreden oft besser auf als an sich selbst. Es nervt oder langweilt Sie, weil jemand ständig davon spricht, etwas verändern zu wollen oder sogar zu müssen oder jemand ständig über aktuelle Probleme jammert, aber nicht wirklich etwas Konkretes tut, um eine Situation oder sich selbst zu verändern. Diese Menschen leben dann nur »theoretisch« ihren Traum oder verschieben ihre Vorhaben immer wieder in die Zukunft.

Erinnern Sie sich an die Sehnsuchtsobjekte im Keller oder Speicher? »Ich habe mir schon mal ein Segelboot gekauft, das steht jetzt aber erst mal zehn Jahre in der Garage, bis ich in Rente gehe und endlich Zeit habe« oder »Irgendwann mal werde ich das Motorrad wieder zulassen und die Europareise angehen, aber jetzt passt es noch nicht« …

Schauen Sie also noch mal auf Ihre Hindernisse, und versuchen Sie, so ehrlich wie möglich zu sein: Welche davon sind echte, triftige Gründe, nicht Ihren Weg zu gehen, und welche sind eher Vorwände, weil Sie die Anstrengung oder etwas anderes scheuen? Wenn ja, was könnte hinter den Vorwänden stehen?

***Toni** hat Bedenken, dass sein Chef sein Engagement infrage stellen könnte, wenn er vorschlägt, seine Arbeitszeit reduzieren zu wollen (Hindernis). Bei genauerer Betrachtung fällt ihm auf, dass er seinen Chef nicht enttäuschen und sein Ansehen als »guter Mitarbeiter« nicht verlieren möchte. Hier mischt sein perfektionistischer Anteil mit, der darauf aufpasst, dass Toni viel leistet und damit wertvoll ist.*

Aber werden sein Chef und seine Kollegen wirklich schlecht über ihn denken? Mit seiner Idee, sich intern als Trainer wei-

terzuentwickeln, zeigt er ja gerade Engagement und bringt sich selbstverantwortlich zugunsten des Unternehmens ein. Außerdem kann er in weniger Zeit mehr leisten, wenn er erfüllter ist und seine Arbeit mit mehr Sinn gestalten kann. Seinen Perfektionismus hat er also als Hindernis entlarvt, der ein Vorwand ist, um sich und andere nicht zu enttäuschen, was er bei näherer Betrachtung aber nicht zwangsläufig tut.

Die stärksten Hindernisse bei Veränderungen sind meist Ängste, oftmals vor dem Scheitern. Sobald wir unser Gewohntes verlassen, alarmiert uns unser Angst- und Stresszentrum im Gehirn: »Achtung, da könnte ein Tiger auf dich lauern!« Unbekanntes, Neues, das wir noch nicht abschätzen können, ganz grundsätzlich Veränderung, wirft unser Sorgenkarussell an. »Was könnte da wohl auf uns zukommen? Was wird passieren? Wie werden die anderen reagieren?« Diese Ängste sind grundsätzlich nicht schlecht oder unberechtigt, wie Sie bereits wissen. Es geht vielmehr darum zu beurteilen, ob sie in der jeweiligen Situation angemessen sind. Dazu hilft es, sich die eigenen Sorgengedanken näher anzuschauen. Die Strategie »Ich schau weg, dann ist es weg« hilft hier leider nicht.

Mal angenommen, ***Lena*** *würde sich doch selbstständig machen. Wie könnte sie dann mit ihrem Angsthasen umgehen?*

Angst beziehungsweise Befürchtung	Zum Beispiel: »Wenn ich mich selbstständig mache, dann bekomme ich keine Aufträge.«
Was ist das Schlimmste, was passieren kann, was Sie befürchten (*worst case*)?	Nicht genug zu verdienen und zu scheitern
Was spricht objektiv betrachtet für die Angst?	»Ich habe tatsächlich noch keine Aufträge.«
Was spricht objektiv betrachtet gegen die Angst?	»Ich habe gute Kontakte, und ich kann auch mit wenigen starten. Gar keine Aufträge ist wohl etwas übertrieben.«
Auf einer Skala von 0 bis 100, wie wahrscheinlich wird Ihre Befürchtung eintreten?	40
Könnten Sie damit leben? Und wenn ja, unter welchen Bedingungen?	»Ja, wenn ich mir einen Businessplan mache und gut auf meine Reserven achte und, wenn nötig, noch in Teilzeit angestellt dazu verdiene.«
Was könnten Sie aktiv dazu beitragen, um Ihre Befürchtung/Angst zu reduzieren beziehungsweise zu überwinden?	Gründungscoaching, Mentoring und Netzwerk suchen, denn andere haben solche Ängste auch

Lenas Angsthase, der das Bedürfnis nach Sicherheit hat, zeigt ihr oft tatsächlich einen Mangel an, aber häufig überreagiert er auch bei kleinsten Anzeichen. Lena hat gelernt, die Situationen auseinanderzuhalten (»Ernsthafte Bedrohung oder nicht?«). Für eine Selbstständigkeit jedenfalls kann der Angsthase ein guter Ratgeber sein. Er wird sie nämlich davon abhalten, Luftschlösser zu bauen, die schnell wieder platzen könnten. Aber nur auf ihn wird sie auch nicht hören, denn da sind ja auch noch der Ideengeber und die Freiheit, die sich endlich austoben wollen – aber eben: im rechten Maß, um den Angsthasen nicht zu sehr in Bedrängnis zu bringen (da kommt der Team-Manager wieder ins Spiel).

Schreiben Sie sich in Ihren Projektplan nun Ihre drei Top-Hindernisse auf und wie Sie diese überwinden werden. »Wenn-dann-Formulierungen« helfen besonders, indem Sie Hindernisse konkret vorwegnehmen. Unser Gehirn hat so quasi Trockenübungen vollzogen und kann, wenn es um die Sache geht, dieses theoretische Wissen leichter in der Praxis anwenden. *Wenn* ein potenzielles Hindernis auftaucht, was tun Sie *dann* konkret? Zum Beispiel: »Auch wenn ich glaube, keine Zeit zu haben, lege ich dennoch eine kurze Mittagspause ein.« Oder: »Auch wenn mein innerer ›Verantwortungsanteil‹ lauter werden sollte, werde ich ihm sagen, warum es wichtig ist, einmal pro Woche in den Wald zu gehen.«

ICH KANN ES ÄNDERN!

Um das Ziel zu erreichen, geht es bei der Umsetzung von Veränderungsprojekten darum, das nötige Handwerkszeug und Vertrauen in seine Fähigkeiten zu haben. Die Zuversicht: »Ich weiß, ich kann es ändern!« Erinnern Sie sich an die sich selbst erfüllende Prophezeiung und Ihr Erwartungsmanagement sich selbst gegenüber!

Ganz grundsätzlich lassen sich Projekte leichter verwirklichen, wenn sie uns nicht aus der Komfort- gleich in die Panikzone katapultieren, also uns nicht überfordern. Nichts ist frustrierender als zu hoch gesteckte Ziele (Erwartungen!), die nicht erreichbar sind (Enttäuschung!). Ihre grundsätzlichen Fähigkeiten und Kompetenzen kennen Sie bereits. Welche davon sind nun für die Verstärkung Ihrer Selbstbestimmung besonders hilfreich?

Notieren Sie sich in Ihrem Plan die Kompetenzen und Fähigkeiten, die Ihnen dabei helfen, Ihr Projekt umzusetzen. Zusätzlich braucht es Ressourcen, beispielweise Energie und Zeit, um

Neues zu etablieren. Möchten Sie zum Beispiel mehr Kraft für Ihre Selbstständigkeit oder dafür, öfter Nein zu sagen, einbringen, müssen Sie diese Kraft woanders abziehen oder schauen, was Ihnen hilft, energievoller zu werden. Sie haben den Vorteil, sich während der Lektüre dieses Buches bereits mit Ihren Bedürfnissen, Interessen und Werten und damit Ihrem inneren Navigationssystem auseinandergesetzt zu haben. Sie wissen, was Ihnen wichtig ist, wovon Sie mehr und wovon Sie dafür weniger in Ihrem Leben möchten, wie Sie Ihre Ressourcen also priorisieren. Trotzdem braucht es Energie, sich auf neues Terrain zu begeben.

Woher kommt also Ihre Kraft? Aus welchen Quellen können Sie schöpfen? Was viele oft vergessen, ist, dass uns auch die eigene Chronobiologie und Zyklizität Kraftquelle sein kann. Leben wir tendenziell entsprechend unserem individuellen biologischen Rhythmus, werden wir uns automatisch wohler fühlen, weniger Kraftanstrengung für die Erreichung unserer Ziele aufbringen müssen und mehr im Einklang mit uns sein. Tragen Sie also in Ihrem Projektplan Ihre Kraftquellen ein, die Sie pflegen und hegen.

MEINE UNTERSTÜTZER

Nun sind Sie nicht allein unterwegs, sondern Sie stehen im Verbund mit anderen, die Ihnen Motor sein können. Denken Sie noch mal daran, welche Herausforderungen bis hin zu Krisen Sie in Ihrem Leben bereits bewältigt haben. Wer hat Sie dabei unterstützt? Wer sind die Menschen, die für Sie hauptsächlich als Kraftquelle dienten? Von welchen werden Sie so angenommen, wie Sie sind? Welchen vertrauen Sie sich, Ihre Wünsche, Hoffnungen und auch Ängste an? In wessen Gegenwart fühlen sie sich wohl, fast so, als wären Sie »zu Hause«? Wer fördert Ihre Fähigkeiten und bringt Ihre Talente zum Strahlen, wer ermutigt Sie und reicht Ihnen die Hand? Wer inspiriert Sie, wer stellt sich selbst manchmal hintenan, um Sie nach vorn treten zu lassen?

In Gegenwart solcher Menschen können Sie sich entfalten. Sie werden vielleicht nicht mehr als eine Handvoll davon über den gesamten Lebenszyklus kennenlernen, aber nach ihnen sollten Sie Ausschau halten beziehungsweise die Kontakte mit ihnen besonders gut pflegen. Es kann auch inspirierende und unterstützende Leute in Ihrem weiteren Umfeld geben, vielleicht im beruflichen Kontext, einen Mentor oder auch Personen, die Sie gar nicht persönlich kennen, von denen Sie Bücher lesen oder Geschichten hören. Denken Sie an die Helden Ihrer Kindheit. Roman- oder Filmfiguren, Vorbilder aus Politik oder Gesellschaft, Bekannte aus Ihrem Umfeld, die Sie bewundert haben oder noch bewundern, können Sie inspirieren und in Ihren Wünschen verstärken: »Ach, ich wäre gern so mutig wie Pippi Langstrumpf.« Oder: »Vom Durchhaltevermögen und Kampfgeist Rocky Balboas kann ich mir eine Scheibe abschneiden.« Wenn Sie sich nun noch ein Foto dieser Helden aufhängen, haben Sie automatisch eine unterbewusste Unterstützung, Ihr Ziel zu erreichen. Wie bei der Werbung geht das Bild und das, was Sie damit assoziieren, direkt in Ihr Unbewusstes und stimuliert ein bestimmtes Verhalten, in diesem Fall eben Mut oder Durchhaltevermögen für Ihr Projekt.[143]

Machen Sie sich eine Liste davon, wer Sie wie bei Ihrem Vorhaben unterstützen kann. Wer hilft Ihnen, indem er einfach nur da ist? Wen könnten Sie aktiv um etwas bitten? Gehören Sie zu den Menschen, denen es schwerfällt, Hilfe einzufordern oder diese anzunehmen? Bedenken Sie, dass Sie damit nicht nur sich selbst einen Gefallen tun, sondern auch Ihren Zeitgenossen. Es ist wissenschaftlich belegt, dass es uns glücklich macht, wenn wir anderen etwas Gutes tun können. Geben Sie Ihren Freunden ruhig mal Gelegenheit dazu. So steigern Sie auch die Verbindung zu ihnen, was wiederum zu Ihrem Wohlbefinden beiträgt. Also, muten Sie sich anderen zu, und springen Sie über Ihren Schatten! Notieren Sie Ihre Unterstützer in Ihrem Projektplan.

MEIN ERSTER SCHRITT

Welchen ersten Schritt müssen Sie nun wählen, um ein Stück mehr in Richtung Ihres Ziels zu kommen? Was ist die erste Etappe, das erste Zwischenziel? Sie fahren ja auch normalerweise nicht in einem Rutsch mit dem Auto von München nach Lissabon. Wann genau, an welchem Tag, werden Sie diesen ersten Schritt gehen? Was müssen Sie dafür vielleicht noch tun? Je konkreter, desto besser. Womit belohnen Sie sich, wenn Sie Ihr Ziel (Etappenziel) erreicht haben? Damit halten Sie Ihre Motivation aufrecht!

***Toni** hat sich als erste Schritte vorgenommen, mit der Ehefrau am Montagabend durchzurechnen, auf wie viel Geld sie de facto verzichten müssen, wenn er auf 30 Stunden Arbeitszeit reduziert und seine Frau aufstockt. Außerdem wird er am Wochenende im Internet nach Trainerausbildungen recherchieren. Diese beiden Schritte bringen ihn näher zu seinem Hauptziel.*

ERINNERN UND DRANBLEIBEN

Häufig scheitern Veränderungswünsche daran, dass man sich nicht an sie erinnert und im Alltag vergisst, dass man ja was anders machen wollte: »Ach ja, stimmt, da war ja was. Kam was anderes dazwischen!« Daher ist es nötig, sich Erinnerungshilfen zu schaffen: Es können ganz einfache Sachen sein wie Kalendereinträge, Erinnerungseinstellungen am Laptop oder Smartphone. Sie können auch Ihre Unterstützer bitten, Sie (hartnäckig) an Ihr Vorhaben zu erinnern. Darüber hinaus helfen uns Symbole als Reminder. Haben Sie bereits ein Bild Ihrer Helden, die Sie inspirieren, oder Ihre Visionscollage gut sichtbar aufgehängt oder als Hintergrundfoto auf Ihrem Rechner oder Handydisplay abgespeichert? Erinnerungshilfen können auch Figuren, Kleidungsstücke, Schlüsselanhänger, Pflanzen, Musikstücke oder einfach Post-its sein, auf die Sie etwas schreiben oder malen, was Sie an Ihr Ziel erinnert. Wichtig dabei: die Symbole müssen neu mit Ihrem Ziel verbunden werden. Sie dürfen nicht bereits mit anderen Assoziationen verknüpft sein. Ein Foto, das sowieso schon seit Jahren auf Ihrem Schreibtisch steht, ist nicht günstig. Suchen Sie lieber nach einem Objekt, das Sie neu mit Ihrem Vorhaben in Verbindung bringen.

Positionieren Sie diese Symbole so, dass sie stets in Ihrem Sichtbereich sind, vor allem dort, wo Sie am häufigsten mit Hindernissen konfrontiert werden. Sie können sich Ihre Vorhaben auch aufs Diktiergerät Ihres Smartphones sprechen und sich selbst zum Beispiel in der Warteschlange zuhören. Wer gern mit seinem Körper arbeitet, kann bestimmte Körperbewegungen, kleine Tänze oder Abfolgen von Gesten choreografieren und mit dem Ziel in Verbindung bringen.

Der Effekt ist immer derselbe: Symbole, Bilder, Körperbewegungen, Musik oder auch Gerüche helfen uns energiesparend, als unbewusste Erinnerungsstützen am Ball zu bleiben und den Fokus nicht zu verlieren.

MIT RÜCKSCHLÄGEN UMGEHEN

»Ich Depp, jetzt hab ich schon wieder einer Aufgabe zugesagt, die ich eigentlich gar nicht annehmen wollte. Ich ärgere mich so über mich und dass ich es einfach nicht hinkriege.« – Lassen Sie solche Sätze lieber bleiben, denn sie führen dazu, dass Sie sich schlecht und unzulänglich fühlen, dass Ihr Vertrauen in Ihre Fähigkeiten, Ihr Ziel zu erreichen, schrumpft. Und gerade das benötigen Sie dringend. Es ist völlig normal, dass es Rückfälle gibt, dass Sie sich schwertun oder nur im Schneckentempo vorankommen.

Auch sollten unangenehme Gefühle nicht automatisch als Gründe fürs Abbrechen von Projekten gewertet werden.[144] Ganz im Gegenteil zeigen sie eher an, dass Sie sich auf den Weg gemacht haben. Veränderung fühlt sich nicht immer nur gut an. Sie wissen ja: die Sache mit der Komfortzone und dem Tiger. Vielleicht spüren Sie eine Anspannung, weil Sie sich endlich trauen, etwas Neues auszuprobieren, und die Anspannung ist eigentlich natürliche Aufregung.

Es braucht also neben den guten Strategien auch Geduld, viele Wiederholungen und vor allem eine gewisse Frustrationstoleranz, um mit Rückschlägen umzugehen. Da kommt die Selbstregulationsfähigkeit wieder ins Spiel. Statt sich zu denken: »Ich schaff das ja eh nicht, also breche ich mein Vorhaben ab« oder »Jetzt, wo ich doch wieder einem Projekt zugesagt habe, obwohl ich es nicht wollte, kann ich ja auch gleich die nächsten fünf annehmen, nun ist es ja eh egal«, bleiben Sie sich und Ihrem Vorhaben treu: »Auch wenn ich mein Vorhaben kurzfristig aus den Augen verloren habe, werde ich weitermachen und meinen Projektplan und meine Unterstützer reaktivieren.«

Solche »Wenn-dann«-Formulierungen kennen Sie schon vom Überwinden der Hindernisse. Hier können Sie sie erneut nutzen beziehungsweise ergänzen. Was sind die Vorboten, die Ihnen anzeigen, dass Sie wieder in Ihr »altes Muster« geraten werden? Was ist Ihr »Stoppsignal«, um dann zu Ihrem neuen Verhaltensmuster zurückzukehren? Wie machen Sie das konkret?[145]

Sie sehen, Ihr Selbstbestimmungsprojekt und noch viel mehr die alltäglich gelebte Selbstbestimmung sind flexible Prozesse, die sich über die Zeit dynamisch entwickeln und situationsabhängig sind. Bei allem Planen lassen Sie sich die Freiheit, anders zu entscheiden, wenn es für Sie stimmig ist. Es geht nicht darum, sich für jemanden zu verbiegen. Aber das wissen Sie mittlerweile.

Zu guter Letzt

Wenn Sie jetzt in den Spiegel schauen, wen sehen Sie dann? Wir würden nur zu gern wissen, was Ihr erstes Gefühl und was Ihre ersten Gedanken sind. Vielleicht sind Ihnen in den letzten Tagen und Wochen mit der Beschäftigung dieses Buches bereits Veränderungen an sich selbst aufgefallen. Oft spiegelt uns auch das soziale Umfeld, dass es uns anders wahrnimmt, manchmal sogar früher als wir selbst. Erst durch die Reaktionen von Freundinnen, den Eltern, dem Partner oder Kollegen wird es für uns offensichtlicher – entweder weil wir ein positives Feedback bekommen oder auch abwertende oder zweifelnde Kommentare ernten.

Im systemischen Arbeiten wird gern das Bild von einem Mobile herangezogen, um zu zeigen, wie wir in unseren Systemen, in denen wir leben und von denen wir ein Teil sind, mit allen anderen verbunden sind. Das Netz der Beziehungen wird irritiert und in Bewegung gebracht, sobald sich eine Position verändert. Wenn bei einem Mobile ein Bestandteil an einer Seite wegfällt oder sich in Größe beziehungsweise Gewicht verändert, hat dies Auswirkungen auf alle anderen. Eine Balance muss erst wiederhergestellt werden. Sie kennen das, wenn Sie mal ein Mobile repariert haben – da zupft man dann hier und da noch einmal, bis alles wieder im Lot ist. So verhält es sich auch, wenn wir uns verändern: Fangen wir an, gegebenenfalls Nein zu sagen, eigene Bedürfnisse anzumelden, unsere Ideen auch bei Gegenwind zu verfolgen, inneren Anteilen, die bisher im Außen nicht so sichtbar waren, Platz zu machen oder uns nicht mehr unüberlegt den Erwartungen anderer unterzuordnen, dann müssen sich unsere Beziehungspartner neu dazu in Stellung bringen. Das kann mit Freude und Begeisterung aufgenommen werden, aber eben auch mit Unwillen oder Skepsis.

Seien Sie nicht enttäuscht, beziehungsweise wundern Sie sich nicht, wenn nicht alle gleich so mitziehen, wie Sie es sich wünschen. Jeder braucht seine Zeit, und nicht jeder muss überzeugt werden.

Und auch Sie dürfen Ihr eigenes Tempo haben. Vielleicht haben Sie Ihr Selbstbestimmungsprojekt bisher nur in Gedanken durchgespielt und es wird noch eine Weile dauern, bis Sie es umsetzen. Gerade große Entscheidungen im Leben brauchen ihre Zeit, bis sie wirklich reif sind und wir innerlich wissen: »Jetzt gibt es kein Zurück mehr, ich mache das!«

Wir erleben in unserer Coaching-Praxis immer wieder, dass unsere Klienten sich ein Ziel erarbeiten, das sie aber nicht sofort auf die Straße bringen. Erst mit großem zeitlichem Abstand berichten sie uns dann davon, es endlich »geschafft« zu haben. Andere setzen ihre Wünsche so schnell und zeitnah um, dass wir manchmal selbst ganz erstaunt sind. Wie gesagt: Jedes Tempo ist in Ordnung und vor allem auch zielführend!

Wir hoffen, dass wir Ihnen Mut zusprechen und nützliches Handwerkszeug mitgeben konnten, Ihr Leben so zu bestücken und auszufüllen, wie es Ihnen wirklich (momentan) am meisten entspricht. Dazu haben Sie Ihr vielfältiges Innenleben ergründet und nachgeforscht, was alles in Ihnen steckt, welche Fähigkeiten, Kompetenzen, Bedürfnisse, Werte, Erwartungen, Prägungen und innere Antreiber Sie haben. Um innerlich frei zu sein, können Sie Ihr »Selbst« jederzeit in Führung bringen und sich regulieren. Vermutlich wissen Sie nun auch besser, welche Verantwortung Sie im Alltag tatsächlich tragen wollen und wann Sie sich (noch) zu sehr anpassen. Außerdem kennen Sie jetzt Ihre »wunden Punkte«, wo Sie also angreifbar und verletzlich sind. Da wir keine Maschinen, sondern Menschen aus Fleisch und Blut sind, bleiben wir immer auch verwundbar. Anders ausgedrückt – wir sind berührbar, wodurch wir ja erst unsere Welt erfahren und uns lebendig fühlen.

Es wird Ihnen sehr weiterhelfen, wenn Sie sich immer wieder vor Augen führen, wer Sie nicht sein wollen und wer Sie auch nicht mehr werden müssen. Das kann eine so große Erleichterung sein! Und in alledem ist vielleicht auch Ihr Herz warm geworden und Ihr Verstand heißgelaufen – Sie haben Ihre emotionale Intelligenz trainiert und sich selbst Aufmerksamkeit geschenkt. Und das stellt ja, wie wir bereits herausgestellt haben, keinen Egoismus dar, sondern Selbstfürsorge wie Nächstenliebe gleichermaßen. Ihr Projektplan wird Sie dabei unterstützen, Ihren Selbstbestimmungsschatz zu bewahren, aus dem Sie immer wieder schöpfen können.

Trotz Projektplan und guter Ideen werden Sie feststellen, dass sich manches anders entwickelt. Wie sagt man so schön: »Es kommt immer anders, als man denkt.« Da heißt es, flexibel zu bleiben und kreativ zu werden. Statt einen Rückschlag als Bestätigung zu nehmen, dass es nicht funktionieren kann, nehmen Sie ihn als willkommenen Anlass, um Ihr Selbstbestimmungsprojekt anzupassen. Um sich aber nicht zu verlieren, haben Sie Ihre (Selbst)erkenntnisse im Gepäck. So werden Sie an jeder Abzweigung des Lebens Orientierung finden. Und wenn es mal ganz dicke kommt: Trotz aller Rahmenbedingungen und Einschränkungen und trotz aller Krisen und Schwierigkeiten bleiben Sie immer frei darin, Ihren Weg zu wählen. Und wenn es nur Ihre Gedanken beziehungsweise Ihre Haltung zu den Dingen ist, die Sie verändern. Dazu kann es gehören, den Blick dafür zu schärfen, was alles möglich ist – und vor allem auch, wie viele Freiheiten und Möglichkeiten der Lebensgestaltung wir in unserer Kultur, in unserem Land haben. Dafür sind wir beide, Claudia und Tatjana, zumindest sehr dankbar. Sie auch?

Es gibt viele Gefängnisse auf dieser Welt, und die meisten bestehen nicht aus Mauern oder aus Gitterstäben, sondern aus unseren eigenen Gedankengebäuden. »Jahrelang habe ich den Schlüssel zur Freiheit gesucht, um am Ende festzustellen, dass er an der Käfigtür steckte.«[146] Wir wünschen Ihnen, dass Sie Ihren Schlüssel gefunden haben, um sich selbst fliegen zu lassen.

Herzlichst, Ihre Tatjana Reichhart und Ihre Claudia Pusch

PS: Verraten Sie uns, wie Sie in Ihrem Leben kleinere oder größere Selbstbestimmungsprojekte verwirklichen? Vielleicht ja sogar durch die Unterstützung dieses Buches? Wir würden uns sehr freuen, Sie kennenzulernen, und nehmen auch gern Ihre Anregungen und Fragen an. Sie finden uns auf (fast) allen Social-Media-Kanälen unter unseren Namen beziehungsweise auf den Profilen von Kitchen2Soul und können uns per Mail kontaktieren:

info@kitchen2soul.com

Danksagung

Tatjana: Mein tiefster Dank geht an Markus. Der Schlüssel wird für immer in der Seine liegen. Danke, nicht nur fürs (sehr kritische und vergnügliche) Korrekturlesen, nicht nur für die 365 Tage 24/7-Gespräche über Selbstbestimmung, Resilienz und die Buchprojekte, sondern vor allem dafür, dass ich bei dir und mit dir meine »Selbste« verwirklichen darf.

Ebenso danke ich von Herzen meinen Eltern fürs Loslassen und Festhalten, für die guten Lebensbedingungen, die mir so viel Freiheit geben. Danke an meine restliche Familie, meine Freunde, an meine Kolleg*innen für die Verbundenheit, die kritischen, inspirierenden und erhellenden Gespräche (ein extra Dank an dich, Iris) und dass ihr trotzdem noch da seid, auch wenn ich so wenig Zeit für euch hatte. Insbesondere denke ich dabei an meine beste Freundin und Geschäftspartnerin Katrin, ohne die es auch dieses zweite Buch sowieso nicht gäbe, weil das Kitchen2Soul nur mit Dir denkbar war und ist.

Tja, und Claudia, was soll ich sagen: Ach, lass dich drücken! Nur so viel: #selbstbestimmt #verbunden – von Herzen.

I would like to dedicate this book to my American host family Highsmith, where I came of age. One of the most precious things I learned from you: »It's not right, it's not wrong, it's just different.«

Claudia: Ich widme dieses Buch dem Vater meiner Kinder und Freund Jochen Heidenstecker, der mich darin bestärkt hat, meinen Weg zu gehen, und der mir dabei in schweren Zeiten die Hand gehalten hat. Danke für deinen Rückhalt und für deine liebevolle Unterstützung!

Ich danke meinen Eltern für die Freiräume, die sie mir gegeben haben, und für das fürsorgliche Nest, aus dem ich selbstbestimmt ausschwärmen durfte.

Meine Kinder sind das sinnvollste Fremdbestimmungsprojekt überhaupt, sie haben mich gelehrt, mich selbst nicht zu ernst zu nehmen.

Ich fühle mich reich beschenkt von meinen lieben Freundinnen und Freunden, mit denen ich unterschiedliche Facetten ausleben kann, die mein Leben dadurch bunt und vielseitig machen und die mich im Schreibprozess mit offenen Ohren und Herzen unterstützt haben. Ein großer Dank gilt Suse fürs ausgiebige Hundehüten.

Tatjana, dir danke ich dafür, dass ich mit dir Autorin werden und so vieles von dir lernen durfte. Es ist großartig, dich als Verbündete zum Ausleben von Selbstbestimmungsprojekten zu haben. Ich drück dich zurück!

Gemeinsam möchten wir unseren Coachees und Workshopteilnehmer*innen danken, die uns zu vielem in diesem Buch inspiriert haben, von denen wir viel lernen können. Danke für euer und Ihr Vertrauen in uns. Ebenso wichtig und wegweisend waren unsere jeweiligen Ausbildungen und Selbsterfahrung, unsere Lehrer*innen, Supervisor*innen sowie unsre eigenen Coaches und Therapeut*innen. Ohne sie wären wir heute nicht da, wo wir sind.

Unserer Lektorin Claudia Bitz (und dem Kösel-Verlag) sowie unserem Redakteur Ralf Lay danken wir für die freundliche und gleichzeitig unkomplizierte und kompetente Unterstützung auf allen Ebenen. Schön, dass Sie unsere Idee zu dem Buch und der Co-Autorenschaft angenommen haben.

Anhang

Übungsverzeichnis

MEIN SELBSTBESTIMMUNGSPROJEKTPLAN
Mein Selbstbestimmungs-Projekt: (Was bedeutet Selbstbestimmung für mich? Wo will ich hin?)
Mein Selbstbestimmungs-Team: (inneren Anteile)
Meine Interessen, Potenziale, Kompetenzen:
Meine Bedürfnisse: (markieren, welche davon überhöht sind)
Meine Haupt-Werte als mein innerer Kompass: 1. 2. 3.
Das gibt mir Sinn in meinem Leben:
Erwartungen (eigene und fremde), vor denen ich mich stärker abgrenze:

SELBST IN FÜHRUNG GEHEN	
Mein konkretes Ziel in einem Satz:	
Meine Haupt-Hindernisse und wie ich sie überwinde:	
Von meinem Ziel abhalten könnten mich … (Wenn …)	*Das überwinde ich, indem ich … (dann…)*
1. Wenn …	…, dann …
2. Wenn …	…, dann …
3. Wenn …	…, dann …
Meine Kompetenzen und Kraftquellen:	
Unterstützung, Rückendeckung, Zuspruch bekomme ich von:	
Mein erster Schritt / mein erstes Etappenziel:	
Was mache ich bis wann?	
Was?	*Wann?*
1.	
2.	
3.	
Meine Belohnung für einen Etappensieg:	
So erinnere ich mich an mein Vorhaben:	
Das mache ich bei einem »Rückfall«:	

Sie können den Projektplan als Vorlage kostenfrei downloaden über www.kitchen2soul.com, unter dem Reiter Akademie/Bücher.

Anmerkungen

1 Horváth, Ödön von (2018): *Ich bin nämlich eigentlich ganz anders, aber ich komme nur so selten dazu.* Marix Verlag: Wiesbaden.

2 Schnell, Tatjana (2020): *Psychologie des Lebenssinns.* 2. Auflage. Springer Verlag: München.

3 Gerhardt, Volker (1999): *Selbstbestimmung. Das Prinzip der Individualität.* Reclam Verlag: Stuttgart.

4 Art. 2 Abs. 1 GG i. V. m. Art. 1 Abs. 1 GG.

5 Gerhardt, Volker (2006): »Selbstbestimmung: Zur Aktualität eines Begriffs«, *fiph Journal,* 1, 3–7, speziell 5.

6 Gerhardt (1999), a. a. O. Gerhardt (2006), a. a. O., S. 6.

7 Bordt, Michael (2013): *Die Kunst, sich selbst auszuhalten. Ein Weg zur inneren Freiheit.* Zabert Sandmann Verlag: München.

8 Frankl, Viktor E. (2010): *… trotzdem Ja zum Leben sagen. Ein Psychologe erlebt das Konzentrationslager.* Kösel Verlag: München.

9 Sehr gut verständlich nachzulesen bei Sacks, Oliver (1990): *Der Mann, der seine Frau mit einem Hut verwechselte.* Rowohlt Verlag: Reinbek.

10 Roth, Gerhard, und Nicole Stüber (2014): *Wie das Gehirn die Seele macht.* Klett-Cotta Verlag: Stuttgart.
Storch, Maja, und Frank Krause (2014): *Selbstmanagement – ressourcenorientiert. Grundlagen und Trainingsmanual für die Arbeit mit dem Zürcher Ressourcen Modell (ZRM).* Verlag Hans Huber: Bern.

11 Maslow, Abraham (2021): *Motivation und Persönlichkeit,* 16. Auflage. Rowohlt Verlag: Hamburg.

12 Stangl, Werner (2022): »Selbstverwirklichung«, *Online Lexikon für Psychologie und Pädagogik,* https://lexikon.stangl.eu/4917/selbstverwirklichung (abgerufen am 14.4.2022).

13 Seligman, Martin (2015): *Wie wir aufblühen. Die fünf Säulen des persönlichen Wohlbefindens.* 3. Auflage. Goldmann Verlag: München.

14 Lago, Remo H. (2020): *Das passende Leben. Was unsere Individualität ausmacht und wie wir sie leben können.* 3. Auflage. Fischer Verlag: Frankfurt am Main, S. 92.

15 Ryan, Richard M., und Edward L. Deci (2000): »Self-Determination Theory and the Facilitation of Intrinsic Motivation, Social Development, and Well-Being«, *The American Psychologist* 55, 68–78.

16 Yu, Shi, Chantal Levesque-Bristol und Yukiko Maeda (2018): »General Need for Autonomy and Subjective Well-Being: A Meta-Analysis of Studies in the US and East Asia«, *Journal of Happiness Studies* 19, 1863–1882.

17 Eine gute Zusammenfassung der Studienergebnisse finden Sie im TED Talk von Edward L. Deci: »Promoting Motivation, Health, and Excellence«, *TEDxFlourCity 2012*, https://www.youtube.com/watch?v=VGrcets0E6I (abgerufen am 14.4.2022).

18 Ryan, Richard M., und Edward L. Deci (2006): »Self-Regulation and the Problem of Human Autonomy: Does Psychology Need Choice, Self-Determination, and Will?«, *Journal of Personality* 74, 1557–1586.

19 Koestner, Richard, Nancy Otis, Theodore A. Powers, Luc Pelletier und Hugo Gagnon (2008): »Autonomous Motivation, Controlled Motivation, and Goal Progress«, *Journal of Personality* 76 (5), 1201–1230.

20 Ryan und Deci (2006), a. a. O.

21 Grossmann, Klaus E., Petra August, Elisabeth Fremmer-Bombik et al. (1989): »Die Bindungstheorie: Modell und entwicklungspsychologische Forschung«, in Keller, Heidi (Hg.): *Handbuch der Kleinkindforschung.* Springer Verlag: Berlin und Heidelberg, S. 31–56.

22 Es handelt sich hierbei um keinen wissenschaftlichen beziehungsweise statistisch evaluierten Test. Es werden Trends abgebildet.

23 ZDF (2021): »Glücksatlas 2021. Deutsche unzufrieden wie noch nie«, *zdf.de* 10.11.2021, https://www.zdf.de/nachrichten/panorama/gluecksatlas-corona-zufriedenheit-untersuchung-100.html (abgerufen am 16.4.2022).

24 Schwartz, Barry, und Andrew Ward (2004): »Doing Better but Feeling Worse: The Paradox of Choice«, *Positive Psychology in Practice* 86, 104.

25 Iyengar, Sheena S., und Mark R. Lepper (2000): »When Choice is Demotivating: Can One Desire too Much of a Good Thing?«, *Journal of Personality and Social Psychology* 79 (6), 995.

26 Anselm Grün (2019) im Seminar *Führen mit Werten* in der Abtei Münsterschwarzach (16. bis 18.12.2019).

27 Schutzbach, Franziska (2021): *Die Erschöpfung der Frauen. Wider die weibliche Verfügbarkeit.* Droemer Knaur Verlag: München.

28 Singer, Tania, und Matthias Bolz (Hg.) (2013): *Mitgefühl. In Alltag und Forschung.* Max-Planck-Gesellschaft: München, Kap. 10, http://www.compassion-training.org/?page=download&lang=de (abgerufen am 9.8.2021).

29 Schreiber, Daniel (2021): *Allein.* Carl Hanser Verlag: München.

30 Häusser, Jan Alexander, Andreas Mojzisch, Miriam Niesel und Stefan Schulz-Hardt (2010): »Ten Years On: A Review of Recent Research on the Job Demand-Control (-Support) Model and Psychological Well-Being«, *Work and Stress* 24 (1), 1–35.

31 Zum Beispiel Ryan und Deci (2006), a. a. O. Goldman, Brian M., und Michael H. Kernis (2002): »The Role of Authenticity in Healthy Psychological Functioning and Subjective Well-Being«, *Annals of the American Psychotherapy Association* 5 (6), 18–20.

32 Reichhart, Tatjana, und Claudia Pusch (2022): *Resilienz-Coaching. Ein Praxismanual zur Unterstützung von Menschen in herausfordernden Zeiten*. Springer Verlag: Wiesbaden.
33 Reichhart, Tatjana (2019): *Das Prinzip Selbstfürsorge*. Kösel Verlag: München.
34 McGuire, William J., und Claire V. McGuire (1988): »Content and Process in the Experience of Self«, *Advances in Experimental Social Psychology* 21, 97–144.
35 James, William (1890): *The Principles of Psychology. Volume Two. Holt*, Rinehart & Wilson: New York. Nach Zimbardo, Philip G., und Richard J. Gerrig (1999): *Psychologie*. Springer Verlag: Heidelberg, S. 545.
36 Nhat Hanh, Thich (1989): *Mit dem Herzen verstehen*. Theseus Verlag: Berlin.
37 Meinicke, Eva, und Georg Schamber (2018): »Das Selbst, das es nicht gibt?!«, in Greve, Werner (Hg.): *Das Selbst. Psychologische Perspektiven*. Universitätsverlag: Hildesheim, S. 290–319.
38 Berndt, Christina (2020): *Individuation. Wie wir werden, wer wir sein wollen. Der Weg zu einem erfüllten Ich*. Deutscher Taschenbuch Verlag: München.
39 Dweck, Carol (2021): *Selbstbild. Wie unser Denken Erfolge oder Niederlagen bewirkt*. Piper Verlag: München.
40 Ebenda.
41 Schnell, a. a. O.
42 Berndt, a. a. O.
43 Ebenda.
44 Borkenau, Peter, und Fritz Ostendorf (2008): *NEO-Fünf-Faktoren-Inventar nach Costa und McCrae (NEO-FFI)*. Hogrefe Verlag: Göttingen.
45 Greve, Werner, und Maren Etzold (2018): »Die Psychologien des Selbst – Konvergente Perspektiven auf ein vielfältiges Konzept«,

in Greve, Werner (Hg.): *Das Selbst. Psychologische Perspektiven.* Universitätsverlag: Hildesheim, S. 7–21.

46 Specht, Jule, Boris Egloff und Stefan C. Schmukle (2013): »Everything Under Control? The Effects of Age, Gender, and Education on Trajectories of Perceived Control in a Nationally Representative German Sample«, *Developmental Psychology* 49 (2), 353.

47 Hudson, Nathan W., und R. Chris Fraley (2015): »Volitional Personality Trait Change: Can People Choose to Change their Personality Traits?«, *Journal of Personality and Social Psychology* 109 (3), 490.

48 Einen adaptierten Test zu den Persönlichkeitsdimensionen finden Sie übrigens bei Berndt, a. a. O., ab S. 101 ff.

49 Buber, Martin (2008): *Ich und Du.* Reclam Verlag: Stuttgart, S. 3 ff.

50 Bauer, Joachim (2022): *Wie wir werden, wer wir sind. Die Entstehung des menschlichen Selbst durch Resonanz.* Heyne Verlag: München.

51 Staemmler, Frank-M. (2015): *Das dialogische Selbst. Postmodernes Menschenbild und psychotherapeutische Praxis.* Schattauer Verlag: Stuttgart.

52 Vygotsky, Lev, und Michael Cole (1978): *Mind in Society. Development of Higher Psychological Processes.* Harvard University Press: Cambridge, Massachusetts, und London.

53 Kaluza, Gert (2018): *Gelassen und sicher im Stress. Das Stresskompetenz-Buch: Stress erkennen, verstehen, bewältigen.* Springer Verlag: Heidelberg.

54 Ebenda.

55 Stangl, Werner (2022): *Authentizität. Online Lexikon für Psychologie und Pädagogik*, https://lexikon.stangl.eu/32849/authentizitaet (abgerufen am 7.4.2022).

56 Schilling, Erik (2020): *Authentizität. Karriere einer Sehnsucht.* C. H. Beck Verlag: München.

57 Lenton, Alison P., Martin Bruder, Lettina Gabriela Slabu und Constantine Sedikides (2013): »How Does ›Being Real‹ Feel? The Experience of State Authenticity«, *Journal of Personality* 81 (3), 276–289.

58 Draschil, Stephanie (2015): »Die zwei Seiten der Authentizität. Eine sozialpsychologische Perspektive«, Hochschule für Philosophie, Ludwig-Maximilians-Universität, München, Tagung *Authentizität*, https://www.hfph.de/hochschule/lehrende/prof-dr-godehard-bruentrup-sj/stiftungslehrstuhl-phil-motivation/forschung/tagung-authentizitaet/draschil_authentizitaet.pdf (abgerufen am 31.8.2022).

59 Kernis, Michael H., und Brian M. Goldman (2006): »A Multicomponent Conceptualization of Authenticity: Theory and Research«, *Advances in Experimental Social Psychology* 38, 283–357.

60 Draschil, a. a. O.

61 Joseph, Stephen (2017): Authentizität. *Die neue Wissenschaft vom geglückten Leben*. Kailash Verlag: München.

62 Kernis und Goldman, a. a. O.

63 Satir, Virginia (2015): *Selbstwert und Kommunikation. Familientherapie für Berater und zur Selbsthilfe*. Klett-Cotta Verlag: Stuttgart.

64 Satir, Virginia (2020): *Mein Weg zu dir. Kontakt finden und Vertrauen gewinnen*. Kösel Verlag: München, S. 27.

65 © Claudia Pusch, inspiriert vom Coaching-Tool Lebensrad

66 Schulz von Thun, Friedemann (2013): *Miteinander reden 3. Das »Innere Team« und situationsgerechte Kommunikation: Kommunikation, Person, Situation*. Rowohlt Verlag: Reinbek.

67 Schwartz, Richard C. (2008): *IFS. Das System der Inneren Familie. Ein Weg zu mehr Selbstführung*. Books on Demand: Norderstedt.

68 Dies ist angelehnt an ein Konzept von Schulz von Thun, Friedemann (2013): Miteinander reden: 3. Das »Innere Team« und situ-

ationsgerechte Kommunikation: Kommunikation, Person, Situation. Rowohlt Verlag: Reinbek.

69 Schwartz, a. a. O.

70 Staemmler, a. a. O.

71 Einen kostenfreien Test zu den Signatur- beziehungsweise Persönlichkeitsstärken finden Sie bei der Universität Zürich über diesen Link: https://www.persoenlichkeitsstaerken.ch (abgerufen am 22.6.2022).

72 Seligman, Martin (2014): *Der Glücks-Faktor.* Bastei Lübbe Verlag: Köln.

73 Vgl. Csikszentmihalyi, Mihaly (1998): *Flow. Das Geheimnis des Glücks.* 6. Auflage. Klett-Cotta Verlag: Stuttgart.

74 Maslow, Abraham (1978): *Motivation und Persönlichkeit.* Rowohlt Verlag: Reinbek, S. 57.

75 Kaufman, Scott Barry (2020): *Transcend. The New Science of Self-Actualization.* TarcherPerigee Publishers: New York.

76 Storch und Krause, a. a. O.

77 Fredrickson, Barbara L. (2009): *Die Macht der guten Gefühle. Wie eine positive Lebenshaltung Ihr Leben dauerhaft verändert.* Campus Verlag: Frankfurt am Main (Kapitel 7).

78 Brown, Brené (2017): *Verletzlichkeit macht stark. Wie wir unsere Schutzmechanismen aufgeben und innerlich reich werden.* 7. Auflage. Goldmann Verlag: München.

79 Fritsch, Gerlinde R. (2010): *Der Gefühls- und Bedürfnisnavigator.* Junfermann Verlag: Paderborn, S. 39.

80 Fritsch, a. a. O., S. 39. Cremer, Samuel, und Christian Schumacher (2020): *Gefühlsfinder für Therapie und Coaching. Gefühle finden und benennen, sich selbst verstehen und verstanden werden.* Future Pace Media Verlag: Stockelsdorf, www.futurepacemedia.de (abgerufen am 15.6.2022).

81 Yalom, Irvin D. (2015): *Denn alles ist vergänglich: Geschichten aus der Psychotherapie.* btb Verlag: München

82 Zur Vertiefung empfehlen wir Fritsch, a. a. O.

83 Vgl. Rosenberg, a. a. O.

84 Paech, Nico (2012): *Befreiung vom Überfluss. Auf dem Weg in die Postwachstumsökonomie.* Oekom Verlag: München.

85 Brown, a. a. O.

86 Yalom, Irvin D. (2010): *Existenzielle Psychotherapie.* 5. Aufl. EHP – Edition Humanistische Psychologie: Köln.

87 Yalom (2015), a. a. O.

88 Yalom (2010), a. a. O.

89 Yalom (2015), a. a. O.

90 Miller, William R., und Stephen Rollnick (2015): *Motivierende Gesprächsführung. Motivational Interviewing.* Lambertus Verlag: Freiburg im Breisgau, S. 110.

91 Ebenda, S. 101.

92 Seligman (2014), a. a. O.

93 Schwartz, Barry, Andrew Ward, John Monterosso, Sonja Lyubomirsky et al. (2002): »Maximizing Versus Satisficing: Happiness Is a Matter of Choice«, *Journal of Personality and Social Psychology* 83 (5), 1178–1197.

94 Fuchs, Thomas (2018): *Das überforderte Subjekt. Zeitdiagnosen einer beschleunigten Gesellschaft.* Suhrkamp Verlag: Berlin.

95 Seligman (2014), a. a. O.

96 Waldinger, Robert J., und Marc S. Schulz (2010): »What's Love Got to Do with It? Social Functioning, Perceived Health, and Daily Happiness in Married Octogenarians«, *Psychology and Aging* 25 (2), 422–431.

97 Ellis, Albert (1997): »Must Musturbation and Demandingness Lead to Emotional Disorders?«, *Psychotherapy: Theory, Research, Practice, Training* 34 (1), 95–98.

98 Ebenda.

99 Goethe, Johann Wolfgang (1971 [1808]): *Faust. Der Tragödie erster Teil.* Reclam Verlag: Stuttgart, S. 34 (Zeile 1112).

100 Blickhan, Daniela (2015): *Positive Psychologie. Ein Handbuch für die Praxis.* 2. überarbeitete Auflage. Junfermann Verlag: Paderborn.

101 Yalom (2010), a. a. O., S. 535.

102 Schnell, a. a. O., S. 70 f.

103 Ebenda, S. 9.

104 Ebenda, S. 10.

105 Lavy, Shiri, und Shira Bocker (2018): »A Path to Teacher Happiness? A Sense of Meaning Affects Teacher–Student Relationships, Which Affect Job Satisfaction«, *Journal of Happiness Studies* 19, 1485–1503, doi: 10.1007/s10902-017-9883-9.

106 Schnell, a. a. O., S. 175 ff.

107 Wir orientieren uns dabei unter anderen an Esch, Tobias (2017): *Die Neurobiologie des Glücks. Wie die Positive Psychologie die Medizin verändert.* 3. Auflage. Thieme Verlag: Stuttgart. Und Roth, Gerhard, und Alica Ryba (2019): *Coaching, Beratung und Gehirn. Neurobiologische Grundlagen wirksamer Veränderungskonzepte.* 4. Auflage. Klett-Cotta Verlag: Stuttgart.

108 Roth und Ryba, a. a. O.

109 Sapolsky, Robert (2017): *Gewalt und Mitgefühl.* Carl Hanser Verlag: München, S. 95.

110 Ebenda, S. 151.

111 Singer und Bolz, a. a. O.

112 Bengel, Jürgen, und Lisa Lyssenko (2012): *Resilienz und psychologische Schutzfaktoren im Erwachsenenalter*, doi: 10.4126/38m-005111600, https://repository.publisso.de/resource/frl:5111600 (abgerufen am 20.6.2022).

113 De Raedt, Rudi, und Jill M. Hooley (2016): »The Role of Expectancy and Proactive Control in Stress Regulation: A Neurocognitive Framework for Regulation Expectation«, Clinical Psychology Review 45, 45–55.

114 Möller, Hans-Jürgen (2008): »Kritische Kommentierung der Resultate der Metaanalyse von Kirsch et al. 2008 zur Wirksamkeit von SSRI«, *Psychopharmakotherapie* 15 (04), https://www.ppt-online.de/heftarchiv/2008/04/kritische-kommentierung-der-resultate-der-metaanalyse-von-kirsch-et-al-2008-zur-wirksamkeit-von-ssri.html (abgerufen am 31.08.2022).

115 Bingel, Ulrike, Vishvarani Wanigasekera, Katja Wiech, Roisin Ni Mhuircheartaigh, Michael C. Lee, Markus Ploner und Irene Tracey (2011): »The Effect of Treatment Expectation on Drug Efficacy: Imaging the Analgesic Benefit of the Opioid Remifentanil«, *Science Translational Medicine* 3 (70), 70ra14, DOI: 10.1126/scitranslmed.3001244 (abgerufen am 31.08.2022).

116 Laferton, Johannes A. C., Tobias Kube, Stefan Salzmann et al. (2017): »Patients' Expectations Regarding Medical Treatment: A Critical Review of Concepts and Their Assessment«, *Frontiers in Psychology* 8, 233.

117 Hansen, Ernil, Nina Zech und Sven Benson (2020): »Nocebo, Aufklärung und Arzt-Patienten-Kommunikation«, *Nervenarzt* 91, 691–699.

118 Benedetti, Fabrizio (2013): »Placebo and the New Physiology of the Doctor-Patient Relationship«, *Physiological Reviews* 93, 1207–1246.

119 Steimer, Andreas, und André Mata (2016): »Motivated Implicit Theories of Personality: My Weaknesses Will Go Away, but my Strengths Are Here to Stay«, *Personality and Social Psychology Bulletin* 42 (4), 415–429.

120 Midgley, Claire, Sabrina Thai, Penelope Lockwood, Chloe Kovacheff und Elizabeth Page-Gould (2021): »When Every Day is a High School Reunion: Social Media Comparisons and Self-Esteem«, *Journal of Personality and Social Psychology 121* (2), 285–307.

121 Gerber, J. P., Ladd Wheeler und Jerry Suls (2017): »A Social Comparison Theory Meta-Analysis 60+ Years On«, *Psychological Bulletin* 144(2), 177–197.

122 Midgley et al., a. a. O.

123 Grippo, Karen P., und Melanie S. Hill (2008): »Self-Objectification, Habitual Body Monitoring, and Body Dissatisfaction in Older European American Women: Exploring Age and Feminism as Moderators«, *Body Image* 5 (2), 173–182.

124 Holmes, Thomas H., und Richard H. Rahe (1967): »The Social Readjustment Rating Scale«, *Journal of Psychosomatic Research* 11, 213.

125 Beckert, Jens (2017): *Woher kommen Erwartungen? Die soziale Strukturierung imaginierter Zukünfte. MPIfG Discussion Paper 17/17.* Max-Planck-Institut für Gesellschaftsforschung: Köln.

126 Emmons, Robert A., und Michael E. McCullough (2003): »Counting Blessings Versus Burdens: An Experimental Investigation of Gratitude and Subjective Well-Being in Daily Life«, *Journal of Personality and Social Psychology* 84 (2), 377–389.

127 Siehe zum Beispiel Haufler, Andreas (2007): »Das Pareto Prinzip«, *Grundzüge der Wirtschaftspolitik*, 2007/08, https://www.ecpol.econ.uni-muenchen.de/downloads/wipo1/ws0708/vorlesung/wipo1-02.pdf (abgerufen am 29.6.2022).

128 »Warum sich Südkoreaner in Gefängniszellen einmieten« (2018), *Welt*, https://www.welt.de/gesundheit/video184375950/Stressbewaeltigung-Warum-sich-Suedkoreaner-in-Gefaengniszellen-einmieten.html (abgerufen am 12.4.2022).

129 Witt, Claudia M., Friederike Martins, Stefan N. Willich und Lena

Schützler (2012): »Can I Help You? Physicians' Expectations as Predictor for Treatment Outcome«, *EJP* 16, 1455–1466, https://doi.org/10.1002/j.1532-2149.2012.00152.x (abgerufen am 18.6.2022).

130 Rosenthal, Robert, und Lenore F. Jacobson (1968): »Teacher Expectations for the Disadvantaged«, *Scientific American* 218 (4), 19–23.

131 Sabat, Isaac E., Caren B. Goldberg, Eden B. King et al. (2021): »Pygmalion in the Pipeline: How Managers' Perceptions Influence Racial Differences in Turnover«, *Human Resource Management* 60 (4), 603–616.

132 Calmbach, Marc, Silke Borgstedt, Inga Borchard et al. (2016): *Wie ticken Jugendliche? Lebenswelten von Jugendlichen im Alter von 14 bis 17 Jahren in Deutschland*. Springer Verlag: Wiesbaden.

133 Bordt, Michael (2021): *Die Kunst, die Eltern zu enttäuschen. Vom Mut zum selbstbestimmten Leben*. Elisabeth Sandmann Verlag: München.

134 Ebenda, S. 6 f.

135 Goleman, Daniel (1998): *Emotionale Intelligenz*. Deutscher Taschenbuch Verlag: München, S. 25.

136 Storch und Krause, a. a. O., S. 113 ff.

137 Bordt (2020), a. a. O.

138 Neff, Kristin (2012): *Selbstmitgefühl. Wie wir uns mit unseren Schwächen versöhnen und uns selbst der beste Freund werden*. Kailash Verlag: München, S. 125.

139 Angelehnt an Burkhard, Alois (2015): *Achtsamkeit. Entscheidung für einen neuen Weg*. Schattauer Verlag: Stuttgart, S. 41.

140 Reichhart und Pusch (2022), a. a. O.

141 Cuddy, Amy J. C., S. Jack Schultz und Nathan E. Fosse (2017): »P-Curving a More Comprehensive Body of Research on Postural Feedback Reveals Clear Evidential Value for Power-Posing Effects: Reply to Simmons and Simonsohn«, *Psychological Science* 29 (4), 656–666.

142 Reichhart und Pusch (2022), a. a. O.

143 Storch und Krause, a. a. O.

144 Woolley, Kaitlin, und Ayeleth Fishbach (2022): »Motivating Personal Growth by Seeking Discomfort«, *Psychological Science*, https://doi.org/10.1177/09567976211044685 (abgerufen am 19.6.2022).

145 Koch, Axel (2018): *Die Transferstärke-Methode: Mehr Lerntransfer in Trainings und Coachings*. Beltz Verlag: Weinheim.

146 Frei nach Kabir, in Burkhard, a. a. O., S. 188.